Christiana Klose/Helmolt Rademacher/
Benno Hafeneger/Mechtild M. Jansen
Gewalt und Fremdenfeindlichkeit –
jugendpädagogische Auswege

Christiana Klose/Helmolt Rademacher/
Benno Hafeneger/Mechtild M. Jansen

Gewalt und Fremdenfeindlichkeit jugendpädagogische Auswege

Fünf Modellprojekte
im Hessischen Jugendaktionsprogramm
gegen Gewalt, Fremdenfeindlichkeit
und Rechtsextremismus

Werkstattbericht

Springer Fachmedien Wiesbaden GmbH 2000

Überarbeitete Fassung des vom Frankfurter Institut für Frauenforschung e. V. (fif) und der BASA-Stiftung zur Förderung von Jugendarbeit und Jugendforschung (Neu-Anspach) als wissenschaftliche Begleitung erstellten Abschlußberichtes zum Hessischen Jugendaktionsprogramm gegen Gewalt, Fremdenfeindlichkeit und Rechtsextremismus (1994-1997) des Hessischen Ministeriums für Jugend, Familie und Gesundheit (jetzt Sozialministerium)

Gedruckt auf säurefreiem und alterungsbeständigem Papier.

Die Deutsche Bibliothek – CIP-Einheitsaufnahme

Gewalt und Fremdenfeindlichkeit – jugendpädagogische Auswege : fünf Modellprojekte im Hessischen Jugendaktionsprogramm gegen Gewalt, Fremdenfeindlichkeit und Rechtsextremismus - Werkstattbericht / Christiana Klose ...

ISBN 978-3-8100-2480-0   ISBN 978-3-663-10173-4 (eBook)
DOI 10.1007/978-3-663-10173-4

© 2000 Springer Fachmedien Wiesbaden
Ursprünglich erschienen bei Leske + Budrich, Opladen 2000

Das Werk einschließlich aller seiner Teile ist urheberrechtlich geschützt. Jede Verwertung außerhalb der engen Grenzen des Urheberrechtsgesetzes ist ohne Zustimmung des Verlages unzulässig und strafbar. Das gilt insbesondere für Vervielfältigungen, Übersetzungen, Mikroverfilmungen und die Einspeicherung und Verarbeitung in elektronischen Systemen.

Inhalt

Vorwort 7

Christiana Klose, Helmolt Rademacher
I. Intention und Methode 9

1. Struktur des Hessischen Jugendaktionsprogramms gegen Gewalt,
   Fremdenfeindlichkeit und Rechtsextremismus 9
2. Aufgabe und Arbeitsweise der Wissenschaftlichen Begleitung 12

Christiana Klose, Helmolt Rademacher
II. Fünf Werkstattberichte 21

1. Springerstiefel, Alkohol, Drogen ... was tun? - Mobile
   Jugendarbeit auf dem Land mit „rechten" Jugendlichen 21
2. Abenteuer, Risiko, Kooperation und Begegnung
   - Gewaltprävention durch bewegungsorientierte Aktivitäten mit
   „schwierigen" Schulklassen 41
3. Mädchen auch daheim in der Fremde - Gewaltpräventive Mädchen-
   arbeit durch interkulturelle Begegnungen und Selbstbehauptung 65
4. Genutzte „Auszeit" - Zum Abbau von Gewalt und
   Fremdenfeindlichkeit durch Sport und Bewegung in
   Kooperation von Jugendhilfe, Schule und Sportverein 87
5. Internationale Jugendcamps in der Stadt - Von hochgesteckten
   Zielen zur realistischen Umsetzung eines Zusammenlebens
   auf Zeit von Jugendlichen unterschiedlicher Kulturen und
   Nationalitäten 107
6. Resümee der fünf Projekte 115

Benno Hafeneger
**III. Jugend, Gewalt und Rechtsextremismus in den neunziger
Jahren - Eine Bilanz zum Beitrag von Jugendarbeit** 123

Mechtild M. Jansen
**IV. Die Geschlechterfrage in der Gewaltdebatte
Überlegungen einer Beirätin** 165

Autorinnen und Autoren 174

Vorwort

Auch „Jugenddebatten" unterliegen Konjunkturen und jeweils unterschiedliche Themen und Akzente stehen im Zentrum von öffentlichen, pädagogischen und jugendpolitischen Interessen. Prägend für die neunziger Jahre - und damit für das erste Jahrzehnt des vereinigten Deutschlands - ist der Diskurs um „Jugend und Gewalt", um das Ausmaß und die Intensität der fremdenfeindlichen Gewalttaten, sowie um die rechtsextrem, politisch motivierte Gewalt von informellen und organisierten Jugendszenen und Gruppen. Im Zentrum dieses Diskurses steht die öffentlich sichtbare und wahrgenommene Gewalt; „Täter" sind in diesem Kontext primär männliche Jugendliche und junge Erwachsene. Die Debatten und Projekte der Frauenbewegung zum Thema Gewalt hingegen haben einen zentral anderen Fokus. Thematisiert wird dort die „unsichtbare" Gewalt im häuslichen Nahbereich, wie das Schlagen von Frauen, die Vergewaltigung in Beziehungen oder der sexuelle Mißbrauch und die nicht als Gewalt wahrgenommenen Beeinträchtigungen, denen Frauen im öffentlichen Raum unterliegen, wie sexistische Anmache oder sexuelle Belästigung am Arbeitsplatz.

Das Thema 'Gewalt, Fremdenfeindlichkeit, Rechtsextremismus' hat vor allem auch die Jugendpolitik und Pädagogik beschäftigt, wurde doch an sie appelliert, mit den problematischen Entwicklungen umzugehen und auf „Jugend" einzuwirken. In den Blickpunkt der Aufmerksamkeit, von „Maßnahmen" der Prävention und der Bekämpfung gerieten vor allem die Schule und die Jugendhilfe. Für sie wurden Förderungsprogramme aufgelegt, politische und pädagogische Ratschläge erteilt; in dieser „Konjunktur" wurde vor allem die Jugendarbeit mit pädagogisch-politischen Erwartungen und Aufgaben konfrontiert und in die Pflicht genommen. So kann denn auch für die neunziger Jahre eine erkleckliche Anzahl von Veröffentlichungen bilanziert werden, die sich theoretisch, empirisch und pädagogisch-praktisch mit dem Thema auseinandersetzen.

In die Befunde der pädagogischen Erfahrungen sind die hier vorgelegten Werkstattberichte einzuordnen; sie dokumentieren ein Programm des Landes Hessen und bieten eine systematische Einschätzung an. Die fünf Berichte zeigen detailliert: aufsuchende Jugendarbeit mit „rechten Cliquen" im ländlichen Raum, Gewaltprävention in Kooperation mit Jugendhilfe und Schule durch „abenteuerliche" Bewegungsformen, gewaltpräventive Mädchenarbeit durch interkulturelle Begegnungen und Selbstbehauptung, sportliche Angebote für „schwierige" Jugendliche in Cliquen/Jugendszenen und in Sportvereinen sowie zwei internationale Jugendcamps in der Großstadt. Die Projekte haben sich in jeweils unterschiedlichem Ausmaß auf 'Jugend, Gewalt und Rechtsextremismus' bezogen und versucht, die eher allgemeine jugendpolitische Debatte mit der geschlechtsspezifisch ausdifferenzierten Sichtweise von Mädchenarbeit und Jungenarbeit zu verknüpfen. Sie haben damit versucht, die Intentionen des Hessischen Jugendministeriums umzusetzen, das bereits in der Ausschreibung für die Modellprojekte die Berücksichtigung mädchenspezifischer Aspekte ausdrücklich gewünscht hatte. Verstärkt wurde diese Sichtweise durch die Vergabe der wissenschaftlichen Begleitung an zwei auf den Gebieten von Mädchen- und Jungenforschung ausgewiesenen Institutionen, dem Frankfurter Institut für Frauenforschung (fif) und der BASA-Stiftung zur Förderung von Jugendarbeit und Jugendforschung.

Die Werkstattberichte über die Arbeit der fünf Modellprojekte sind eingebettet in zwei weiterführende Aufsätze: In eine Bilanz von Jugendarbeit zur Thematik 'Jugend, Gewalt und Rechtsextremismus in den 90er Jahren' und in Betrachtungen zur Geschlechterfrage in der Gewaltdebatte.

Wir möchten uns an dieser Stelle ausdrücklich beim Hessischen Ministerium für Jugend, Familie und Gesundheit - jetzt Sozialministerium - sowie den Mitgliedern des Beirates für die anregende und hilfreiche Zusammenarbeit bedanken. Darüber hinaus bedankt sich die Wissenschaftliche Begleitung besonders noch bei Carla Bauernfeind, Bärbel Bimschas, Otmar Hagemann, Wilhelm Kahl, Berndt Kirchlechner, Kirsten Langmaack, Britta Schmitt und Achim Schröder für die anregenden und weiterführenden Diskussionen und fachlichen Unterstützungen. Unser besonderer Dank aber gilt den Mitarbeiterinnen und Mitarbeitern der Modellprojekte für die gute und konstruktive Zusammenarbeit. Und nicht zuletzt bedanken wir uns bei Esther Köhring, Angelika Hufnagl und Brigitte Hafeneger, die uns bei der technischen Erstellung der Publikation eine große Hilfe waren.

Frankfurt, im Juli 1999

Christiana Klose
Helmolt Rademacher
Benno Hafeneger
Mechtild M. Jansen

I. Intention und Methode
(Christiana Klose, Helmolt Rademacher)

1. Struktur des Hessischen Jugendaktionsprogramms gegen Gewalt, Fremdenfeindlichkeit und Rechtsextremismus

Aufgerüttelt durch die sich häufenden Berichte über eine zunehmende Gewaltbereitschaft von und unter Jugendlichen, über erschreckende Gewalttaten gegen AusländerInnen, aber auch gegenüber Behinderten, alten Menschen und wehrlosen Personen sowie durch den martialischen Aufmarsch von fünfhundert Neonazis in Fulda im Jahr 1993 entschloß sich die Landesregierung, ein *„Hessisches Jugendaktionsprogramm gegen Gewalt, Fremdenfeindlichkeit und Rechtsextremismus"* aufzulegen mit der ausdrücklichen Intention, *„durch die Förderung von Projekten den Gewalteskalationen und den fremdenfeindlichen Tendenzen zwischen Jugendgruppen entgegenzuwirken".*[1]

Das fachlich zuständige Hessische Ministerium für Jugend, Familie und Gesundheit rief deshalb im Frühjahr 1994 in einem Wettbewerb die Träger der Jugendhilfe öffentlich auf, *„kreative und phantasievolle Projektvorschläge"* zu entwickeln, *„durch deren Realisierung in der Region versucht werden soll, mit gewalttätigen oder gewaltbereiten Jugendlichen neue Wege der Jugendarbeit* auszuprobieren[2]. Ziel aller Projekte sollte es sein, Jugendliche zu ermutigen, auf Gewalt als Konfliktlösungsstrategie zu verzichten und die *„Dialogfähigkeit zwischen Jugendlichen aus unterschiedlichen Gruppen oder aus unterschiedlichen Nationalitäten zu fördern"*[3]. Insgesamt zwanzig Projekte sollten einen finanziell dotierten Preis erhalten: fünfzehn Projekte ein Preisgeld von bis zu je DM 8000,-, und fünf Projekte sollten in den Jahren 1994 bis 1996 durch eine jährliche Förderung von bis zu DM 200.000,- die Chance erhalten, ihren Projektantrag modellhaft zu erproben.

Stellte bereits die gewählte Form des öffentlichen Wettbewerbs ein Novum in der Jugendhilfelandschaft dar, so trifft dies in besonderem Maße auf den vorgesehenen Personenkreis zu, der aus allen eingehenden Anträgen die PreisträgerInnen ermitteln sollte: eine unabhängige fünfköpfige Fachjury aus WissenschaftlerInnen und einem Künstler, alle Experten für Jugendforschung

---

[1] Wettbewerb „Projekte der Jugendarbeit gegen Gewalt, Fremdenfeindlichkeit und Rechtsextremismus", veranstaltet vom Hessischen Ministerium für Jugend, Familie und Gesundheit; 1994
[2] ebd.
[3] ebd.

und Jugendarbeit oder Frauenforschung und Mädchenarbeit.[4]
Der Jury lagen 57 Anträge zur Begutachtung vor. Beworben hatte sich ein breites Trägerspektrum: Jugendverbände, Wohlfahrtsverbände, kommunale Jugendpflegen und Jugendbildungswerke, Kirchenkreise sowie Jugendinitiativen; das Spektrum reichte von großen Trägerzusammenschlüssen bis zu sehr kleinen Vereinen bzw. Initiativen. Bemerkenswerterweise wird, wie Benno Hafeneger in seiner Analyse der Anträge feststellt, „entgegen der öffentlichen Diskussion - in den Anträgen kein negatives und auch kein primär defizitäres Jugendbild konstruiert, sondern eher eine gesellschaftlich produzierte Problemjugend angedeutet"[5] Dies trifft auch auf die fünf prämierten Modellprojekte des Jugendaktionsprogramms zu, wobei in allen Projekten ein Arbeitsansatz ist, an den vorhandenen Stärken der Jungen und Mädchen anzusetzen.

Folgende fünf Projekte wurden von der Jury als HauptpreisträgerInnen ausgewählt:
- Modellprojekt des evangelischen Kirchenkreises Hofgeismar zur aufsuchenden Arbeit mit „rechten" Jugendlichen,
- Modellprojekt abenteuerliche Bewegungsformen in einem Kooperationsmodell von Jugendhilfeeinrichtungen und allgemeinbildenden Schulen; Modellprojekt des Vereins zur Förderung bewegungs- und sportorientierter Jugendsozialarbeit e.V. (bsj) in Marburg,
- Mädchen- und Frauenprojekt der Mädchen- und Frauenetage e.V. in Frankfurt am Main,
- „Auszeit", Modellprojekt der Sportjugend Hessen im Landessportbund Hessen e. V. im Landkreis Groß-Gerau,
- Internationales Jugendcamp in Frankfurt; Modellprojekt einer Trägerkooperation von Evangelischer Verein für Jugendsozialarbeit und Saalbau GmbH, beide in Frankfurt am Main.

Diese fünf Modellprojekte sind insofern für die Jugendhilfelandschaft Hessens repräsentativ, indem sie sowohl in den Regionen Nord- und Mittelhessen (je ein Projekt) sowie Südhessen und dem Rhein-Main-Gebiet (3 Projekte) angesiedelt sind, als auch die Struktur mit seinen ländlichen, mittelstädtischen und großstädtischen Regionen widerspiegeln. Eher ungewöhnlich hingegen ist die Trägerstruktur: Die Auswahl der Jury orientierte sich nicht an einem Proporz, der vor allem die klassischen Träger der Jugendhilfe berücksichtigt, sondern prämierte gerade auch Modellanträge kleiner Träger und Initiativen.

---

[4] Prof. Dr. Klaus Ahlheim, Prof. Dr. Benno Hafeneger, Mechtild M. Jansen, Michael Siebel, Prof. Dr. Karin Walser
[5] Hafeneger, Benno: „Jugendarbeit im Dilemma zwischen Politik und Pädagogik. Jugendbild, Zielgruppen, theoretische Grundlagen, Konzepte und Arbeitsansätze in den Anträgen zum „Hessischen Jugendaktionsprogramm gegen Gewalt, Fremdenfeindlichkeit und Rechtsextremismus'"; in: Neue Praxis, Heft 5/1995, S. 495-506; S. 497

In der Ausschreibung zum Wettbewerb waren ausdrücklich Projektvorschläge gewünscht, „die auch der Frage nachgehen, welche Bedeutung Mädchen im Zusammenhang mit der Gewaltproblematik zukommt".[6] Nur eines der fünf ausgewählten Projekte, die Frankfurter Mädchen- und Frauenetage, stellte als eigenständige Mädcheneinrichtung diese Thematik ausschließlich ins Zentrum ihrer gewaltpräventiv konzipierten Angebote. Die übrigen vier Projekte waren vom Konzept her koedukativ angelegt, sahen aber auch spezielle Angebote für Mädchen vor. Lediglich ein Projekt, das Internationale Jugendcamp in Frankfurt, nahm spezifische Mädchenangebote erst nachträglich in die Planung mit auf.

Die Modellprojekte wurden wissenschaftlich begleitet. Hiermit beauftragt waren das Frankfurter Institut für Frauenforschung e. V. (fif) und die BASA-Stiftung zur Förderung von Jugendarbeit und Jugendforschung. Wir werden später noch ausführlicher auf Arbeitsweise und Erhebungsinstrumentarien der Wissenschaftlichen Begleitung eingehen.

Zuvor aber sei noch ausdrücklich die Unterstützung durch den „programmbegleitenden Beirat" hervorgehoben. Ihm gehörten unter Federführung des Landesjugendamtes VertreterInnen des Hessischen Jugendministeriums, der beiden Hessischen Jugendbildungsstätten, des Landesjugendrings, der Arbeitsgemeinschaft hessischer Jugendämter sowie drei der fünf Jury-Mitglieder an. Während der gesamten Modellphase begleiteten sie kritisch und hilfreich die Projektarbeit durch regelmäßige Treffen mit der Wissenschaftlichen Begleitung, durch Fachveranstaltungen mit den MitarbeiterInnen der Modellprojekte sowie durch die Ausrichtung von Fachtagungen, in denen die Arbeit der Modellprojekte in eine breitere Fachdiskussion eingebettet wurde, einschließlich der Abschlußtagung, auf der die Ergebnisse der Wissenschaftlichen Begleitung präsentiert und diskutiert wurden.

Die Modellprojekte starteten zwischen Juli und September 1994; die Förderung aus Mitteln des Jugendaktionsprogramms endete für alle zum 31.12.1996. Die zunächst zugesagte Fördersumme von jährlich DM 200.000,- wurde allerdings in den Folgejahren aufgrund der angespannten Haushaltslage um 10 Prozent reduziert. Diese Mittelkürzung stellte die Modellprojekte vor nicht unerhebliche Probleme, da sie trotz verstärkter Akquisition neuer Mittel nicht in jedem Fall kompensiert werden konnte.

---

6 Wettbewerb "Projekte der Jugendarbeit gegen Gewalt, Fremdenfeindlichkeit und Rechtsextremismus", a.a.O.

2. Aufgabe und Arbeitsweise der Wissenschaftlichen Begleitung

Die Wissenschaftliche Begleitung wurde von zwei Instituten, dem Frankfurter Institut für Frauenforschung e. V. (fif) und der BASA-Stiftung zur Förderung von Jugendarbeit und Jugendforschung, gemeinsam durchgeführt. Beide Institutionen sind in der geschlechterdifferenzierenden Jugendforschung ausgewiesen, ihre jeweiligen Schwerpunkte, Mädchen- bzw. Jungenforschung, ergänzten einander.
Dieser Kooperation lagen folgende Überlegungen zugrunde:

- In der Ausschreibung zum Wettbewerb für das Jugendaktionsprogramm wurden Projekte gesucht, „die auch der Frage nachgehen, welche Bedeutung Mädchen im Zusammenhang mit der Gewaltproblematik zukommt".
- Bestehende Frauen- und Mädchenprojekte entwickelten bereits Konzepte zur Gewaltprävention und zum Schutz vor männlicher Gewalt.
- Das heute noch dominierende Bild von „Männlichkeit" und die darauf fußende Erziehung von Jungen zu Männern ist eine Ursache dieser Gewalt; die ersten Ansätze von Jungenarbeit haben auch diesen Aspekt thematisiert.
- Ein geschlechtsdifferenter Blick auf die Modellpraxis sollte Aufschluß darüber geben, wie Mädchen und Jungen in Zukunft gleichberechtigter von den Angeboten der Jugendhilfe partizipieren können.

Die an der Durchführung der Wissenschaftlichen Begleitung beteiligten Institute haben bewußt eine Frau und einen Mann mit der Begleitforschung betraut. Die in dieser Form gemeinsam durchgeführte Wissenschaftliche Begleitung - eine Kooperationsform, die bislang noch kaum praktiziert wird - bietet eine große Chance: Die Mädchen und die Jungen sowohl in dem Mädchenprojekt als auch in den koedukativen Einrichtungen können durch die jeweils parteilich weibliche und parteilich männliche Sicht in ihrer Spezifik gesehen werden. Gleichzeitig spiegelt der weibliche Blick auf Jungen und der männliche Blick auf Mädchen und Mädchenprojekt das jeweils Eigene im Fremden wider. Es hat sich in der konkreten Zusammenarbeit gezeigt, dass dieser geschlechtsspezifisch verdoppelte Blick die Fragestellungen zum Themenkomplex Gewalt erweitert. Dementsprechend wurden die fünf Modellprojekte von beiden MitarbeiterInnen der Wissenschaftlichen Begleitung gemeinsam betreut; hiervon war aber die Begleitung des Mädchenprojektes zeitweilig ausgenommen, und umgekehrt wurde zu den jungenspezifischen Anteilen eines Modellprojektes eher von dem männlichen Mitglied der Wissenschaftlichen Begleitung gearbeitet.

Die Aufgabenbereiche der Wissenschaftlichen Begleitung lagen auf folgenden Ebenen:
- Begleitung der Praxisprojekte im Sinne von Beratung und Unterstützung.
- Dokumentation der Projektarbeit in Form von vier Zwischenberichten und einem Abschlußbericht. (Wir werden auf den Prozeß der Dokumentation und der dabei verwendeten Erhebungsinstrumentarien später noch eingehen.)
- Fortbildung für die MitarbeiterInnen der Praxisprojekte, auch mit dem Ziel, den Austausch der Projekte untereinander zu gewährleisten und mögliche gemeinsame bzw. notwendige unterschiedliche Schwerpunkte herauszuarbeiten. (Auch hierauf werden wir im folgenden noch konkreter zurückkommen.)
- Öffentliche Präsentation der Projektarbeit, auch von Zwischenergebnissen, in Form von „Projektezeitungen" für eine breitere Öffentlichkeit.[7]
- Darüber hinaus beteiligte sich die Wissenschaftliche Begleitung an den vom programmbegleitenden Beirat durchgeführten Fachtagungen.

Die genannten Zwischenberichte wie auch der Endbericht fußen auf folgenden Materialien:
- den von der Wissenschaftlichen Begleitung entwickelten Erhebungsinstrumentarien: Iststands-, MitarbeiterInnen- und Dokumentationsbogen,
- den von der Wissenschaftlichen Begleitung in Zusammenarbeit mit den Projekten erstellten drei Projektezeitungen,
- den Abschlußinterviews mit den ProjektmitarbeiterInnen,
- den von den Projekten während der Modellphase erstellten Zwischenberichten an den Auftraggeber,
- den von den Projekten zur Verfügung gestellten Materialien, Veröffentlichungen und Presseberichten,
- dem Ausschreibungstext zum Wettbewerb „Projekte der Jugendarbeit gegen Gewalt, Fremdenfeindlichkeit und Rechtsextremismus",
- den Anträgen der Modellprojekte zum Wettbewerb „Hessisches Jugendaktionsprogramm",
- der Auswertung der Projektbesuche und
- der Auswertung der Fortbildungsseminare mit den MitarbeiterInnen.

---

[7] 1. Projektezeitung: 5 Projekte. Dokumentation Hessisches Jugend-Aktions-Programm; 1994
2. Projektezeitung: 5 Berichte. Projekte im Hessischen Jugend-Aktions-Programm; 1996
3. Projektezeitung: 5 Abschlußberichte. Projekte im Hessischen Jugend-Aktions-Programm; 1997 (Sie sind erhältlich beim Hessischen Sozialministerium in Wiesbaden.)

Zu den Erhebungsinstrumentarien der Begleitforschung

Die insbesondere durch die fortlaufend modifizierten Dokumentationsbögen, aber auch durch die zu Beginn erstellten Iststands- und MitarbeiterInnenbögen erhobene Projektarbeit enthält auch Elemente der Selbstevaluation im Sinne der von Christine Scharlau formulierten Definition:

„Selbstevaluation bedeutet, sich darüber zu verständigen, welche Entwicklungen der Leistungsprozesse den Projektzielen dienen und auf welchem Hintergrund Veränderungen bewertet werden."[8]

Iststandsbogen

Mit diesem Instrumentarium wurden die Gegebenheiten zu Beginn der Projekte festgehalten, um einen Vergleich der Bedingungen am Anfang und zum Ende des Projektes zu ermöglichen, aber auch um die Rahmenbedingungen zu kennen, die die Voraussetzung für die Realisierung eines jeden Projektes bilden. Der Iststandsbogen war folgendermaßen gegliedert: Rahmenbedingungen des Projektes, Zur Konzeption, Startschwierigkeiten, Zum Gewaltbegriff, Zur Zielgruppe, Arbeitsaufgaben für die ersten Monate.

MitarbeiterInnenbogen

Zu Beginn des Projektes wurde ein Erhebungsbogen für die MitarbeiterInnen entwickelt, die kontinuierlich im Projekt arbeiten und aus Mitteln des Jugendaktionsprogramms finanziert werden. Neben allgemeinen Daten, wie Zeitpunkt der Anstellung im Projekt und/oder beim Träger, Teilzeit-, Vollzeitbeschäftigung, Eingruppierung, Berufsausbildung u.ä., interessierten uns noch weitere Komplexe:

– Bisherige (pädagogische) Tätigkeiten; dazu gehören sowohl Fragen nach pädagogischen Ausbildungen, Tätigkeiten und Berufserfahrungen als auch Fragen nach sonstigen Ausbildungen, nach Unterbrechungen, z.B. durch Bundeswehr/Zivildienst, freiwilligem sozialen Jahr, Erziehungsurlaub, aber auch Reisen o.ä. Ferner interessierte uns die Frage nach früheren Berufserfahrungen, die als Qualifikationen in das Jugendaktionsprogramm einfließen, z.B. Erfahrungen - auch ehrenamtliche - in der Jugendarbeit mit geschlechtsdifferenzierenden Ansätzen (Mädchenarbeit/Jungenarbeit), mit gewalttätigen/gewaltbereiten Jungen und Mäd-

---

[8] Scharlau, Christine: Zielentwicklung durch angeleitete Selbstevaluation; Erfahrungen aus einem Modell der Mädchensozialarbeit. In: Informationen zur Selbstevaluation, April 1997, Hrsg. Bundesministerium für Familie, Senioren, Frauen und Jugend

chen, mit „rechts"-orientierten Mädchen oder Jungen, mit (potentiellen) Opfern von Gewalt oder mit Präventionsansätzen.
- Die „private" Lebenssituation, also Angaben zu Alter, Wohnsituation, Anzahl und Alter von Kindern, aber auch die Frage nach Hobbys, Neigungen und Kompetenzen, auch solchen, die auf den ersten Blick nichts mit der Aufgabenstellung des Jugendaktionsprogramms zu tun haben.

Diesem ausführlichen Personalbogen liegt die Überlegung zugrunde, dass in jedes Projekt neben den expliziten Berufsqualifikationen auch die vielfältigen impliziten und quasi nebenbei erworbenen Qualifikationen der MitarbeiterInnen mit einfließen.

Iststandsbogen und MitarbeiterInnenbogen wurden in enger Kooperation mit den MitarbeiterInnen der Projekte entwickelt. Die Ergebnisse der ersten Projektbesuche flossen in eine Rohfassung beider Erhebungsinstrumente ein und wurden auf dem ersten Fortbildungsseminar mit den MitarbeiterInnen diskutiert mit dem Ziel, mögliche Fehlfragen und Ungenauigkeiten zu klären.

Dokumentationsbögen

Die erste Auswertung der Iststandsbögen ergab, dass ein einheitliches Dokumentationsraster für alle fünf Projekte aufgrund der Unterschiede in der konkreten Projektarbeit nicht sinnvoll ist. Wir entwickelten deshalb für jedes Projekt einen eigenen Fragebogen, den wir bei den Projektbesuchen mit den MitarbeiterInnen diskutierten und teilweise im Anschluß daran modifizierten. In der Folgezeit wurden die Dokumentationsbögen nach jedem Zwischenbericht den jeweiligen Weiterentwicklungen der Modellarbeit angepaßt; auch dies geschah in enger Absprache mit den MitarbeiterInnen. Die Dokumentationsbögen dienten den Projekten in der Folge auch als „Raster" für ihre Berichte an das auftraggebende Ministerium. Bestimmte Teile, die auch schon Bestandteil des Iststandsbogens waren, sind im wesentlichen für alle Projekte gleich geblieben; vor allem betrifft dies die Fragen zu den Abschnitten „Rahmenbedingungen" und „Öffentlichkeitsarbeit". Außerdem wurden alle Projekte nach möglichen geschlechtsdifferenzierenden und interkulturellen Arbeitsansätzen befragt, nach eventuellen Änderungen gegenüber der Planung, nach den „Highlights" bzw. den Schwierigkeiten des Berichtszeitraumes sowie nach den konkreten Planungen für die nächste Modellphase. Unterschiede bei den Erhebungsbögen existierten bei allen Fragen, die sich auf die durchgeführten Maßnahmen, die erreichte Zielgruppe der Jugendlichen und/oder der MultiplikatorInnen sowie auf regionale Vernetzung beziehen. Die Fragestellungen dienten insbesondere der Vergewisserung, welche der den jeweiligen Maßnahmen zugrundeliegenden Zielsetzungen erreicht wurden, welche Angebote fortgeführt werden, welche entfallen müssen, welche neu zu konzipieren bzw. welche Modifikationen bestehender Maßnahmen sinnvoll sind. Gleichzeitig konnten so auch die zu Beginn notwendigerweise noch allgemein formulierten Grobziele in einem abgestuften Prozeß konkretisiert und den jeweiligen Erfordernissen der Projektarbeit angepaßt werden.

Die Begleitung der Projekte endete im September 1996. Um in einem Resümee die während der gesamten Modellphase gewonnenen Erfahrungen zu reflektieren, führten wir nachfolgend mit den MitarbeiterInnen der Projekte ein ausführliches, durch einen Gesprächsleitfaden vorstrukturiertes Abschlußinterview durch.

Den Grundsätzen der kommunikativen Validierung folgend, haben wir die Zwischenberichte im Sinne einer Qualifizierung der Ergebnisse der Projektdokumentation mit den ProjektmitarbeiterInnen rückgekoppelt. Dies traf vor allem auf den ersten Zwischenbericht zu, in dem durch unsere Form der Dokumentation die Basis sowohl für die weiteren Erhebungen unsererseits als auch die Selbstevaluationsinstrumentarien für die Projekte andererseits gelegt wurden. Auch bei den die einzelnen Projekte betreffenden Teilen des Endberichtes wurden die MitarbeiterInnen und in diesem Fall zusätzlich die TrägervertreterInnen einbezogen. Ihre Rückmeldungen waren auf dem Hintergrund ihrer jeweiligen Qualifikationen und Sichtweisen bereichernd.

Die nachfolgenden Werkstattberichte über mobile Jugendarbeit mit rechten Jungen auf dem Land, Gewaltprävention durch bewegungsorientierte Aktivitäten mit „schwierigen" Schulklassen, gewaltpräventive Mädchenarbeit durch interkulturelles Lernen und Selbstbehauptung, die Funktion und Wirkung sportorientierter Angebote zum Abbau von Gewalt und über Erfahrungen aus einem internationalen Jugendcamp in der Stadt sind, gekürzt und überarbeitet, diesem Endbericht entnommen.[9] Um Aufschlüsse darüber zu erhalten, in welcher Form die ehemaligen Modellprojekte ihre Arbeit fortsetzen (können), d. h. welche Ansätze und Aktivitäten nachhaltige Wirkungen entfalteten, haben wir im Herbst 1998, fast zwei Jahre nach Beendigung der Modellförderung, eine Nachrecherche durchgeführt. Ihre Ergebnisse flossen jeweils in die - die Werkstattberichte abschließende - Darstellung zur Weiterführung der Arbeit ein.

Zu den Fortbildungsseminaren mit den ProjektmitarbeiterInnen

Im halbjährlichen Turnus fanden insgesamt sechs mehrtägige, von der Wissenschaftlichen Begleitung konzipierte und durchgeführte Seminare statt. Abschließend soll hier deren Relevanz für den Projektverlauf dargestellt werden.

1. Die Seminare hatten insbesondere zu Anfang eine Bedeutung dahinge-

---

[9] Der Endbericht kann bezogen werden über: BASA-Stiftung, c/o Bildungsstätte Alte Schule Anspach, Schulstr. 3, 61267 Neu-Anspach

hend, dass sie eine vertrauensvolle Zusammenarbeit mit der Wissenschaftlichen Begleitung ermöglichten. Besonders im ersten Seminar entzündete sich an den MitarbeiterInnen-, Iststands- und später an den Dokumentationsbögen eine lebhafte Debatte zwischen den TeilnehmerInnen und der Wissenschaftlichen Begleitung, an der weniger inhaltliche Differenzen deutlich wurden, als die Frage des Vertrauens in den Vordergrund trat. Fragen, die dabei auftauchten, waren: Was macht die Wissenschaftliche Begleitung mit den Informationen, die wir ihr geben? An wen werden sie weitergegeben und wie werden sie interpretiert? Hat das evtl. negative Auswirkungen für unsere Projekte? Verringern (z.B. Mittel, die zusätzlich eingeworben wurden) evtl. den Zuschuß des Ministeriums? Dieses Mißtrauen konnte schnell durch die offene Beantwortung der Fragen abgebaut werden und vor allem dadurch, dass es die Zusage seitens der Wissenschaftlichen Begleitung gab, dass die ProjektmitarbeiterInnen jeweils vorab über die Ergebnisse und Einschätzungen der Wissenschaftlichen Begleitung informiert würden und damit die Möglichkeit für eine Stellungnahme erhielten. Dies bedeutete allerdings nicht, dass die Wissenschaftliche Begleitung keine kritische Einschätzung zu den Projekten abgeben bzw. diese nach Widerspruch sofort zurückziehen würde. Es ging darum, dass der Prozeß der Beurteilung durch die Wissenschaftliche Begleitung offengelegt und nachvollziehbar wurde.

Diese Unsicherheiten wurden nicht bei den ersten Projektbesuchen sichtbar, sondern erst in dem Moment, in dem alle Projekte zusammengekommen waren.

2. Ferner hatten die Seminare eine Bedeutung darin, dass sie einen direkten bzw. indirekten Kontakt zum Ministerium und zum Beirat ermöglichten. Zu dem ersten Seminar hatte die Wissenschaftliche Begleitung einen Vertreter des Ministeriums eingeladen, der alle noch offenen, die finanzielle Abwicklung der Projekte betreffenden Fragen beantwortete und dadurch den Projekten mehr Klarheit in dieser Hinsicht gab.

Als die Mittelkürzungen für das Jahr 1995 bekannt wurden, nutzten die TeilnehmerInnen das Seminar, um ihrer Verärgerung darüber Luft zu machen, eine Stellungnahme an das Ministerium und für die Öffentlichkeit auszuarbeiten und einen Gesprächstermin im Ministerium zu vereinbaren, mit dem Ziel, mit dessen MitarbeiterInnen über die Konsequenzen zu sprechen.[10]

Auch hinsichtlich des Kontakts zum Beirat hatten die Seminare eine wichtige Funktion. Die Vorbereitung der ersten Sitzung der Projekte mit dem Beirat im September 1995 war Thema auf dem dritten Seminar, die Enttäuschung über dieses Gespräch war Gegenstand von Debatten auf dem vierten Seminar; dort erfolgte dann gleichzeitig eine Vorbereitung auf das

---

10 Das Ministerium sollte die durch die Mittelkürzung notwendigen Einschränkungen der Projektarbeit gegenüber der Öffentlichkeit vertreten.

zweite Gespräch mit dem Beirat im Februar 1996.
Gemeinsam suchten die ProjektvertreterInnen nach einer Form, sich in der Öffentlichkeit (z.B. auch auf der ersten Tagung im Februar 1995) darzustellen, und sie überlegten, welche Form es geben müßte, damit die Gespräche mit dem Beirat keinen Einbahnstraßencharakter erhielten, indem nur der Beirat fragt und die Projekte nur antworten, sondern damit es zu einem produktiven Austausch kommen könne.

Die Wissenschaftliche Begleitung hatte, indem sie Raum für die Diskussion solcher Fragen zur Verfügung stellte,[11] eine Scharnierfunktion zwischen Ministerium und Beirat einerseits und den Projekten andererseits.

3. Die wichtigste Funktion der Seminare bestand darin, dass sie ein Forum des Informationsaustausches über die Projektarbeit boten. Dieses Forum hatte für die einzelnen Projekte bzw. deren MitarbeiterInnen eine unterschiedliche Bedeutung. Fast alle Projekte nutzten die Tagung als eine Möglichkeit, sich von den KollegInnen Rückmeldungen und Anregungen für die eigene Arbeit geben zu lassen. Insbesondere für die Projekte 'Internationales Jugendcamp' und 'Auszeit' war das wichtig, da die MitarbeiterInnen keine eigene Supervision hatten und die Seminare zumindest einen gewissen Ersatz für die fehlende Supervision darstellten. Dies war möglich, weil in den Seminaren eine sehr offene, vertrauensvolle und konkurrenzarme Atmosphäre herrschte, die es ermöglichte, dass sehr bereitwillig und offen (auch über die Schwächen) der Arbeit gesprochen wurde.

Weniger wurden die Seminare für konkrete Kooperationsabsprachen zwischen den Projekten genutzt. Dazu waren die Projekte zu verschieden, als dass sich hier eine Zusammenarbeit angeboten hätte. Es gab lediglich den Wunsch, sich wechselseitig zu besuchen; dem wurde aber nur in ganz geringem Umfang entsprochen.

4. Beim fünften Seminar gab es die Möglichkeit, sich mit Projekten aus den neuen Bundesländern, aus dem Aktionsprogramm gegen Aggression und Gewalt (AgAG), auszutauschen. Dieser Austausch war sehr fruchtbar und anregend, aber weil dafür praktisch nur ein Tag zur Verfügung stand, war er zu kurz. Wahrscheinlich wäre es sinnvoller gewesen, so ein gemeinsames Seminar viel früher und nicht erst gegen Ende der Projektlaufzeit zu organisieren und mehr Zeit dafür zur Verfügung zu stellen.

Was den zeitlichen Umfang der Seminare anbelangt, so gab es immer einen Widerspruch: Einerseits beklagten die meisten TeilnehmerInnen, dass die Seminare zeitlich zu kurz seien, da man viele Themen nicht hätte richtig ausdiskutieren können (insbesondere beim zweiten Seminar), andererseits

---

11 Darüber hinaus organisierte die Wissenschaftliche Begleitung noch zwei Extra-Treffen, damit sich die Projekte auf ihre Präsentation bei der Tagung und beim Beirat vorbereiten konnten.

waren sie meist nicht bereit, mehr Zeit dafür aufzuwenden, da sie mit ihrer Projektarbeit und anderen Terminen schon genügend belastet waren.

5. Die Seminare hatten auch eine wichtige Funktion als identitätsstiftendes Moment im Hinblick darauf, dass sich die MitarbeiterInnen neben ihrer Identifikation mit ihren Projekten auch als VertreterInnen des Jugendaktionsprogramms insgesamt verstanden. Diese Identität war natürlich in Konfliktsituationen wie z.B. der anstehenden Mittelkürzung oder bei der gemeinsamen Vertretung des Projektes gegenüber der Öffentlichkeit und dem Beirat am stärksten.

6. Letztendlich hatten die Seminare ihre Bedeutung darin, dass die Projekte sich Anregungen gaben, wie die Arbeit nach Ende der Laufzeit weitergeführt werden könnte und wann und in welcher Form ggf. ein 'Abschied' von Jugendlichen und MitarbeiterInnen zu gestalten sei.

II. Fünf Werkstattberichte
(Christiana Klose, Helmolt Rademacher)

1. Springerstiefel, Alkohol, Drogen ... was tun? – Mobile Jugendarbeit auf dem Land mit „rechten" Jugendlichen (Modellprojekt des Evangelischen Kirchenkreises Hofgeismar)

Rahmenbedingungen

Das vom Evangelischen Kirchenkreis Hofgeismar durchgeführte Modellprojekt hatte insgesamt vier Projektestandorte in eher ländlichen Gebieten des Landkreises Kassel. Größter Projektstandort und Zentrum des Modellprojektes war die 25 Kilometer nördlich von Kassel gelegene Kleinstadt **Hofgeismar** mit insgesamt rund 16.500 Einwohnern und einem Ausländeranteil von 5,3%. Die Arbeitslosigkeit betrug dort 1996 13,5%, womit auch die schwierige Situation auf dem Ausbildungsmarkt angedeutet wird. Der Hofgeismarer „Aussiedler- und Asylbewerber-Stadtteil" Beberbeck gilt als sozialer Brennpunkt, in dem es immer wieder zu handgreiflichen Auseinandersetzungen zwischen Flüchtlingen und Aussiedlern kommt.

Das kirchlich gebundene Jugendzentrum stellt nicht nur für die Stadt Hofgeismar, sondern für die gesamte ländliche Region nördlich von Kassel den Dreh- und Angelpunkt der örtlichen Jugendhilfe dar. Der gesamte Landkreis und vor allem die Gemeinden Trendelburg, Calden, Immenhausen und Hofgeismar sind in vielfältiger Weise verwoben und bilden für Jugendliche einen einheitlichen Aktionsraum.

Unter den zum Einzugsgebiet des Hofgeismarer Jugendzentrums gehörenden Projektstandorten ist **Trendelburg** mit knapp 6.000 Einwohnern und einem Ausländeranteil von 1,5% die kleinste unter den projektrelevanten Gemeinden. Im Trendelburger Stadtteil **Sielen** gibt es 791 Einwohner und kommunale Jugendarbeit gibt es dort nicht.

In der Stadt **Immenhausen** sind ca. 7.700 Personen gemeldet. Der Ausländeranteil liegt bei 3,8%. Es gibt sowohl kommunale als auch kirchliche Jugendarbeit.

Calden schließlich besitzt rund 8.000 Einwohner bei einem Ausländeranteil von knapp 2,6%. In Calden gibt es ein Jugendzentrum. Die Jugendarbeit wird in Calden ähnlich wie in Hofgeismar von einem kirchlichen Träger gestaltet, der mit der Kommune eng zusammenarbeitet.

"Rechte Randale" im ländlichen Raum

Ausgangspunkt des Projektantrags war, dass es in Hofgeismar und in mehreren Orten im Umfeld (z.B. Immenhausen, Calden-Obermeiser) schon seit mehreren Jahren rechte und rechtsradikale Gruppen gab, die in der Regel aber nicht durch Gewalttätigkeiten auffielen. Anfang 1994 war aber eine neue Situation eingetreten. Dazu heißt es im Projektantrag:

„Seit ein bis drei Jahren kann man hier jedoch eine starke Veränderung beobachten. Einerseits kommt es zu ausländerfeindlichen oder sonstigen gewalttätigen Ausschreitungen (Helmarshausen, Immenhausen), andererseits sieht man immer mehr Jugendliche mit kurzen Haaren, Springerstiefeln und Bomberjacken. Sie werden auffällig in den Schulen (Grebenstein, Immenhausen und Hofgeismar), aber auch auf der Straße durch Bedrohung und Einschüchterung von Ausländern und 'Linken' vor allem in Hofgeismar, aber auch in Grebenstein. Es entstehen 'rechte' Gruppen, meist Jungengruppen, die immer mehr in den vorhandenen Jugendzentren auftauchen und zu Problemen führen."[2]

In Hofgeismar gab es Konflikte zwischen der Mehrzahl der Jugendlichen und einer rechten Jugendclique, die im JUZ „Störkraft" und „Böhse Onkelz" mit zum Teil fremdenfeindlichen und zu Gewalt auffordernden Texten hörte. In einer Jugendhaus-Vollversammlung wurde diese Musik schließlich verboten.

Ähnliche Probleme gab es im Jugendzentrum der Großgemeinde Calden. Hier kam es zu Beleidigungen von Ausländern, verbotenem Alkoholkonsum und Sachbeschädigungen. Eine rechte Jungengruppe begann sogar mit „Gewaltspielen" im Wald mit Waffen, Hitlergruß und Brüllen rechtsradikaler Parolen.

In Immenhausen trafen sich einige rechte Jugendliche in einer Gartenlaube. Nach einem Anschlag auf ein benachbartes Asylbewerberheim zündeten antifaschistisch orientierte Jugendliche diese Gartenlaube an. Die rechten Jugendlichen distanzierten sich daraufhin öffentlich von dem Anschlag auf das Asylbewerberheim, prangerten aber auch den Anschlag auf ihre Gartenlaube an.

Zielgruppen und Zielsetzungen

Die meisten der Jugendlichen, die durch das Projekt erreicht wurden, lassen sich so beschreiben, dass sie aus beziehungsgestörten Familien stammen, also aus „gebrochenen" Lebenszusammenhängen. Entweder fehlt der Vater bzw. die Mutter oder einer der Elternteile trinkt oder ist psychisch krank. Ferner zeigen die Väter oft keine Bereitschaft, sich mit ihren Söhnen auseinanderzusetzen.[3] Diese Jugendlichen sind antriebsschwach und motivati-

---

2 1. Projektezeitung: 5 Projekte. Dokumentation Hessisches Jugendaktionsprogramm, 1994, S. 10
3 Aussage im Interview mit dem hauptamtlichen Mitarbeiter am 20.12.1996

onsgestört und haben insofern Schwierigkeiten in der Schule oder bei ihrer Lehrstelle. Diese Situation und die schlechte Arbeitsmarktlage führen zum Teil zu Entlassungen aus Arbeitsverhältnissen, oder sie finden erst gar keine Stelle. Die inneren und äußeren Umstände führen zu heftigen Frustrationen, in deren Folge die Jugendlichen zu Drogen greifen und anfällig für (rechte) Ideologien (und zum Teil auch Sekten) werden. Unter dem Einfluß von Drogen und rechten Ideologien gehören dann gewaltsame Handlungen quasi mit zum Alltag.

Inwieweit die Jungen[4], mit denen im Modellprojekt gearbeitet wird, Verbindung zur rechten Szene haben, ist nur annäherungsweise bekannt. Einzelne Jungen haben Kontakte über Postadressen zu rechtsextremen Parteien und Organisationen, vermutet werden auch Kontakte und Austausch der lokalen Szenen und Cliquen untereinander, ohne dass genaue Angaben hierzu gemacht werden können. Daneben gibt es Jungen, die zwar eine dezidiert „rechte" Gesinnung haben und diese auch äußern, vor Gewalttaten aber zurückschrecken.

Neben diesen hier beschriebenen Jugendlichen wurden aber auch "normale" Jugendliche wie in Sielen erreicht. Darüber hinaus gab es noch Jugendliche in Immenhausen, die die Realschule oder das Gymnasium besuchten und eher linksorientiert waren.

Wenn diese Jungengruppen in Jugendzentren auftauchten, so waren die dortigen MitarbeiterInnen meist überfordert. Es gab auch Gruppen rechter Jugendlicher, die den Jugendarbeitern bekannt waren und zu denen z.T. auch Kontakt bestand, die aber durch die vorhandene Jugendarbeit nicht erreicht wurden.

Das Projekt zielte also auf solche zumeist männlichen Jugendlichen, die wie oben beschrieben so auffällig waren, dass sie nicht mehr in die normale Jugendarbeit integriert werden konnten, bzw. solche, die von den Angeboten erst gar nicht erreicht wurden. Diese auffälligen, rechten und rechtsextremen, und gewaltbereiten Jugendlichen konnten nur durch ein speziell auf sie zugeschnittenes Konzept aufsuchender Jugendarbeit angesprochen werden.

Die Jungengruppen mit denen dann gearbeitet wurde, waren im Alter von 13 bis 20 Jahren. Ursprünglich wurde unterschieden in eine Arbeit mit Jungen und eine mit Mädchen. Während es bei den Jungen eher um die „Täter" ging, wollte man die Mädchen so stärken (u.a. durch Selbstverteidigung)[5], dass sie nicht „Opfer" würden. Letztendlich wurde eine geschlechtsgetrennte Arbeit mit Mädchen nicht realisiert.

Das Ziel der Arbeit war, den Jungen durch aktive Beziehungsarbeit einen Rahmen zu bieten, in dem sie zum einen ihre Sorgen und Nöte ansprechen

---

[4] Da es sich bei dieser Gruppe von Jugendlichen ausschließlich um Jungen handelt, werden sie nachfolgend auch als solche benannt.

[5] vgl. 1. Projektezeitung: 5 Projekte. Dokumentation Hessisches Jugendaktionsprogramm, 1994, S. 14

konnten und zum anderen sich aber auch mit ihrem gewaltsamen Verhalten und ihren rechten Einstellungen auseinandersetzen sollten. Langfristig sollten sie in die normale Jugendarbeit und damit in die Gesellschaft integriert werden.

Mitarbeiter des Modellprojektes

Zum Verständnis des Projektes ist es wichtig, sich ein Bild von der Art der Zusammenarbeit unter den Mitarbeitern zu machen, um auf dieser Basis die Prozesse im Team nachvollziehen zu können. Die Teamprozesse spielten eine wichtige Rolle im Verlauf des Projektes.

Neben dem damals 43-jährigen hauptamtlichen Koordinator, der vielfältige Lebenserfahrungen mitbrachte, arbeiteten in Hofgeismar zwei 27 und 24 Jahre alte Honorarkräfte, die an der Gesamthochschule Kassel studierten, in Calden ein 22-jähriger Fachhochschüler und in Immenhausen ein 33-jähriger Sozialpädagoge mit langjähriger Erfahrung in der Jugendarbeit. Später, d.h. im Januar 1996, kam am Standort Hofgeismar noch eine ehrenamtliche Mitarbeiterin hinzu.[6]

Die Arbeit zwischen den Mitarbeitern gestaltete sich so, dass der Koordinator für die Vertretung des Projektes nach außen und gegenüber dem Evangelischen Kirchenkreis, die Fortbildungen, die Öffentlichkeitsarbeit und die Abrechnungen verantwortlich war und die Honorarkräfte die praktische Arbeit vor Ort leisteten. Der Koordinator führte für einzelne Jugendliche und auch Eltern Beratungen durch und beriet auch andere Einrichtungen der evangelischen Jugendarbeit im Landkreis.

Ein ganz wesentlicher Teil seiner Aufgabe bestand in den wöchentlichen Besprechungen mit den Honorarmitarbeitern, denen er wichtige Impulse und Hilfestellungen gab. Dies war auch deshalb wichtig, weil die meisten Honorarmitarbeiter noch relativ jung und noch keine ausgebildeten Pädagogen waren. Zusätzlich zu den wöchentlichen Besprechungen hatten die Honorarmitarbeiter alle vier Wochen eine Supervision ohne den Koordinator. Dieser wiederum hatte eine eigene Supervision im Rahmen seiner Zusatzausbildung.

Ab Mai 1996 gab es im Projekt eine einschneidende Veränderung, als der Koordinator schwer erkrankte und für vier Monate nicht mehr im Projekt mitarbeiten konnte. Es entstand ein gewisses Vakuum, das der Träger auszugleichen versuchte, indem er eine Mitarbeiterin, die vor Projektbeginn den Antrag mit entwickelt hatte, für die Beratung der Honorarkräfte freistellte. Außerdem wurden letzteren mehr Arbeitsstunden zur Verfügung gestellt.

Zwar waren die Honorarmitarbeiter bis dahin schon ein recht einge-

---

6 Vgl. auch „Die Rahmenbedingungen im Überblick" am Ende dieses Kapitels

spieltes Team, aber der Ausfall des Hauptamtlichen führte doch zumindest zu Beginn zu einer erheblichen Verunsicherung. Zumal die vier Honorarkräfte neben ihrer Betreuungsarbeit mit den Jugendlichen noch vor der schwierigen Aufgabe standen, sich um die Absicherung der Weiterarbeit über das Jahr 1996 hinaus zu kümmern. Das hieß konkret, die bereits geknüpften Kontakte mit den Bürgermeistern einiger an mobiler Jugendarbeit interessierter Gemeinden aufrechtzuerhalten und weiterzuspinnen. Es gab also eine doppelte Überforderung: Zum einen mußten sie (sich) den „von außen blickenden" Koordinator ersetzen[7] und zum anderen mußten sie dessen Arbeit zur Erhalt auch ihrer Arbeitsplätze mit ausfüllen.

Die Honorarmitarbeiter hatten allerdings nach einiger Zeit das (wohl nicht direkt eingestandene) Gefühl, auch ganz gut ohne den Koordinator auszukommen, zumal sie durch die Übernahme von dessen Arbeit auch mehr Geld verdienten. Da entstanden Phantasien, dass man als gleichberechtigtes Team auch ohne Chef arbeiten könne. Abgeleitet wurde daraus auch, dass man zukünftig pro Stunde mehr verdienen solle, und es entstanden wohl etwas utopische Vorstellungen davon, wie man die bisher bestehenden Regeln und Normen des Arbeitgebers Kirche verändern könne. Was man durch die Abwesenheit des Chefs allerdings eingebüßt hatte, wurde dabei nicht bedacht.

Insofern war hier ein Konflikt nach der Rückkehr des Koordinators vorprogrammiert. Dieser hatte zum einen die Leistung des Teams während seiner Abwesenheit zunächst nicht zur Kenntnis genommen und nicht gewürdigt, und zum anderen spürte er sehr deutlich, dass diese seine Rolle als Chef in Frage stellten. Für die Honorarkräfte schienen damit die schönen „anarchischen" Zeiten vorbei zu sein. Hinzu kam noch, dass einer der Honorarkräfte, der schon zuvor eine heimliche Leitungsrolle[8] hatte, diese Rolle noch stärker manifestierte, und das führte nach der Rückkehr des Chefs natürlich zum Konflikt. Es spricht für den Koordinator und das Team, dass es ihnen gelang, diesen Konflikt konstruktiv zu lösen. Zum geringeren Teil mag dazu auch beigetragen haben, dass das Projekt dem Ende zuging und Ende 1996 zwei Honorarkräfte ausscheiden mußten, da es nicht mehr genügend Finanzmittel gab.

---

7 Als ein Beispiel vgl. die Borkener Freizeit der Hofgeismarer Gruppe
8 Anzumerken ist noch, dass sich diese Honorarkraft 1994 zu Beginn des Projektes auch auf die Stelle des Koordinators beworben hatte, aber die Arbeitgeber zogen den älteren Mitarbeiter vor. Dieser – in Kenntnis dessen, dass sich auch der Jüngere auf die Stelle beworben hatte – ließ sich dann aber auf eine Zusammenarbeit mit der Honorarkraft ein, weil er dessen Arbeit sehr schätzte. Vor der Krankheit des Koordinators gab es auch keine nennenswerten Schwierigkeiten zwischen ihm und der Honorarkraft.

Die Arbeit an den vier Standorten des Modellprojektes

Im folgenden werden die Aktivitäten mit den Jugendlichen, zum Teil auch die Erfahrungen an jedem Projektstandort und die Prozesse, die die Jugendlichen durchlebten, beschrieben.

Von rechten Jungencliquen und „stabilisierenden" Mädchen -
Aufsuchende Arbeit in Hofgeismar

In Hofgeismar arbeiteten zwei Mitarbeiter vornehmlich mit rechten und gewaltbereiten Jugendlichen. Es gab zwei Treffen pro Woche. Ab Januar 1996, als immer mehr Mädchen zu den Treffen kamen, arbeitete auch eine Betreuerin ehrenamtlich mit. Die Jugendlichen waren durch eine Gewaltbereitschaft gekennzeichnet, die zur Konfrontation mit der Polizei und den Jugendgerichten führte. Die Gewalttaten bestanden in Körperverletzungen, Sachbeschädigungen, Diebstählen, verbaler und psychischer Gewaltanwendung und in fremdenfeindlichen Beschimpfungen. Später wurden die Jungen besonders durch exzessiven Alkohol- und Drogenkonsum auffällig. Diese Problematik nahm dann ab Herbst 1995 wesentlich mehr Raum ein als die rechte Orientierung.

Eine Erklärung für diese Veränderung ist, dass im Gruppenprozeß mit den Betreuern die „ideologischen" Unterschiede nicht mehr so relevant waren; die Konstellation „linke" Betreuer und „rechte" Jungen war nur zu Beginn brisant. Nach dem ersten gegenseitigen Abtasten traten dann die Schwierigkeiten in den Vordergrund, welche die Gruppentreffen lähmten und die Interaktionen der Gruppenmitglieder untereinander und zu den Betreuern verkomplizierten. Die Jungen kamen „zugedröhnt" zu den Treffen, zum Teil auch, weil die anstehenden Gerichtsverfahren u.ä. verdrängt werden mußten.

In Hofgeismar machte die Gruppe „wellenförmige" Entwicklungen durch, einige Jugendliche verließen die Gruppe, neue – insbesondere Mädchen[9] - kamen hinzu, mal waren 15 bis 20 Jugendliche da, und dann schmolz die Gruppe auf vier bis sechs Jungen zusammen.

Auffallend war, dass bei größeren Festen (z.B. Weihnachtsessen) oder bei besonders attraktiven Angeboten (z.B. Ausflüge) immer sehr viele Jugendliche kamen. Sie suchten und fanden in der Gruppe eine Art „Heimat". Allerdings war die Bereitschaft einer kontinuierlichen Teilnahme und eines aktiven Mitwirkens z.B. beim Ausbau des Bauwagens nicht sehr

---

9   Zuletzt waren mehr Mädchen als Jungen in der Gruppe. Diese Mädchen waren sehr selbständig und hatten eine große Dominanz und Bestimmtheit in der Gruppe. Sie hatten ihre eigenen Karrieren als Drogenkonsumentinnen und Dealerinnen. Sie waren aufgefallen durch Ladendiebstähle und Ausreißen von zu Hause (Aussage im Interview vom 20.12.96).

ausgeprägt.

Die Aktivitäten mit den Jugendlichen bestanden zu Anfang des Projektes hauptsächlich im Ausbau des Bauwagens. Dann rückten verschiedene Aktivitäten wie Sportspiele (Volleyball u.ä.), Ausflüge in die nähere Umgebung, Musik hören in den Vordergrund, und es gab sehr viel Zeit für Gespräche zwischen Jugendlichen und Betreuern. Dies war wichtig für die Vertrauensbildung. Im Sommer gab es jeweils eine ca. zehntägige Freizeit mit dem Bauwagen an einem Baggersee.

An dieser Stelle wird eine Erfahrung mit der Gruppe aus dem Sommer 1996 ausführlicher dargestellt, weil hier die Schwierigkeit der Arbeit mit gewaltbereiten Jugendlichen deutlich wird, wenn sie von Mitarbeitern geleistet wird, die selbst altersmäßig noch sehr nahe an den Jugendlichen sind; der Altersabstand betrug zum Teil nur drei bis fünf Jahre.

Im Sommer 1996, als der Projektkoordinator krankheitshalber bereits nahezu drei Monate ausgefallen war, fuhren drei BetreuerInnen mit zehn Jugendlichen zu einer zehntägigen Freizeit an einen Baggersee bei Borken. Mit den zum Teil rechts gesinnten Jugendlichen gab es im großen und ganzen keine Probleme, aber es gab eine Reihe von Besuchern aus der Umgebung von Borken, die eine recht militante und rechtsextreme Einstellung hatten. Ein Konflikt war damit vorprogrammiert. Zunächst schien alles friedlich zu verlaufen, im Gegenteil die Jugendlichen, die sich kannten, freuten sich, sich wiederzusehen, und die Regeln, die vorab für die Freizeit aufgestellt waren, wurden akzeptiert.

„Entgegen unserer Befürchtungen wurden wir Betreuer von den Borkener Skins nicht etwa provoziert oder verbal attackiert, im Gegenteil, die Jugendlichen akzeptierten unsere Regel, dass auf dem Campingplatz kein Alkohol getrunken werden darf und nutzten die alkoholfreie Zeit dazu, mehr oder weniger produktiv mit uns über Gott und die Welt zu diskutieren. Die Hofgeismarer Jugendlichen beteiligten sich daran oder waren währenddessen mit Kochen, Haare schneiden und Gesellschaftsspielen beschäftigt."[10]

Nachdem der Bauwagen und die kleine Zeltstadt zum Treffpunkt für die örtliche Szene geworden waren, gab es Schwierigkeiten auf zwei Ebenen: Die Jugendlichen wurden für alle Vorfälle auf dem Campingplatz verantwortlich gemacht, egal, ob sie die auch real verursacht hatten, und die beiden Gruppen, Hofgeismarer und Borkener, verloren das Interesse aneinander.

„Nach ein paar Tagen mit dieser Art von Ärger ließ die Begeisterung der Hofgeismarer Jugendlichen für die Besucher merklich nach. Dazu kam, dass die extrem rechte Gesinnung der Borkener Skins zu viel für sie war. Sie begannen, sich abends abzusetzen und uns Betreuer mit den Borkenern alleine zu lassen. Das war wiederum diesen zu langweilig."[11]

Dennoch gelang es den BetreuerInnen, die sich intensiv mit „ihren" Ju-

---

10 3. Projektezeitung: 5 Abschlussberichte, 1997, S. 13
11 ebd.

gendlichen beschäftigten, ihr „Programm" mit den geplanten Aktivitäten zu realisieren. Hierzu zählten verschiedene Sportspiele, eine mehrstündige Wanderung, eine Radtour, Disco- und Kinobesuche und Stadtbummel in Homberg und Schwalmstadt sowie der Besuch eines großen, überregionalen Flohmarkts in Borken.

Diese Harmonie war aber trügerisch, denn „am Abschiedswochenende folgte ein filmreifer 'Show Down'. Etwa 15 Skins aus der Umgebung trafen sich abends erneut am Bauwagen. Da sie spürten, dass sie bei unseren Jugendlichen nicht allzu erwünscht waren, verzogen sie sich in Richtung Campingplatzkneipe. Dort explodierte die Stimmung. Es gab Randale und eine Schlägerei, von der wir nur aus der Ferne die Auswirkungen mitbekamen."[12]

Die für die Gruppe deprimierende Erfahrung war, dass sowohl die Borkener als auch die Gruppe aus Hofgeismar - obwohl sie sich aus der Schlägerei völlig heraushielt – am nächsten Tag vom Platz verwiesen wurde und ihr ein generelles Aufenthaltsverbot auf dem Platz für die Zukunft auferlegt wurde.[13]

Die BetreuerInnen hatten sich vorab, obwohl sie Angst vor einer möglichen gewaltsamen Auseinandersetzung hatten, keine Hilfe von außen geholt, hatten keinen Kontakt mit dem Campingplatz- und Kneipenbesitzer oder ggf. der Polizei aufgenommen, um ihre Befürchtungen mitzuteilen, eine Warnung auszusprechen oder um sich abzusichern. Obwohl sie selbst einer ganz erheblichen Streßsituation ausgesetzt waren und kaum geschlafen hatten, aus Angst, es könne etwas passieren, war ihnen anscheinend die Nähe zu den Jugendlichen wichtiger und die Angst zu groß, als „Kollaborateure der Erwachsenen" angesehen zu werden.[14]

Auch in der Vorbereitung wurde vermutlich nicht mit bedacht, was die Anwesenheit der Hofgeismarer in Borken im Hinblick auf mögliche Besucher bedeuten könnte, obwohl bekannt war, dass dieser Baggersee ein beliebter Treffpunkt rechter Jugendlicher war.

Die Honorarkräfte waren an dieser Stelle überfordert und hätten Unterstützung gebraucht, die es wegen der krankheitsbedingten Abwesenheit des Koordinators nicht gab, um die notwendige Distanz einzunehmen, die eigene Verstrickung in die Gruppenprozesse zu erkennen. Verstärkt wurde diese Identifikation – wie bereits bemerkt – durch den geringen Altersabstand: Die Betreuer waren zum Teil selbst noch „Jugendliche".

In diesem Zusammenhang ist es interessant, einen Blick auf die Mädchen zu werfen. Die ehrenamtliche Betreuerin hatte zunächst den Eindruck, dass die Mädchen *„gemessen an ihrem äußeren Erscheinungsbild, ihres Auftretens und ihren Äußerungen in der Gruppe nicht rechts-orientiert zu*

---

12   ebd.
13   Ausführlicher s. 3. Projektezeitung: 5 Abschlußberichte, 1997, S. 12 f.
14   Die Gefahr der Identifikation war auch schon vorher da. Einer der „linken" Betreuer äußerte verwundert, dass er durch den Kontakt mit den Jugendlichen bei sich „konservative" Werte wahrgenommen habe, z.B. Sehnsucht nach „Heim und Familie".

sein" schienen.[15] Die Mädchen hatten allerdings Liebesbeziehungen zu Jungen aus der rechten Szene, wobei diese Jungen aber nicht an den Gruppentreffen teilnahmen. Bei längerer Beobachtung der Mädchengruppe wurde deutlich, dass bei ihnen ausländerfeindliche Tendenzen klar zu erkennen waren. Dies drückt sich zum Beispiel in der Behauptung eines Mädchens aus, von türkischen Jungen angegriffen worden zu sein:

Die Situation war „von dem Mädchen dramatisiert worden ..., um zu erreichen, dass 'diese Türken mal eine abkriegen'. Die Mädchen waren auch von Flugblättern aus der rechten Szene zu begeistern. Insbesondere Rechnungen darüber, wieviel welche Zuwanderungsgruppe den Bundeshaushalt belastet (z.B. arbeitslose Migrant/innen, Aussiedler/innen, Asylsuchende), regte großes Interesse und die Diskussion darüber an, wie mit solchen Menschen zu verfahren sei. Die Ideen, die dabei aufgeworfen wurden, können durchweg als menschenverachtend und zutiefst undemokratisch bezeichnet werden. So geartete Argumentationen und Verhaltensweisen würde ich durchaus als „rechte Orientierung" bezeichnen. Jedoch fielen innerhalb der Gesamtgruppe die politischen Einstellungen der Mädchen kaum ins Gewicht, im Gegensatz zu den plumpen Parolen, die von den Jungen häufig zu hören waren. Jedoch gerade diese umsetzungsbezogeneren Vorstellungen machten die Mädchen in der politischen Auseinandersetzung „gefährlicher" und möglicherweise auch „politikfähiger" als die Jungen."[16]

Nach der Freizeit wurde die Arbeit mit der Gruppe in Hofgeismar noch bis zum Anfang des Jahres 1997 weitergeführt. Die auffälligen rechtsextremen Einstellungen und Äußerungen gingen im Projektzeitraum deutlich zurück. Zwischenzeitlich kam allerdings eine Drogenproblematik auf, die für die Betreuer eine neue Herausforderung darstellte und die viele Gespräche erforderte.

Als Fazit über die Gruppe in Hofgeismar läßt sich sagen, dass viele der Jugendlichen nach Aussagen der Betreuer nicht mehr auffällig sind, sondern durch Beruf und festere Beziehungen (in die Gesellschaft) integriert wurden. Nach wie vor gibt es aber in Hofgeismar einen Betreuungsbedarf von Jugendcliquen - nun vorwiegend junge Aussiedler -, die auffällig in Erscheinung treten. Für diese Arbeit stellt die Stadt Hofgeismar die entsprechenden Mittel bereit.

Von Rechtsextremismus und Gewalt zum Absturz in die Drogenszene
– Die Clique in Calden

In Calden war die schwierigste Gruppe, die durch eine extreme Gewaltbereitschaft, sehr deutliche rechte Orientierung und Fremdenfeindlichkeit auffiel. Ihre Taten bestanden in schwerer Körperverletzung, Einbrüchen, Diebstählen, Nötigungen und fremdenfeindlichen Beschimpfungen. Zu ihr bestand

---

15 Exkurs Mädchenarbeit in Hofgeismar von Michaela Köttig, S.1
16 ebd. S. 2

bereits seit Mitte 1993 Kontakt, als einer der späteren Mitarbeiter im Jugendzentrum in Calden seinen Zivildienst leistete.

Im Gegensatz zu Hofgeismar war die Gruppe in Calden zahlenmäßig recht konstant. Sie umfaßte über fast den gesamten Projektzeitraum fünf bis zehn deutsche Jugendliche im Alter von vierzehn bis siebzehn Jahren, darunter waren vier Mädchen. Erst kurz vor dem Ende des Gruppenzusammenhangs im Januar 1996 war sie auf fünf zusammengeschmolzen.

Die Gruppe wurde aufgrund ihrer Problematik bis auf die Monate März/April 1996 von zwei männlichen Honorarkräften einmal pro Woche betreut. Diese trafen sich mit ihnen im Caldener Jugendzentrum und organisierten verschiedene Freizeitaktivitäten wie Schwimmen, Kochen, Grillen, Musikhören, Sport und Spiele. Hinzu kamen noch Aktivitäten wie Videos drehen und sehen. Zu Beginn des Projektes sollte auch ein Bauwagen ausgebaut werden. Da die Jugendlichen daran aber nicht genügend Interesse hatten, wurde diese Idee aufgegeben.

Um das Bild über die Jugendlichen etwas plastischer zu machen, sei hier eine Konfliktszene genauer geschildert:

Im März 1995 bestand der Kern der Gruppe aus fünf Jungen. Durch ihr Äußeres (kurze Haare, Springerstiefel, Bomberjacke) und ihr brutales Auftreten waren sie entsprechend bekannt. Sie besuchten eine Schule, in der es auch russische Aussiedlerjugendliche gab. Zwischen diesen und den rechten Jugendlichen gab es einen Streit, der in einer Schlägerei endete. Von anderen Schülern wurde das Gerücht in die Welt gesetzt, dass dieser Streit nun in zwei Tagen endgültig ausgetragen würde. Davon erfuhren die beiden Betreuer, und sie kamen an dem Tag zu dem entsprechenden Treffpunkt. Sie schildern nun, was sie dort erlebten:

"Ungefähr zehn, zu allem bereite Jugendliche, die sich mit Baseballschlägern und Messern bewaffnet hatten, warteten im Jugendzentrum auf '..die Russen, denen wir es ein für allemal zeigen werden. Wenn die Streß haben wollen, kriegen die von uns so die Schnauze voll, dass sie gleich wieder nach Rußland abhauen.'
Für uns als Betreuer war deutlich zu spüren, dass diese Sprüche nur dazu dienten, sich Mut zu machen und vor den ca. 15 Zuschauern, die sich dieses 'Ereignis' nicht entgehen lassen wollten, möglichst stark zu erscheinen. Jeder der Jugendlichen spürte, dass diese Auseinandersetzung ein anderes Kaliber hatte, als die 'normalen' Schulschlägereien, weshalb alle auch sofort einverstanden waren, als sich mein Kollege Peter und ich als Vermittler anboten.
Wir kannten zwar die Jugendlichen aus den Aussiedlerfamilien nicht, wußten aber, wo sie zu finden waren. Der Kontakt kam sofort zustande, nachdem wir erklärten, wer wir waren und was unsere Absicht war. Es wurde ein Gespräch mit beiden Gruppen vereinbart, welches noch am gleichen Abend an einem neutralen Ort stattfinden sollte, um diesen Konflikt auf einer friedlichen Ebene zu bereinigen.
Das Treffen kam tatsächlich zustande. Nach anfänglichem Beschnuppern kamen die Jugendlichen sehr schnell zum Kernpunkt, nämlich dass es keinen Sinn mache, zu versuchen irgendwelche Sachen zu rekonstruieren (wer was an welchem Tag zu wem gesagt hatte und wie es gemeint war). Sie einigten sich darauf, einen Schlußstrich zu

ziehen, sich gegenseitig aus dem Weg zu gehen und auch nichts mehr auf Gerüchte zu geben, die irgendwer in die Welt setzt. Es wurden Telefonnummern ausgetauscht, um miteinander in Kontakt zu bleiben, falls wieder etwas passieren sollte."[17]

Nach dem Wissen der Betreuer gab es nach diesem Treffen keine gravierenden Auseinandersetzungen mehr zwischen diesen beiden Gruppen.

Der Entwicklungsprozeß in der rechten Gruppe war auch davon geprägt, dass im Laufe der Zeit die Drogenproblematik extrem zunahm. Dies führte dazu, dass die Jugendlichen immer schwerer zu motivieren waren. Anfang Dezember 1995 verließ der „harte Kern" von vier männlichen Jugendlichen die Gruppe, und von da an machte die Restgruppe eine positive Entwicklung durch, weil einzelne Jugendliche nicht mehr unter dem Zwang standen, sich „produzieren" zu müssen. Nach zwei Monaten kehrten die extremen Jugendlichen aber wieder zurück und machten eine Gruppenarbeit nahezu unmöglich. Darauf verließ die Mehrzahl, die sich nun von Gewalt und Drogen distanziert hatte, die Gruppe. Die noch übriggebliebenen fünf Jugendlichen kamen nicht mehr ins Jugendzentrum, weil sie auf ihre Drogen auch nicht vorübergehend verzichten wollten. Sie waren dann auch durch aufsuchende Arbeit nicht mehr erreichbar, so dass die Arbeit mit ihnen Ende April 1996 eingestellt wurde.[18]

Gewalt und Sexismus ade – Zwei Jungengruppen in Immenhausen

In Immenhausen begann die Arbeit Mitte November 1994, und zwar mit zwei Gruppen, die nur aus Jungen bestanden und über zwei Jahre eine konstante Größe hatten. Betreut wurden beide Gruppen einmal pro Woche im Jugendzentrum durch eine Honorarkraft, die im Gegensatz zu den anderen Honorarkräften bereits das Studium abgeschlossen und Berufserfahrung hatte. Das war auch der Grund, warum er alleine die Gruppen betreute.

Die eine Gruppe bestand aus fünf rechtsorientierten deutschen Jungen im Alter von 16 Jahren, die aber nicht in der rechten Szene organisiert waren. Anfangs waren sie gewaltbereit und brachten dies durch Schlägereien, rassistische Äußerungen und einen versuchten Brandanschlag auf ein Flüchtlingswohnheim zum Ausdruck. Später distanzierten sie sich von Gewalttaten und flüchteten vorübergehend in den Drogenkonsum. Sie waren sehr mit ihren Zukunftsängsten insbesondere im Hinblick auf ihre berufliche Entwicklung beschäftigt und es fiel ihnen schwer, ihre Freizeit sinnvoll zu gestalten.

Die Aktivitäten mit dieser Gruppe bestanden im gemeinsamen Betrachten und Besprechen von Videos z.B. zum Thema „Gewalt" sowie weiteren herausfordernden Aktivitäten wie Kochen, Kanu-Touren, Zelten im Winter

---

17 2. Projektezeitung: 5 Berichte 1996, S. 14
18 Ausführlicher s. 3. Projektezeitung: 5 Abschlußberichte, 1997, S. 15 f.

und einer Freizeit mit einer anderen Jugendgruppe aus einem Nachbarort in Schweden.
Die Gruppe machte im Laufe der Zeit, insbesondere mit Beginn von Ausbildungen, eine starke Veränderung durch. Mehr und mehr distanzierten sie sich von rechten Einstellungen und gewaltsamem Handeln und nahmen später auch eine deutliche Anti-Drogenhaltung ein. Zuletzt beschäftigten sie sich verstärkt mit ihrer zukünftigen beruflichen Entwicklung. Betreut wurde die Gruppe bis Herbst 1996, danach waren die Jugendlichen eigenständig genug, um ihren Weg ohne die Honorarkraft zu gehen.
Die zweite Gruppe, die auch sehr konstant blieb, bestand aus neun eher linksorientierten, aber sehr verhaltensauffälligen und gewaltbereiten Jungen, die zu Beginn der Projektarbeit 14 bis 16 Jahre alt waren. Diese Gruppe unterschied sich von allen anderen Gruppen des Hofgeismarer Projektes dadurch, dass alle von ihnen die Realschule oder das Gymnasium besuchten und dass die Gruppe multikulturell zusammengesetzt war, d.h., es gab neben den deutschen Jungen auch je einen aus Polen, Jugoslawien und Portugal. Sie waren alle Eishockey-Fans des ECK-Clubs und bildeten eine entsprechende Fan-Gruppe. Neben ihrem aggressivem Verhalten fielen sie später besonders durch äußerst sexistische Einstellungen und Reaktionen gegenüber Mädchen auf.
Dies liest sich nach einem Bericht des Mitarbeiters folgendermaßen:

„Gewalt als Mittel zur Konfliktbewältigung ist in den meisten Gruppen unseres Projektes anzutreffen. Gewalt gegenüber Mädchen wurde bisher in den Gruppen unterschiedlich thematisiert. Die Sprache, Gestik und das Verhalten gegenüber Mädchen bzw. Frauen ist in der letzten Zeit immer mehr in den Vordergrund der Auseinandersetzung mit Gewalt getreten.
Im 'Offenen Bereich' der Jugendzentren treffe ich Jugendliche an, die durch ihre Sprache und Gestik gerade Mädchen hart und gewalttätig gegenübertreten. Mädchen werden in Jungen-Cliquen höchstens am Rand geduldet, als Freundin eines Gruppen-Mitglieds akzeptiert, ohne jedoch jemals den gleichen Gruppen-Status zu erhalten wie andere (männliche) Gruppen-Teilnehmer.
Ausgrenzungen finden laufend statt. Darüber hinaus sind anwesende Mädchen als 'Projektions-Figuren' einer vorhandenen sexuellen Phantasie jederzeit zu 'gebrauchen' ....
Sexuelle Phantasien kennen in dieser Gruppe der 15- bis 16jährigen 'Männer' anscheinend keine Grenzen, und ein Phallussymbol kann nicht nur ein Billardqueue sein, sondern jeder x-beliebige Gegenstand. ...
Paul und Paula sind befreundet. Paul ist der Macher dieser Freundschaft. Paula darf ab und zu, wenn Paul Lust hat und die anderen Gruppen-Mitglieder keine, mit ihm Billard spielen. Dabei laufen die eben beschriebenen Verhaltensweisen ab. Die Gruppe (acht Jungen) sitzt um den Billard-Tisch herum, sieht zu, wie Paul und Paula spielen. Dann inszeniert Paul (folgende) ... Szene .., (er) schleicht sich von hinten an Paula an und lebt seine sexuellen Phantasien (durch entsprechende Gesten) aus. Die Gruppe sieht zu, lacht und macht ab und zu mit ...
Gewalt über andere ausüben – das findet nicht nur bei Schlägereien und rassistischen Übergriffen statt. Sprache, Gestik und Verhalten von Jungen über Mädchen, von Männern über Frauen ist oft genauso gewalttätig. In diesen Auseinandersetzungen geht es letztlich

um die Frage der Macht und nicht – wie in meinem Beispiel – nur um sexuelle Phantasien ..."[19]

Die Honorarkraft, die sich mit den Jungen einmal pro Woche im Jugendzentrum traf, versuchte die Jugendlichen zunächst von ihrem aggressiven Verhalten abzubringen. Dies geschah zunächst durch das Einrichten eines Raums im Jugendzentrum, durch Gespräche, Sport und den gemeinsamen Besuch von Eishockey-Spielen. Nachdem das Interesse der Jugendlichen an Eishockey nachließ, stieß der Mitarbeiter auf das ihm bis dato unbekannte Uni-Hockey.[20]

Weiter schildert er seine Überlegungen so:

Dieser Sport rückte „in mein Blickfeld, vor allem auch deshalb, weil in der BRD diese Sportart mit gemischt-geschlechtlichen Mannschaften/Frauschaften gespielt wird. Über diese Sportart erhoffte ich mir: nie wieder vollgepißte Mülleimer, nie wieder eingeschlagene Fensterscheiben; besonders aber eine Auseinandersetzung zwischen 'meinen' Jungs und den Mädchen im Jugendzentrum, die nun mal für eine gemischte Mannschaft/Frauschaft notwendig waren. Der Erfolg war enorm. Nach der Finanzierung eines Uni-Hockey-Sets und einem ersten Turnier gegen einige andere Jugendzentrums-Mannschaften (keine Frauschaften) wurde die Zeit immer länger, die die 'Kids' mit ihren Hockey-Schlägern verbrachten. Schweißgebadet suchten sie die anderen Räume im Jugendzentrum nur noch dann auf, wenn sie eine Cola wollten oder (Erfolg, Erfolg), wenn sie zum Pinkeln auf die Toilette gingen."[21]

So stand dieser Sport ganz im Mittelpunkt der Aktivitäten, und es begann darüber hinaus eine verstärkte Auseinandersetzung mit den Einstellungen der Jungen gegenüber Mädchen und Frauen. Zwischenzeitlich gab es noch eine Phase, in der die Jungen die Droge Ecstasy ausprobierten.

Das Uni-Hockey fand im Laufe der Zeit so viel Anklang bei den Jungen, dass sie schließlich an Turnieren in Konstanz und Budapest teilnahmen. Dabei stellte sich heraus, dass es unter den Jungen einige Talente gab, auf die ein ehemaliger Bundestrainer aufmerksam wurde. Dieser bot sich schließlich an, die gesamte Gruppe zu trainieren. Schließlich schloß sich die Gruppe dem örtlichen Sportverein TSV Immenhausen an und konnte dort integriert werden. So hatte der Betreuer die Einschätzung, die Jungen am Ende des Modellprojektes im Dezember 1996 mit einem guten Gefühl allein lassen zu können.

---

[19] 2. Projektezeitung: 5 Berichte, 1996, S. 12/13 (Mädchen in Jungencliquen)
[20] Es handelt sich dabei um ein Hallen-Hockey, das auch Floorball oder Innenbande genannt wird. Es ist eine relativ einfache, fair und schnell zu spielende Sportart.
[21] 3. Projektezeitung: 5 Abschlussberichte, 1997, S. 14

Gerade im Dorf braucht man einen Raum für sich – Bauwagen in Sielen

Die Gruppe in Sielen wurde erst ab dem Herbst 1995 zunächst durch zwei und ab Februar 1996 nur noch durch einen Mitarbeiter zweimal in der Woche in einem Bauwagen betreut. Sie bestand zunächst aus zehn Mädchen und fünf Jungen im Alter von 12 bis 19 Jahren und verkleinerte sich im Laufe der Zeit. Diese Jugendlichen waren nicht besonders auffällig, sondern hatten die üblichen Konflikte in der Adoleszenz. Einige kamen aus schwierigen Elternhäusern und fanden dort keine Ansprechpartner, ein Mädchen machte wegen Alkoholabhängigkeit eine Therapie; andere Probleme waren Ladendiebstähle, überhöhter Alkoholkonsum und Probleme am Arbeitsplatz und in der Schule.

Die dörfliche Struktur machte mit ihrer allseitigen Kontrolle den Jugendlichen zu schaffen. Insbesondere die Gerüchte, die über die Jugendlichen und ihren Treffpunkt verbreitet wurden, ärgerten sie. Der Bauwagen war der einzige Raum im Dorf, wo sich die Jugendlichen ungestört von Erwachsenen treffen konnten, und dies löste bei letzteren einige Phantasien aus. Aufgrund der Gerüchte entschlossen sich die Jugendlichen, einen offenen Brief an die Dorfbewohner zu schreiben, in dem sie die Vorwürfe entschieden zurückwiesen und den Erwachsenen das Angebot machten, sie an einem Abend in ihrem Bauwagen zu besuchen. Zum Bedauern der Jugendlichen gab es keine Erwachsenen, die das Besuchsangebot annahmen oder in einer anderen Form auf diesen öffentlich verteilten Brief reagierten.[22] Lediglich der Pfarrer und der Kirchenvorstand unterstützten das Anliegen der Jugendlichen.

Die Aktivitäten mit den Jugendlichen bestanden zunächst im Ausbau des Bauwagens und dem Kennenlernen durch Gespräche. Nachdem der Bauwagen eingerichtet war, wurden Gespräche über Drogen, Beziehungen zu den Eltern, Schwierigkeiten in der Schule, aber auch Spiele und gemeinsame Ausflüge wichtig.

Da die Gruppe relativ eigenständig war, besaßen drei Jugendliche auch einen Schlüssel, und so konnten sie sich an drei Nachmittagen und Abenden auch unabhängig von dem Betreuer treffen. Ab Dezember 1996 war die Gruppe sich dann ganz allein überlassen, weil keine Finanzierung für den Honorarmitarbeiter gefunden werden konnte. Hier wäre es sinnvoll gewesen, die Gruppe noch eine zeitlang zu begleiten.

---

22   s. auch 3. Projektezeitung: 5 Abschlußberichte, 1997, S. 17

Beratung für Jugendliche und Eltern

Neben der Arbeit an den einzelnen Standorten gab es auch noch eine Beratungsstelle für Jugendliche und Eltern zum Thema Gewalt. Zeitweilig gab es drei kontinuierliche Einzelberatungen von Jugendlichen, die Gewalt angewendet hatten, und zudem noch mehrere Krisenintervention. Dabei wurden Jugendliche auch durch die Jugendgerichtshilfe - mit der es eine gute Zusammenarbeit gab - an das Projekt verwiesen, zum Teil auch mit Arbeitsauflagen, die sie hauptsächlich im Rahmen der Gruppe Hofgeismar ausführten (Ausbau des Bauwagens und Teilnahme an den Gruppentreffen). Diese Arbeit wurde ausschließlich vom Koordinator durchgeführt.

Was hat das Projekt für die Jugendarbeit im Umfeld von Hofgeismar gebracht?

In der Öffentlichkeit des Altkreises Hofgeismar erfuhr das Projekt überwiegend eine positive Resonanz.[23] Insbesondere Politiker waren froh darüber, dass es eine Institution gab, die sich mit diesen schwierigen Jugendlichen beschäftigte und sie von der Straße holte. Hier war Anerkennung und gleichzeitig Skepsis zu hören mit dem folgenden Tenor: „Es ist gut, dass ihr euch dieser schwierigen Jugendlichen annehmt, aber kann man sie überhaupt erreichen?"

In der Fachöffentlichkeit waren die Reaktionen gespalten. Diejenigen, die von der Zusammenarbeit mit dem Projekt direkt profitierten bzw. die Arbeit sehr direkt miterlebten wie die MitarbeiterInnen des Evangelischen Amts für Jugendarbeit in Hofgeismar und die Jugendarbeiter an den verschiedenen Standorten des Projektes, beurteilten das Projekt sehr positiv. Andere, die mehr in Distanz zum Projekt standen und es eher als Konkurrenz erlebten, zeigten ihre Skepsis, oder einzelne lehnten es sogar völlig ab, weil sie meinten, dass die Mitarbeiter alles falsch machen würden.[24] Die Skeptiker und „Konkurrenten" lassen sich insbesondere als solche beschreiben, die Jugendarbeit nur noch als Kulturarbeit verstehen und sich in ihrer Arbeit gut „eingerichtet" haben. Eine gute aufsuchende Arbeit - die im Einzugsbereich einzelner Kommunen auch sinnvoll wäre - verursacht bei solchen MitarbeiterInnen ein „schlechtes Gewissen", das sich dann in einer Kritik- und Abwehrhaltung gegenüber dem Modellprojekt äußerte. Hinzu kommt eine generelle Skepsis gegenüber Modellprojekten, weil viele Jugendeinrichtungen der Meinung sind, so etwas könnten sie auch leisten.

Die Landeskirche selbst war in ihrer Beurteilung „sehr vorsichtig" und

---

23 Auszüge Interview vom 20.12.96
24 ebd.

zurückhaltend, weil es hier die Befürchtung gab, dass das Modellprojekt Folgekosten und weitere Verpflichtungen nach sich ziehen könnte. Auf sehr positive Resonanz stieß das Projekt bei der Jugendgerichtshilfe in Hofgeismar, weil es hier eine sehr enge Zusammenarbeit gegeben hatte.

Junge Honorarkräfte und erfahrener Koordinator

Das Besondere an dem Konzept in Hofgeismar ist vor allen Dingen, dass recht junge Honorarkräfte mit Unterstützung eines begleitenden und beratenden Koordinators mit rechten Jugendlichen arbeiten. Dabei gab es wöchentliche Besprechungen mit dem Koordinator und jeweils **getrennte** monatliche Supervisionen für die Honorarmitarbeiter und den Koordinator. Uns erscheint es noch einmal wichtig, auf diese besondere Begleitung hinzuweisen, die es den Mitarbeitern ermöglichte, durch diese Art intensiver Reflexion einen adäquaten Umgang mit den schwierigen Jugendlichen zu erproben. Dabei ist die Trennung in einerseits Besprechungen mit dem Koordinator - der das Feld der Jugendarbeit in Hofgeismar sehr gut kennt und auch direkt mit den Jugendlichen konfrontiert ist - und andererseits externe Supervision ohne den Koordinator sehr wichtig. Dadurch hatten die Honorarkräfte auch die Möglichkeit, ggf. ihre Differenzen und ihr Verhältnis zu dem Koordinator in einem konstanten und geschützten Rahmen zu besprechen. Aber auch der Koordinator holte sich bei der Arbeit in diesem schwierigen Feld Unterstützung von außen. An diesem Modell zeigt sich ein hohes Maß an Professionalität.

Die semiprofessionellen Mitarbeiter studierten mit einer Ausnahme alle an der Universität Kassel im Fachbereich Sozialwesen, eine der Honorarkräfte hatte sein Studium bereits abgeschlossen. Dass die Honorarkräfte noch sehr jung sind, hat einen Vorteil und einen Nachteil. Der Vorteil ist der, dass sie einen recht leichten Zugang zu den Jugendlichen finden, da sie von ihrer eigenen Entwicklung her noch sehr dicht an den Jugendlichen „dran" sind, weil sie selbst gerade erst dem Jugendalter entwachsen sind. Sie können die Probleme und Nöte und das Verhalten dieser Jugendlichen recht gut verstehen, sie finden einen guten Zugang zu ihnen, und es kann relativ schnell eine Vertrauensbasis entstehen. Die Jugendlichen spüren die Jugendanteile der Mitarbeiter.[25] Und darin liegt aber auch die Kehrseite der Medaille bzw. der Nachteil. An manchen Stellen ist die Nähe gut, und an ande-

---

25 Der Koordinator beschrieb im Abschlußinterview ganz gut die Entwicklungsprozesse, denen die Jugendlichen ausgesetzt sind und die sich in Resten auch bei den jungen Honorarkräften finden: Wie entwickeln sich Jugendliche? "Ich bin heute fünf, ich bin morgen dann irgendwann 15 und dann habe ich den Entwicklungsstand eines 15-jährigen, den habe ich aber vielleicht zu 2/3, aber in 1/3 bin ich vielleicht noch ein dreijähriges Kind und da bin ich dann in (einem) anderen .... (Teil) irgendwo noch ein 13-jähriger oder so."

ren ist aber auch viel Distanz (im Sinne von anderen Werten und Normen) angebracht. Diese nötige Distanz immer zu wahren, verlangt aber von den jungen Mitarbeitern sehr viel, und in der Praxis hat sich immer wieder gezeigt, dass es Momente gab, auf die der Koordinator aufmerksam machte, in denen eine größere Distanz sinnvoll war bzw. gewesen wäre.

Am Beispiel der Freizeit in Borken (s. vorne) wird deutlich, dass hier krankheitsbedingt der distanzierte Blick des Koordinators von außen fehlte. Es veranschaulicht noch einmal, wie wichtig in dieser Konstellation die Rolle des älteren, professionellen und erfahrenen Koordinators und eine Unterstützung durch Supervision von außen war.

Mobile aufsuchende Jugendarbeit auf dem Land – einige Anregungen

Im Laufe der Projektarbeit wurde in Hofgeismar ein Konzept einer integrativen, mobilen und aufsuchenden Jugendarbeit entwickelt, das auch für andere Kommunen im nördlichen Landkreis Kassel gedacht war. Zunächst äußerten die Kommunen an diesem Konzept ein sehr großes Interesse, aufgrund von Mittelknappheit bzw. anderer Prioritätensetzung wurde dann diese Idee aber in keiner weiteren Kommune umgesetzt.

Das Neue an dem Konzept war, dass es aufsuchende und mobile Jugendarbeit anbot, die situativ und für eine begrenzte Zeit „erworben" werden konnte.

Das Konzept sah zunächst eine Erhebung der jeweiligen örtlichen Ressourcen vor, um die Erfahrungen der dort in der Jugendarbeit engagierten Menschen und die vorhandenen Sachmittel zu nutzen und einzubinden. Damit sollte auch ausgedrückt werden, dass dieses Angebot sich „nicht als Konkurrenz zur bestehenden Jugendarbeit (begreift), sondern als sinnvolle und notwendige Ergänzung".[26] Da das Angebot sich an der örtlichen Situation orientiert, ist es sowohl möglich, mit einer Honorarkraft durch aufsuchende Jugendarbeit eine neue Gruppe aufzubauen als auch bestehende Gruppen und ihre (ggf. ehrenamtlichen) MitarbeiterInnen zu unterstützen, wenn sie mit schwierigen Jugendlichen konfrontiert sind.

Wenn in dem Ort keine eigenen Räume zur Verfügung stehen, stellt das Modellprojekt einen Bauwagen, der dann als Jugendgruppenraum dient. Andere Sachmittel (Kleinbus, Spiele usw.) aus Hofgeismar können auch in den jeweiligen Orten genutzt werden. Alle MitarbeiterInnen in diesem Projektverbund werden durch den Koordinator wöchentlich beraten und können durch eine zusätzliche monatliche Supervision in ihrer Arbeit unterstützt werden. Die Laufzeit eines solchen Projektes beträgt mindestens ein Jahr, und darüber hinaus werden die danach im jeweiligen Ort tätigen MitarbeiterInnen durch das Modellprojekt weiter betreut.

---

26 Konzeptentwurf, S. 1

All diese Ideen und Möglichkeiten werden in einem Konzept auf eine Kommune zugeschnitten, und in einem Vertrag über ein Jahr werden die Bedingungen der Zusammenarbeit festgehalten, und eine feste Summe wird dafür vereinbart. Damit erhalten auch solche Orte ein Betreuungsnetz für Jugendliche, in denen es bisher keine oder kaum Angebote gibt oder wo schwierige Jugendliche in normale Jugendarbeit bisher nicht integrierbar sind.

Mit Hilfe eines solchen Programms kann eine Kommune immer sehr schnell auf entsprechende „Problemgruppen" reagieren, muss sich aber nicht finanziell auf Jahre hinaus festlegen. Sie erwirbt damit das Know-how und die Ausstattung der Hofgeismarer für einen von ihr festgelegten Zeitraum.

Dieses Modell stellt ein Abweichen von bisheriger Jugendarbeit dar, bei der man einen Jugendarbeiter oder Streetworker fest einstellt und es ihm überlassen bleibt, inwieweit er sich auf die Veränderungen in der Jugendszene einstellt oder nicht, d.h. sein Konzept verändert und ggf. andere Zielgruppen anspricht.

Dieses vielversprechende Modell, das 1996 von vier Kommunen (Holzhausen, Reinhardshagen, Trendelburg und Bad Karlshafen) angefragt war bzw. ihnen angeboten wurde, wurde zur großen Enttäuschung der Hofgeismarer nicht angenommen. Überall hieß es, dass für eine solche Arbeit kein Geld da sei, obwohl der Bedarf offensichtlich war. Es gibt unterschiedliche Gründe dafür, warum dieses Modell Ende 1996 nicht angenommen wurde: Ein weniger wichtiger Grund mag der sein, dass durch die Krankheit des Koordinators und damit das Fraglichwerden der Sicherheit, die seine Person bot, die Verantwortlichen in den Kommunen verunsichert waren und sich nicht so schnell auf eine Zusammenarbeit mit dem Modellprojekt einlassen wollten. Entscheidender ist, dass der Zeitpunkt ungünstig war, da wegen fehlender Mittel bzw. anderer Prioritätensetzung keine Kommune das Angebot annahm. Da diese Idee auch für die Region ein völliges Novum darstellte und somit vermutlich auch Unsicherheit auslöste, konnte man sich auf dem „konservativen Lande" zu einem solch ungewohnten Schritt noch nicht entschließen. Hinzu kommt noch, dass die Kirche als Träger nicht bei allen Verantwortlichen in den Kommunen wohl gelitten war, vielmehr mögen auch bei Trägern kommunaler Jugendarbeit[27] dahingehend Konkurrenzen bestanden haben, dass auch sie sich gerne mit einem neuen Konzept profiliert hätten.

In Hofgeismar hat sich in dieser Frage eine sehr positive Alternative entwickelt. Es wurde ein Förderverein gegründet, der insofern eine sehr integrierende Funktion hatte, weil sowohl die Stadt Hofgeismar als auch der Ev. Kirchenkreis dort Mitglied sind. Dieser Förderverein wird durch lokale Institutionen wie den Lions Club und die Kreissparkasse und den Landkreis

---

27 Aussage im Interview vom 20.12.1996

finanziell unterstützt, und so fließen Finanzmittel aus verschiedenen Quellen zusammen. Durch den Förderverein ist eine breitere Presse- und Öffentlichkeitsarbeit möglich, und für die Lokalpolitiker besteht die Möglichkeit, sich nach außen hin darzustellen und ihr Engagement in der Jugendarbeit zu dokumentieren. Auch ist der Förderverein ein Gremium, durch den Bürgermeister verschiedener Kommunen angesprochen und somit langfristig gewonnen werden können.

Weiterführung der Arbeit nach Beendigung des Modellprojektes

Wie bereits beschrieben wurde die Arbeit an drei Orten mit vier Gruppen im Jahre 1996 beendet. In Sielen wäre eine Weiterarbeit sinnvoll gewesen, aber es ließen sich keine Geldmittel finden. Lediglich die Kommune Hofgeismar stellte insgesamt 60.000,- DM für die Weiterführung der Projektarbeit bereit. Seit Anfang 1997 hat sich die rechte Gruppe in Hofgeismar aufgelöst. Insgesamt tritt die rechte Szene nicht mehr in Erscheinung. Statt dessen gibt es mittlerweile (Mitte 1999) 30 bis 40 Jugendliche im Alter von 12 bis 19 Jahren aus der Skater-Szene, die zu dem Treffpunkt kommen. In der Halle haben sie mittlerweile zwei 'Halfpipes' gebaut. Betreut werden sie weiterhin von den zwei Honorarkräften, wobei einer von ihnen durch den Evangelischen. Kirchenkreis fest angestellt wurde. Der dritte Honorarmitarbeiter betreut eine Gruppe in Udenhausen-Grebenstein. Auffällige Jugendliche (Drogen) gibt es in zwei kleinen Orten (Kelze und Hümme). Dort sollen Bauwagen aufgestellt werden. Das Projekt nennt sich nun: „Integrative aufsuchende und mobile Jugendarbeit des Evangelischen Kirchenkreises Hofgeismar".

Der ehemalige Koordinator des Projektes ist mittlerweile auf eine befristete Stelle durch die Stadt Hofgeismar eingestellt worden. Er ist dort zum einen verantwortlich für die Jugendarbeit der Stadt Hofgeismar und betreut in dieser Funktion auch weiterhin das Projekt des Evangelischen Kirchenkreises. Zum anderen arbeitet er in der Psychosozialen Beratungsstelle für Aussiedler.

Für die gegenwärtige Problemgruppe der Aussiedlerjugendlichen wird ein Netzwerkprojekt entwickelt, um angemessen auf die Situation reagieren zu können. Die Erfahrungen des Jugendaktionsprogramms fließen in dieses Projekt ein.

Anhang: **Das Modellprojekt des Evangelischen Kirchenkreises Hofgeismar - die Rahmenbedingungen im Überblick -**

Träger	Evangelischer Kirchenkreis Hofgeismar, Amt für Jugendarbeit
Projektorte	– Hofgeismar – Calden – Immenhausen – Trendelburg-Sielen
darüber hinausgehendes Einzugsgebiet	nördlicher Teil des Landkreises Kassel
MitarbeiterInnen	– ein Projektkoordinator (Sozialarbeiter/Sozialpädagoge), Zusatzqualifikationen: klientenzentrierte Beratung und Supervision, Berufserfahrung als Bauzeichner, Versicherungsmakler und Investmentberater – 4 feste Honorarmitarbeiter für die direkte Arbeit vor Ort mit Jugendlichen: – Studierender im Fachbereich Sozialwesen/GHKassel, davor Lehre als Kfz-Mechaniker; – Studierender im Fachbereich Sozialwesen/GHKassel, Vorpraktikum im Jugendzentrum Hofgeismar; – Schüler einer Fachoberschule für Sozialwesen; davor Lehre als Fleischer; langjährige Erfahrung in der ehrenamtlichen Jugendarbeit; – Diplom-Soziologe und Erzieher; langjährige Erfahrung in der Jugendarbeit: Freizeiten, Erlebnispädagogik, kirchliche und offene Jugendarbeit – ehrenamtliche Mitarbeiterin für Mädchenarbeit ab Januar 1996; Diplom-Sozialarbeiterin/Sozialpädagogin; Alle ProjektmitarbeiterInnen sind Deutsche.
Räume	– Projektbüro im Jugendzentrum Hofgeismar (Träger: Evangelischer Kirchenkreis) – Hofgeismar: Garage einer ehemaligen Bundeswehrkaserne bis Oktober 1995; danach Halle einer ehemaligen Spedition: darin ein beheizbarer Bauwagen mit Schlepper – Trendelburg-Sielen: Bauwagen
weitere Ressourcen	– Mitnutzung von Räumen in den Jugendzentren in Calden und Immenhausen – Mitnutzung von Kleinbus und Zeltausrüstungen – Drittmittelakquisition zur Kompensation der Mittelkürzungen des Landes Hessen

2. Abenteuer, Risiko, Kooperation und Begegnung - Gewaltprävention durch bewegungsorientierte Aktivitäten mit „schwierigen" Schulklassen (Modellprojekt des bsj - Verein zur Förderung bewegungs- und sportorientierter Jugendsozialarbeit e.V., Marburg[1])

Rahmenbedingungen

Die knapp 70.000 Einwohner zählende Universitätsstadt **Marburg** an der oberen Lahn liegt inmitten eines strukturschwachen Gebietes Mittelhessens, das durch eine angespannte Arbeitsmarktlage gekennzeichnet ist. Der Ausländeranteil beträgt 10,7% mit der Besonderheit, dass eine Vielzahl der AusländerInnen nicht - wie in den meisten anderen Städten - gewerbliche ArbeitnehmerInnen sind, sondern der Universität als StudentInnen sowie als Lehrende und Forschende angehören. Die Arbeitslosenquote liegt bei 10,9%. Der drohenden oder bereits eingetretenen Jugendarbeitslosigkeit begegnet die Jugendsozialarbeit in Marburg in vielfältiger Weise, z.B. durch die städtische „Beratungsstelle für junge Arbeitslose".

Zu den Besonderheiten der Jugendsozialarbeit gehören neben einer vielfältigen Palette freier Träger auch ein hoher Grad an kommunaler Vernetzung - beispielsweise zwischen Jugendhilfeplanung und Stadtplanung - und der besondere Arbeitsansatz einer in vier verschiedene Gemeinwesenprojekte integrierten Jugendhilfe. Gemeinweseninitiativen sind in den benachteiligten Marburger Stadtteilen Waldtal, Stadtwald, Ockershausen und Richtsberg aktiv und kooperieren zum größten Teil mit den dortigen Schulen.

Der Verein zur Förderung bewegungs- und sportorientierter Jugendsozialarbeit e.V. (bsj) hat mit seinem Modellprojekt in Zusammenarbeit mit Marburger und Stadtallendorfer Schulen an diese, seit 1972 in Marburg verfolgten Ansätze von Jugendsozialarbeit angeknüpft und sie u.a. in Richtung auf eine verstärkte Arbeit mit schwierigen Schulklassen weiterentwickelt. Dabei kann der bsj auch im Marburger Stadtwald eine Anlage mit hohen Seilen [2] nutzen, die das Marburger Jugendamt eingerichtet hat.

---

[1] Der Titel des Modellprojektes lautet: Abenteuerliche Bewegungsformen in einem Kooperationsmodell von Jugendhilfeeinrichtungen und allgemeinbildenden Schulen

[2] Diese Anlage wurde kurz nach Beginn des bsj-Schulprojektes durch die Stadtjugendpflege Marburg mit Hilfe des bsj errichtet. Neben den hohen Seilen gibt es noch andere Klettereinrichtungen, die der bsj im Rahmen seiner Arbeit kostenlos nutzen konnte. Es handelte sich hierbei um eine der ersten Anlagen dieser Art in der Bundesrepublik. Insbesondere die hohen Seile, die zwischen großen Bäumen in ca. 12 Meter Höhe

Auch im zweiten Projektstandort, dem 22 Kilometer östlich von Marburg gelegenen Stadtallendorf, wird mit gemeinwesen- bzw. stadtraumorientierten Ansätzen gearbeitet. Stadtallendorf hat gegenwärtig rund 21.500 Einwohner. 21,7% der Bevölkerung besitzen einen ausländischen Paß. Unter den Jugendlichen zwischen 14 und 27 Jahren beträgt der MigrantInnenanteil ca. 40%. 17,8% und damit eine alarmierend hohe Zahl der Stadtallendorfer Bürgerinnen und Bürger sind arbeitslos.

Im Modellprojekt waren zwei Mitarbeiter beschäftigt, einer mit ganzer Stelle, der auch praktisch in den einzelnen Maßnahmen mitwirkte und ein zweiter mit halber Stelle, der vornehmlich für die Vernetzung und die Dokumentation zuständig war. Daneben gab es noch insgesamt 12 HonorarmitarbeiterInnen.[3]

Zielgruppen und Zielsetzungen

„Adressaten sind (neben den Lehrerinnen, Lehrern, Schulvertretern und Jugend- und SozialpädagogInnen ..., Jugendhilfevertretern) die Jugendlichen und (Haupt-)Schüler vor allem der 7. - 10. Klasse."

Das heißt, dass die meisten TeilnehmerInnen aus Schulklassen kommen, „mit denen gemeinsam, d.h. aufgrund ihres multiethnischen und gemischtgeschlechtlichen Zusammenseins 'integriert' gearbeitet wird".[4] In bestimmten Situationen kann aber auch geschlechtsspezifisch oder in ethnisch getrennten Gruppen gearbeitet werden. Es sollten vor allen Dingen solche Hauptschulklassen ausgesucht werden, die von Lehrerseite als problematisch eingeschätzt werden und die vor dem Übergang von der Schule zum Beruf stehen.

Im wesentlichen wurden in den zwei Schuljahren die Zielgruppen erreicht, wie es in der Planung vorgesehen war, d.h. zum größten Teil waren es schwierige Hauptschulklassen aus Marburg und Stadtallendorf; insgesamt waren es acht solcher Klassen, mit denen intensiv gearbeitet wurde. Insgesamt waren es 18 Klassen und vier Neigungsgruppen, mit denen in unterschiedlichem Umfang gearbeitet wurde.

Im ersten Schuljahr 1994/95 wurden in Marburg sehr viele Einzelmaßnahmen durchgeführt, die teilweise im Schuljahr 1995/96 um kontinuierliche

---

gespannt sind und die extra vom TÜV abgenommen werden mußten, boten einen besonderen Rahmen für herausfordernde Bewegungsaktivitäten. Unter Anleitung des bsj hatte eine 6. Klasse weitere Kletterkonstruktionen (z.B. niedrige Seile, eine Kletterwand, ein Spinnennetz, eine Affenschaukel bestehend aus fünf nebeneinander hängenden Autoreifen) errichtet, die später von anderen Schulklassen genutzt wurden.

3   s. auch Rahmendaten im Überblick am Ende des Kapitels zum bsj
4   1. Projektezeitung: 5 Projekte. Dokumentation Hessisches Jugendaktionsprogramm, 1994, S. 30

Angebote, die im wöchentlichen oder 14-tägigen Rhythmus stattfanden, erweitert wurden. Dadurch erhielt die Arbeit mit einzelnen Schulklassen eine andere Struktur: Kontinuierliche Angebote gingen dann einer meist mehrtägigen Maßnahme voraus.

Das Projekt zielte von seinem Hauptanliegen her auf gewalttätiges Verhalten in der Schule und wollte hier gewaltpräventiv wirken. Die Antragsteller sprechen als Begründung für ihr Vorhaben von:

„Bewegungsarmut und Marginalisierungserfahrungen, ... (die) zu Demotivierung und Zukunftsangst, Langeweile und Aggressivität" führen.[5] Zudem ergeben sich im Umgang „mit Fremdem und Fremden ... Streß und Gefühle der Angst und Schwäche ..."[6]

Ein wesentliches Anliegen des Projektes war es, die Persönlichkeit zu stärken und soziales Lernen zu ermöglichen. Dies sollte mit Hilfe von erlebnisintensiven und abenteuerförmigen Bewegungsangeboten, durch Bauprojekte, Kooperationsspiele, Entspannungsübungen und Theaterprojekte geschehen, die in längerfristigen Projekten mit Schulen realisiert werden sollten.

Eine wichtige Zielsetzung des Schulprojektes war es, eine Vernetzung unterschiedlicher Träger von Jugendarbeit herzustellen, die bewegungsorientierte Angebote verstärkt nutzen und damit ein neues Element in ihrer Arbeit verankern wollten. In der Regel ging es immer um das Zusammenwirken von Schulen, Gemeinweseninitiativen und kommunalen Institutionen, wobei letztere weniger häufig praktisch mitarbeiteten, sondern das jeweilige Projekt z.T. finanziell und ideell unterstützten.[7]

Durchgeführte Maßnahmen und kontinuierliche Angebote in der Stadt Marburg

Im folgenden werden nicht alle Maßnahmen im Detail beschrieben, sondern exemplarisch wird die Arbeit am Beispiel von acht Schulklassen aus fünf Schulen erläutert. Da die meisten Maßnahmen als Kooperationsprojekte durchgeführt wurden, wird der jeweilige Kooperationskontext vorab erläutert.

Begleitet wurden die Schulklassen in der Regel von MitarbeiterInnen des bsj und einer Lehrkraft; gelegentlich beteiligten sich auch MitarbeiterInnen der Gemeinweseninitiativen.

---

5   ebd., S. 26
6   ebd., S. 27
7   Zu den einzelnen Kooperationspartnern s. auch den Anhang „Rahmendaten im Überblick" am Ende des Kapitels zum bsj

Maßnahmen mit der Theodor-Heuss-Schule (THS) in Marburg

Der wichtigste Kooperationspartner im Schulprojekt war und ist die Theodor-Heuss-Schule, in der eine Grund-, Haupt- und Realschule mit Förderstufe untergebracht sind. Im Grundschulbereich gibt es Integrationsklassen mit behinderten SchülerInnen. Die Arbeit dort ist von freier Arbeit, offenen Pausen und der Zusammenarbeit mit außerschulischen Einrichtungen (Sportverein) geprägt. Zwischen den Grundschulklassen und den Hauptschulklassen gibt es Patenschaften, d.h., dass die Älteren die Jüngeren betreuen. Auch in der Sekundarstufe gibt es offene Pausen, und ein Schwerpunkt liegt im Bereich der Betriebserkundungen und der Praktika.

Zur THS gehört das Jugendwaldheim Roßberg, das von allen Schulformen genutzt wird und in der Sekundarstufe insbesondere zur ökologischen Grundbildung dient. Dort gibt es eine Kletterwand und eine Selbstversorgerküche. Wanderfahrten und Landschulheimaufenthalte gehören zum Konzept der Schule.

Im Einzugsbereich der THS liegen die sozialen Brennpunkte Ockershausen, Stadtwald-Siedlung und Gemoll. Insofern wird diese Schule sehr stark von sozial benachteiligten Kindern und Jugendlichen geprägt. Die Initiative für Kinder-, Jugend- und Gemeinwesenarbeit e.V. (IKJG) hat ihren Schwerpunkt in diesen Stadtteilen, wobei ihr Büro in Ockershausen liegt. Von daher ergibt sich eine enge Kooperation von THS und IKJG. Die IKJG organisiert neben einer nachmittäglichen Lernhilfe verschiedene Angebote für Kinder und Jugendliche in diesen Stadtteilen.

Die THS hatte zum Schuljahr 1994/95 auf ABM-Basis einen zuvor arbeitslosen Lehrer eingestellt, dessen Hauptaufgabe in der Koordination der außerschulischen Lernfelder lag, insbesondere in bezug auf die ökologische Grundbildung im Jugendwaldheim Roßberg. Dieser Mitarbeiter koordinierte und bereitete auch inhaltliche Maßnahmen mit dem bsj-Projekt vor.

Verrückte Skibobs und internationale Begegnungen am Edersee - Herausforderungen für eine 7. Hauptschulklasse

Im Schuljahr 1994/95 begann die Arbeit mit einer 7. Hauptschulklasse[8], in der überwiegend Jungen waren. Etwa die Hälfte der SchülerInnen hatten insbesondere ab der 8. Klasse einige Probleme, die sich u.a. in Drogenkonsum und Diebstählen äußerten. Einige von ihnen hatten Auflagen durch die Erziehungshilfe erhalten. Viele von ihnen kamen mit den Schulanforderungen nicht zurecht. Schon seit der 7. Klasse hatten einige aus der Klasse

---

8 Zusammensetzung: 22 SchülerInnen, darunter 8 Mädchen und 14 Jungen; Alter von 13 bis 15 Jahren; meist Deutsche bis auf einen Türken und einen Bosnier

Kontakt zur Jugendkonflikthilfe[9] Marburg gesucht.

Die erste Aktivität mit dieser Klasse bestand in einer zweitägigen Fahrt in ein Selbstversorgerhaus, die der Gruppenfindung und dem sozialen Lernen innerhalb der Klasse diente. Danach hatten die SchülerInnen an sechs Projekttagen (1.-4. Stunde) im Dezember 1994 und im Januar 1995 die Möglichkeit, ausgefallene Wintersportgeräte wie z.B. „verrückte" Skibobs im Arbeitslehreraum der Schule herzustellen. Später wurden diese Skibobs bei einer zweitägigen Fahrt ins Sauerland ausprobiert.

In Zusammenarbeit mit der Stadtteilinitiative IKJG nahm die Klasse an einem neuntägigen Abenteuercamp am Edersee teil. Die Klasse war aber nicht allein, sondern es kamen noch 12 Flüchtlingskinder aus Afghanistan, Bosnien, Kroatien und der Türkei (Kurden) hinzu, um die sich insbesondere die Sozialarbeiter des IKJG bemühten. Dem Camp ging ein eintägiges Spielefest in der Stadtwaldsiedlung voraus, bei dem sich die Jugendlichen durch kooperative Spiele und gemeinsames Kochen und Essen kennenlernen konnten.

Das Camp bot Abenteuer rund um das Wasser (Kanu, Kajak, Rudern, Floßbau) sowie Felskletterexkursionen, Orientierungswandern und „Entspannungs- und multikulturelle Ernährungsangebote".[10] Ziel des Camps war es, Fremdheitsängste abzubauen und die SchülerInnen an der praktischen Organisation des Lagerlebens zu beteiligen. Für die insgesamt 13 Mädchen und 21 Jungen verlief das Camp nicht immer konfliktfrei. Es kam zu verbalen und auch handfesten Auseinandersetzungen zwischen deutschen und ausländischen Mädchen.

Im folgenden Schuljahr 1995/96 wurde die Arbeit mit dieser Klasse in Form eines wöchentlichen schuljahresbegleitenden Programms weitergeführt, bei dem Bewegungsspiele und andere Aktivitäten in der Sporthalle und im Abenteuergelände Stadtwald angeboten wurden, die positive Gruppenerfahrungen ermöglichten. Darüber hinaus wurde für die Mädchen der Klasse ein Selbstverteidigungskurs angeboten.

Tipis für Jungen und Baumhütten für Mädchen

Das zweite Programm, das in der THS über zwei Schuljahre lief, wurde mit einer 8., später dann 9. Hauptschulklasse[11] realisiert. Ziel der Aktivitäten mit

---

9 Die Jugendkonflikthilfe e.V. (JuKo) kümmert sich um straffällige und gefährdete Jugendliche. Sie hat sich den Täter-Opfer-Ausgleich zum Ziel gesetzt, fördert Schlichtung und Schadenswiedergutmachung, konfrontiert die jugendlichen Täter direkt mit den Konsequenzen ihres Handelns und verhindert, soweit möglich, das Abgleiten in eine kriminelle Karriere.
10 vgl. Maßnahmenplan 19994/95, S. 15
11 Zusammensetzung: zunächst 15 und im Folgeschuljahr 19 SchülerInnen im Alter von 14 bis 16 Jahren, davon 9 bzw. 13 Mädchen und 6 Jungen; meist Deutsche und einige

dieser Klasse war es, geschlechtsdifferente Bauprojekte zu realisieren. Es war daran gedacht, dass die Jungen nach maßstabsgetreuen Modellvorlagen Indianerzelte (Tipis) und die Mädchen nach ihren Entwürfen Baumhäuser in der Nähe des Jugendwaldheims Roßberg bauen sollten.

Insgesamt fanden sechs Projekttage im Jugendwaldheim Roßberg und in der Schule statt. Zunächst ging es darum, sich auf das Bauvorhaben einzustimmen und die eigenen Wünsche und Vorstellungen in diesem Zusammenhang zu äußern und eigenverantwortliche Schritte zur Realisierung des jeweiligen Baus zu planen. Dann wurden Modelle der Tipis und Baumhäuser hergestellt.

Zu der Realisierung kam es im gleichen Schuljahr wegen baurechtlicher Bedenken hinsichtlich der Baumhäuser nicht. Auch der Versuch ein Jahr später scheiterte an den Einwänden der Baubehörde.[12] Ersatzweise wurde daher beschlossen, anstelle der Baumhäuser von den Mädchen Brücken und Leitern bauen zu lassen. In einer Projektwoche im März 1996 im Jugendwaldheim Roßberg wurden dann Brücken, Leitern und Tipis wechselseitig und gemeinsam erprobt und damit spielerische Begegnungen und Kommunikation ermöglicht.

Klettern in der Halle und Rafting auf der Lahn

Eine 9. Hauptschulklasse, die Lernschwierigkeiten und Berufsfindungs-probleme hatte, wurde mit verschiedenen Formen des Erfahrungslernens durch Sinnes- und Körperspiele, Klettern, Hangeln und Balancieren konfrontiert.

Was die Jugendlichen an einem Tag in der Sporthalle erwartete, wird im folgenden etwas genauer beschrieben:

"Was die Jugendlichen vorfinden, ist eine Abenteuerlandschaft aus Seilen, Leitern, Balken, Reifen, Weichmatten und umfunktionierten Turngeräten, aufgebaut in einer Sporthalle. Eine sechs m hohe instabile Strickleiter, die sich bis zur Hallendecke zieht, eine kippelige Burmabrücke quer durch die Halle, ein Trapez zum Schwingen und Fliegen, eine Hollywoodschaukel aus Tauen und Weichmatten, ein vertikal-schräges Spinnennetz aus Feuerwehr-, Autoschläuchen und Seilen, ein Balanceparcours aus Kästen, Balken, Autoreifen und Bänken sowie ein gesicherter Sprung von der Hallendecke ins Leere. Die Abenteuerstationen und mögliche (Körper-)Experimente werden den SchülerInnen anschaulich erklärt und grundlegende Sicherheitsregeln vereinbart. Auch wenn die meisten kaum zu bremsen sind."[13]

Dass das gemeinsame Nutzen von Sportgeräten nicht immer einfach war, wird am Beispiel des Kajakfahrens beschrieben:

Aussiedlerjugendliche aus Weißrußland.
12 In diesem Fall hatte es die Schule versäumt, sich rechtzeitig um die Baugenehmigung zu kümmern, und von daher kam die Absage für die Beteiligten etwas überraschend.
13 3. Projektzeitung: 5 Abschlußberichte, 1997, S. 27

"Die Einteilung der Bootsmannschaften gestaltet sich schwieriger. Die 'Cracks' bevorzugen die Einer-Kajaks, hiermit wollen sie allein brillieren. Doch was den Ausgang auch für sie offen läßt, sind die zu erwartenden Wellen und Schwellen. Auch die 'Individualisten' können nicht einfach drauflostlegen, sie müssen bei Strafe einer 'nassen Lektion', eines Versagens vor sich und den anderen, Informationen einholen und soweit möglich vorausschauend, vorsichtig handeln. Es bleiben noch genug unbekannte Streckenabschnitte und 'kitzelige' Momente für die beherzte Auseinandersetzung mit dem Element Wasser, dem Verhalten des Bootes und ihrer eigenen Reaktionsfähigkeit."[14]

Diese Aktivitäten wurden zusätzlich im herkömmlichen Unterricht in Form einer Fotoausstellung ausgewertet. Die letzten Projekttage dienten auch dazu, eine Abschlußfahrt mit Selbstversorgung in die Cevennen vorzubereiten. Damit sollten die SchülerInnen zum Abschluß ihre Selbständigkeit erweitern.

Das Dschungelwochenende

Für eine Integrationsklasse (I 3)[15], in der es einige lernbehinderte und verhaltensauffällige SchülerInnen gab, und für weitere Kinder aus den sozialen Brennpunkten Stadtwald-Siedlung und Gemoll, die die Spiel- und Lernstube besuchten, wurde in Zusammenarbeit mit der IKJG ein Dschungelwochenende im September 1994 in der Sporthalle der THS organisiert. Praktisch hieß das, dass die Sporthalle in eine Art Dschungellandschaft umgebaut worden war, in der die SchülerInnen anhand einer Dschungelabenteuergeschichte verschiedene sportliche und auch kognitive Aufgaben lösen mußten und bei der man gemeinsam in der Sporthalle übernachtete.

Das Dschungelabenteuer war Auftakt für ein späteres wöchentliches Angebot, bei dem in der Sporthalle „Abenteuerspielstunden" (Bewegung, Kooperation) eingerichtet wurden und Exkursionen in die umliegenden Stadtteile und in das Jugendwaldheim Roßberg stattfanden.

Sechs Umsetzungsschritte für neues Lernen in Schule und Stadtteil

Eine weitere Maßnahme fand mit einer neuen 7. Hauptschulklasse statt. Diese wurde unter dem Titel „Lernen in Schule und Stadtteil" gemeinsam mit der IKJG durchgeführt. Die Maßnahmendurchführung erfolgte in sechs Phasen:
1. Phase: Absprachen in einer Stadtteilkonferenz und versuchsweise im neu gegründeten städtischen AK Jugendhilfe - Schule
2. Phase: Einrichtung eines Projekttags ab September 1995 (Mo. 2.-4. Std.), der jeweils mit einem gemeinsamen Frühstück begann. Dann wurden verschiedene Kommunikationsspiele und abenteuerpädagogische Aktivitäten

---

14 ebd., S. 29
15 11 Mädchen u. 13 Jungen im Alter von 9 bis 11 Jahren

eingesetzt (u.a. im Abenteuercamp Stadtwald).
3. Phase: Ab dem Winter 1995/96 begannen die SchülerInnen ihren Klassenraum neu zu gestalten. Dabei holten sie sich Anregungen bei einer Klasse H 9 in Gladenbach. Sie bemalten die Wände, bauten eine Theke (für das Frühstück) und gestalteten den Raum mit einer Rückzugsecke. Ferner erstellten sie eine Materialkiste mit Leitern, Brücken u.a. für außerschulische Bewegungs- und Erlebnisaktivitäten. Zwischendurch gab es immer wieder Aktivitäten im Bereich „Bewegung, Ernährung, Entspannung und Streßbewältigung". In die praktischen Arbeiten war die Arbeitslehrelehrerin eingebunden.
4. Phase: Nachdem die praktischen Arbeiten getan waren, kümmerten sich einzelne Schülergruppen um das Frühstück, die Einrichtung einer Spielecke und die Planung außerschulischer Tages- und Wanderfahrten.
5. Phase: Die gebauten Klettergeräte (Leitern, Brücken) wurden unter Beteiligung des Sportlehrers im Sportunterricht genutzt. Die dabei erworbenen Fähigkeiten des Kletterns, Hangelns und Balancierens wurden am Tag der Offenen Tür auf dem Schulgelände vorgeführt und später im Marburger Stadtwald der „Patenklasse" aus Gladenbach demonstriert.
6. Phase: Hier gab es eine dreitägige Klassenfahrt in ein Abenteuercamp am Edersee im September 1996.

Maßnahmen mit der Friedrich-Ebert-Schule (FES) in Marburg

Der zweitwichtigste Partner in Marburg war die Friedrich-Ebert-Schule (FES), eine Haupt- und Realschule. *„Sie verfügt über eine Cafeteria mit Mittagsversorgung und festen Öffnungszeiten bis 16.00 Uhr dreimal in der Woche.*"[16] Am Nachmittag gibt es Neigungsgruppen, z.B. in Form der Nutzung einer kleinen Fahrradwerkstatt. Diese wurde durch den Rhein-Main-Verkehrsverbund (RMV) finanziert und durch das bsj-Projekt ausgebaut.

Im Einzugsbereich der FES liegt der Soziale Brennpunkt Waldtal. Hier arbeitet der Arbeitskreis für Soziale Brennpunkte (AKSB), indem er u.a. Hausaufgabenhilfen für Schüler, soziale Gruppenarbeit für Kinder, bewegungsorientierte Angebote und Schuldnerberatung für Erwachsene anbietet. Zwischen FES und AKSB gibt es eine Kooperation im Hinblick auf Öffnung von Schule in den Stadtteil mit einem offenen Schulhof. In dieser Schule wurden die meisten Maßnahmen in Form von Neigungsgruppen [17] organi-

---

16 vgl. Maßnahmenplan 1994/95, S. 17
17 Ein weiteres kontinuierliches Angebot in der FES fand für 12 Mädchen im Alter von 15 bis 17 statt. Es war ein geschlechtsspezifisches, für alle Mädchen der 9. und 10. Klassen offenes Angebot im Rahmen des nachmittäglichen Wahlpflichtunterrichts. Die Aktivitäten bestanden in verschiedenen Bewegungsangeboten in der Sporthalle und im Freien und boten unterschiedliche Herausforderungen für die Mädchen. Ziel war die Stärkung des Selbstbewußtsein von Mädchen in einem Gebiet, das sonst stark von Jungen dominiert wird.

siert. Dies unterscheidet die Arbeit an der FES von anderen Schulen.

Aktionen rund ums Fahrrad

Im Schuljahr 1995/96 wurde dann im Rahmen des Wahlpflichtunterrichts mit einer 7. Hauptschulklasse[18] ein Projekt rund ums Fahrrad durchgeführt. Im 14-täglichen Rhythmus wurde während des ganzen Schuljahres ein Projekttag eingerichtet, der von zwei Honorarkräften des bsj und einer Lehrerin gestaltet wurde. Zunächst ging es um das Reparieren und den Umbau der eigenen Fahrräder zu Tourenfahrrädern. Später wurden auch physikalische (Mechanik) und historische Aspekte des Fahrrads, ökologische Fragestellungen (Vorzüge und Grenzen des Fahrrads) und Betriebserkundungen in die Projekttage mit einbezogen. Bei letzterem ging es insbesondere um die betriebliche Fertigung von Fahrrädern im Bereich „Lack/Metall/Manufaktur".

„Abgerundet wurde das Programm durch eine Fahrradreise unter Selbstversorgungsaspekten durch das Edersee-Bergland. Die Reise wurde mit der Klasse organisatorisch gemeinsam vorbereitet; unterrichtliche Inhalte zu Land und Leuten, Sozialstrukturen etc. flossen ein. Einzelne schwierige Schüler sollten gerade auch durch die selbst vorbereitete Tour besser integriert werden."[19] Die Fahrradtour fand in der ersten Juliwoche 1996 statt.[20]

Durchgeführte Maßnahmen und kontinuierliche Angebote im Landkreis Marburg-Biedenkopf

Sozialräume erkunden und Herausforderungssituationen bewältigen - Maßnahmen mit der Georg-Büchner-Schule (GBS)

Im Landkreis Marburg-Biedenkopf gab es eine Zusammenarbeit mit drei verschiedenen Schulen.

Am umfangreichsten war die Zusammenarbeit in Stadtallendorf insbesondere mit der Georg-Büchner-Schule (GBS) und in etwas geringerem Maße mit der Landgräfin-Elisabeth-Schule/Schule für Lernbehinderte (LES). Die Jugendhilfeplanung des Landkreises kam auf den bsj zu, weil es in Stadtallendorf einen massiven Konflikt zwischen rußlanddeutschen und

---

18 Zusammensetzung: 15 SchülerInnen im Alter von 13 bis 15, darunter 8 Mädchen und 7 Jungen; zum größten Teil Deutsche, vereinzelt Sinti und Albaner; die meisten wohnten im Sozialen Brennpunkt Waldtal.
19 Projekte, Aktivitäten, Fachtagungen und Fortbildungen im Schuljahr 1995/96, S. 51
20 Über den Entwicklungsprozeß dieser Schulklasse schrieb ein Pädagogik-Student seine Diplomarbeit an der Universität Marburg.

türkischen Jugendlichen gegeben hatte (und latent auch noch gibt). Die Pädagogische Leiterin der GBS hatte sich auch um eine Kooperation mit dem bsj bemüht, obwohl sich der Konflikt weniger deutlich in der Schule, dafür aber um so deutlicher in außerschulischen Räumen „in Form gewalttätiger Gruppenauseinandersetzungen und Randale"[21] zeigte. Insofern war bei dieser Kooperation die Jugendhilfeplanung und das Jugendamt des Kreises sowie die Stadtjugendpflege von Stadtallendorf mit einbezogen. Letztere wirkte bei zwei Projekten direkt mit, ansonsten unterstützten die genannten Institutionen wie auch Unternehmer das Vorhaben ideell und finanziell.

Die 8 H der GBS[22] nahm während des Schuljahrs an insgesamt fünf verschiedenen ein- bis viertägigen Programmen teil. Die Aktivitäten mit dieser Klasse unterschieden sich von anderen dadurch, dass den bewegungsorientierten Angeboten teilweise auch eine Sozialraumerkundung mittels Fotoapparaten vorgeschaltet war. Die beiden ersten Maßnahmen in dieser Klasse wurden in direkter Zusammenarbeit mit der Stadtjugendpflege organisiert. Ziel des Vorhabens war es, Offenheit und langfristig auch Vertrauen zwischen den ethnischen Gruppen zu entwickeln.

Die Aktivitäten begannen im Januar 1995 mit einem Projekttag in der Turnhalle, in der ein Parcours mit verschiedenen Bewegungsaufgaben aufgebaut worden war.

Knapp einen Monat später folgte eine zweitägige Sozialraumerkundung, in der der Lebensraum von türkischen und rußlanddeutschen Jugendlichen erkundet wurde. In Kleingruppen ihrer Wahl, die sich dann ethnisch getrennt bildeten, hielten die SchülerInnen mit Hilfe von Fotoapparaten den Schulweg fest und fotografierten das „türkische Viertel" und die Aussiedler-Wohngebiete. Bei dieser Erkundung hatte der bsj-Mitarbeiter eine Mittlerfunktion, da er derjenige war, dem die türkische bzw. die rußlanddeutsche Gruppe zuerst ihre „heimlichen" Treffpunkte in Parks oder andere kulturelle Orte (Moschee) zeigte.

Diese Erkundung wurde später im Unterricht ausgewertet und zu einer Fotodokumentation zusammengestellt. Ziel dieser Einheit war es, das jeweilige soziale Umfeld der „gegnerischen" Gruppe kennenzulernen. Der wichtigste Prozeß war dabei die gegenseitige Vorstellung des jeweiligen Lebensumfeldes mittels der Fotos.

Wieder einige Tage später waren die SchülerInnen aufgefordert, die kulturelle Trennung zu überwinden und gemeinsam im Jugendwaldheim Roßberg verschiedene Vertrauens- und Initiativspiele auszuprobieren und sich in Balance- und Klettersituationen wechselseitig zu unterstützen. Gesunde Ernährung gehörte mit zum Programm.

Im Monat März wurde dann für die Klasse eine Projektwoche organi-

---

21 Maßnahmenplan 1994/95, S. 20
22 Zusammensetzung: 20 SchülerInnen im Alter von 14 bis 16; 6 weiblich und 14 männlich; davon 7 Deutsche, 9 Türken und 4 Rußlanddeutsche.

siert, in der kleine mobile Bewegungsgeräte, z.B. ein „Spinnennetz" aus Seilen, „kippelige" Kletterleitern und eine Burmabrücke aus Seilen gebaut wurden. Diese Geräte wurden später in der Schule und an den Freizeitplätzen der Jugendlichen insbesondere im „türkischen Viertel" und an Treffpunkten von Aussiedlerjugendlichen im Rahmen von Ferienspielen, die die Jugendpflege veranstaltete, genutzt.

Die letzte Maßnahme mit dieser Klasse war ein einwöchiger Aufenthalt im Marburger Stadtwaldgelände. Hier konnten die hohen und niedrigen Seile und andere Klettereinrichtungen genutzt werden. Am Anfang standen verschiedene Problemlösungsspiele.

Damit die Leserinnen und Leser sich ein genaueres Bild von diesen Spielen, Problemlösungs- und Bewegungsaufgaben machen können, seien diese hier genauer beschrieben.[23]

Das Wochenprogramm war so organisiert, dass es am ersten Tag Bewegungsspiele und am zweiten und dritten Tag Initiativ- und Problemlösungsspiele gab. Am Donnerstag folgte dann die größte Herausforderung in Form von Klettereien an den hohen Seilen und der Freitag diente der Auswertung.

Eine der Übungen am dritten Tag, die beispielsweise die Kooperation fördert, ist das „laufende A". In einem aus Holzlatten gebauten „A" steht ein Jugendlicher. Er oder sie müssen durch entsprechende Bewegungen versuchen, mit dem „A" vorwärts zu laufen. Sie werden dabei von 4 MitschülerInnen unterstützt, die je ein Seil halten, das an der Spitze des „A" befestigt ist. Durch gleichmäßige Spannung wird das „A" aufrecht erhalten. Durch Ziehen und Lockerlassen wird die Bewegung des „A-Läufers" unterstützt. Diese Übung führten die SchülerInnen mit unterschiedlichem Erfolg durch, d.h. einigen gelang es gut miteinander zu kooperieren und damit das „A" zu bewegen, andere hatten erheblich mehr Schwierigkeiten, das „A" zum Laufen zu bringen.

Eine andere Übung, nämlich „die Überwindung des elektrischen Drahts", bereitete den Jugendlichen erhebliche Schwierigkeiten. Zwischen zwei Bäumen war ein Seil gespannt, das zum elektrischen Draht erklärt wurde. Die Aufgabe der Gruppe war es, diesen Draht mit Hilfe eines Bretts zu überwinden. Das Hauptproblem bei dieser Aufgabe war, dass die SchülerInnen einfach losprobierten, ohne vorher zu überlegen, wie sie die Überwindung für die Gesamtgruppe bewerkstelligen sollten. So kamen zunächst die Leichtesten hinüber, und die Schwersten hatten dann keine Chance mehr, das Hindernis allein zu überwinden. Nur durch gemeinsames Überlegen - die Schwersten mit Hilfe aller zuerst, die Leichtesten zuletzt - hätte diese Aufgabe gelöst werden können. Die BetreuerInnen gaben keine Hilfe-

---

23 Ausführlicher s. auch: Helmolt Rademacher, Zusammenarbeit von Jugendarbeit und Schule - dargestellt an Beispielen aus dem Hessischen Jugendaktionsprogramm gegen Gewalt, Fremdenfeindlichkeit und Rechtsextremismus, in: Schule und Beratung Nr. 7, 1997, S. 70 ff.

stellung, vielmehr überließen sie die Problemlösung den SchülerInnen.
Eine weitere Aufgabe, die gut gemeistert wurde, nannte sich „Der Schatz im Silbersee", wobei mit Silbersee eine mit Seilen angedeutete Fläche bezeichnet wurde, die „giftig" war und in die man nicht fallen durfte. Mittels eines zwischen 2 Bäumen gespannten Seils konnte man sich mit Klettergurt in dieses Seil einhängen, zu dem See „hinüberhangeln", den „Schatz" heben (indem die SchülerInnen aus einer Kiste einen Schokoriegel nehmen, ohne den Boden zu berühren) und sich von den anderen zurückziehen lassen. Diese Übung bewältigten einige zunächst unbeweglich erscheinende türkische Mädchen sehr gut. Nachdem sie das geschafft hatten, waren sie ganz stolz und trauten sich dann auch die Klettereien an den hohen Seilen zu.

Ferner wurden noch folgende Stationen gemeistert: Zwei parallele Seile, die an Pflöcken auf dem Boden gespannt sind, konisch verlaufen und auf denen man meist nur mit Hilfe einer Zweiten balancieren kann; eine schwankende Brücke aus Seilen, die über zwei Balken erreicht wird und ein konzentriertes Gehen erfordert; eine hohe Holzwand, die nur mit Hilfe mehrerer anderer überwunden werden kann; ein Spinnennetz, das man nur ohne Berührung durchsteigen darf und daher auf die Hilfe anderer angewiesen ist; eine sog. „Affenschaukel", die aus 5 Reifen besteht, die nebeneinander mit immer größerem Abstand an einem Balken jeweils mit einem Seil aufgehängt sind, wobei man sich von einem Reifen zum nächsten hangelt.

All diese Übungen dienten der Vorbereitung auf das Klettern an den hohen Seilen. 12 Meter über dem Boden wurden hier unterschiedliche Kletterübungen ausgeführt.

Die Erfahrungen, die die SchülerInnen machten, wurden gemeinsam ausgewertet, Erfolge und Schwierigkeiten wurden gemeinsam reflektiert. Damit sollte ein Verstehensprozeß über die eigenen Erfahrungen und über die Art der Kommunikation und Kooperation in der Gruppe ermöglicht werden. Die Übungen waren so aufgebaut, dass allmählich das Selbstbewußtsein im Umgang mit herausfordernden Situationen erhöht wurde. Sobald genügend Vertrauen in sich selbst und in die Gruppe vorhanden war, konnten die entsprechend schwierigeren Aufgaben bewältigt werden.

Schwarzes Theater für türkische und deutsche Mädchen – Maßnahme mit der Landgräfin-Elisabeth-Schule

Die zweite Schule, mit der in Stadtallendorf zusammengearbeitet wurde, war die Landgräfin-Elisabeth-Schule/Schule für Lernhilfe (LES). In dieser Schule wurde ein mädchenspezifisches Projekt[24] realisiert, das insbesondere der

---

24 Teilnehmerinnen: Mädchen der 9. und 10. Klasse im Alter von 16 bis 18; es gab drei zeitlich getrennte, sich auf einander beziehende Aktivitäten; Gruppengröße zwischen 16 bis 22; deutsche und türkische Mädchen.

Stärkung von Selbstbewußtsein diente. Zunächst wurden für die Mädchen an zwei Tagen Anfang März 1995 verschiedene erlebnisintensive Bewegungsangebote in der Sporthalle angeboten. Dies diente der Selbsteinschätzung des eigenen Körpers und sollte ihnen helfen, ein deutlicheres Körpergefühl zu entwickeln. Eine Woche später bauten sie innerhalb von fünf Tagen mit den Betreuerinnen eine Bühne für „Schwarzes Theater"[25] inklusive verschiedener Requisiten. Zudem gab es verschiedene Gruppen- und Bewegungsspiele.

In der darauffolgenden Woche entwickelten die Mädchen ein „Theaterstück unter dem Blickwinkel geschlechtsspezifischer Aggressionen und Gewalterfahrungen"[26] und führten dies dann auch öffentlich auf.

Diese Form des Theaterspiels hatte den besonderen Vorteil, dass sich die Mädchen nicht mit ihrem Körper zeigen mußten, da dieser für die Zuschauer unsichtbar blieb. Dies war insbesondere für die muslimischen Mädchen wichtig, die aufgrund ihrer kulturellen Werte ihre Körper eher verstecken müssen, und das war bei dieser Form des Theaters möglich.

Aspekte der Zusammenarbeit zwischen bsj und Lehrkräften

Interessant ist, wie sich die Zusammenarbeit zwischen LehrerInnen und dem bsj bzw. seinen Honorarkräften gestaltete. Der Zugang zur Schule erfolgte meist über die Rektoren, die sich besonders für ihre Schule engagieren. Sie wollten eine Öffnung von Schule, im Wissen um die Schwierigkeiten, die in verschiedenen Klassen der Schule existieren. Durch diesen Zugang wurden die Schulhierarchie berücksichtigt und die Projektmitarbeiter eingeführt. Dann war es aber wichtig, dass es Absprachen mit den Lehrern ohne den Rektor gab, weil erst dann deutlich wurde, ob diese sich mit der Projektidee anfreunden konnten oder nicht.

Problematisch war es, wenn Rektoren die Zusammenarbeit mit dem bsj „verordneten", weil sie bei den zuständigen LehrerInnen einen entsprechenden Bedarf sahen. Hier waren Konflikte zwischen den Beteiligten vorprogrammiert. In einem Fall war es so, dass der Schulleiter aufgrund seiner *„weitgesteckten Zielsetzung ... ein Programm (mit dem bsj) in einer sehr*

---

25 Diese Theaterform, auch Schwarzlichttheater genannt, bedeutet, dass das Spiel im völligen Dunkeln stattfindet und lediglich ein spezielles "Schwarzlicht" weiße Stellen der Schauspielerinnen beleuchtet. Die Schauspielerinnen sind fast vollständig schwarz gekleidet, außer einzelne Stellen (z.B. die Hände und Füße), mit denen "gespielt" wird. Sind z.B. alle Schauspielerinnen mit weißen Handschuhen bekleidet, so kann man nur diese sehen. Sie können dann gleichzeitig in einem bestimmten Rhythmus hin- und herbewegt werden. Die übrigen Körperteile sieht man nicht. Eine andere Variante ist die, dass die Spielerinnen weiß und/oder mit Leuchtfarbe angemalte Puppen hin- und herbewegen.
26 vgl. Maßnahmenplan 1994/95, S. 27

schwierigen Klasse mit einem sehr schwierigen Lehrer machen" wollte. Er ließ dabei die bsj-Mitarbeiter nicht allein, sorgte sogar noch für Unterstützung durch eine weitere Kollegin. *„Aber durch diesen Druck, der dann auch noch auf den Lehrer zugenommen hat, hat es Formen angenommen, dass er sozusagen nur noch Beiboot war, also nur noch mitgefahren ist."* Das hatte eine schwierige Zusammenarbeit zur Folge. Insofern sagten die bsj-Mitarbeiter, dass die *„Freiwilligkeit der teilnehmenden Lehrer ... der Königsweg war"*[27], und dies trifft auf die große Mehrzahl (ca. 80%) der Kooperationen zu.

Auch bei den LehrerInnen muss man noch eine Unterscheidung machen, denn es gab solche, die relativ genau wußten, was auf sie zukommt, und das war eine relativ kleine Gruppe, und es gab eine größere Zahl von LehrerInnen, die offen und neugierig waren, aber auch eine Unsicherheit im Hinblick auf ihre Rolle hatten und nicht wußten, was es für sie und ihre Klasse bedeuten würde. Zu der ersten Gruppe zählten auch diejenigen, die bereits an einer Fortbildung von HILF und bsj[28] teilgenommen hatten. Das waren im Projektzeitraum sehr wenige und fast ausschließlich solche aus dem Landkreis Marburg-Biedenkopf.

Interessant ist, dass durch den unterschiedlichen Zugang einerseits über Schule und andererseits über die Fortbildung auch verschiedene Lehrertypen erreicht wurden.

Es fällt auf, dass in den Schulen wesentlich mehr Frauen als Männer an den Programmen des bsj teilnahmen. Frauen waren in diesen Schulen experimentierfreudiger. Hingegen standen die männlichen Kollegen *„schon sehr fest"* und hatten *„ihren Weg ... schon gefunden"* und ließen *„sich kaum von ihrer Vorstellung von Pädagogik ... so einfach abbringen..."* [29]

Eine weitere Erklärung, warum Frauen sich stärker auf die Aktivitäten mit dem bsj einließen, mag darin liegen, dass sie gegenüber einer Weltsicht, die nicht nur das (Schul-)System, sondern auch das eigene Beziehungsverhalten in Frage stellt, offener zu sein scheinen als Männer.

Bei den Fortbildungen mit dem HILF war es genau umgekehrt. Hier nahmen mehr Männer teil und weniger Frauen. Die männlichen Kollegen waren dabei zum großen Teil Sportlehrer, während diese in den Schulen kaum angesprochen werden konnten, da sie die Angebote des bsj als Konkurrenz empfanden. Die Sport-Kollegen auf den Fortbildungen betrachteten das dort Gelernte hingegen als Bereicherung.

---

27 Abschlußinterview mit den hauptamtlichen Mitarbeitern am 18.12.1996
28 Der bsj organisierte (und organisiert noch) gemeinsam mit dem HILF (Hessisches Institut für Lehrerfortbildung = heute: Hessisches Landesinstitut für Pädagogik (HeLP)) mehrtägige Fortbildungsreihen zum Thema „Zusammenarbeit Jugendhilfe – Schule. Die Kurse waren sehr praktisch ausgerichtet, d.h. die Lehrkräfte hatten die Möglichkeit, verschiedene abenteuerpädagogische Medien (hohe und niedrige Seile, Kajaks etc.) kennenzulernen.
29 Interview vom 18.12.96

Eine weitere Typologie derjenigen, die freiwillig an diesen Programmen teilnahmen, war die, dass sie 35 bis 40 Jahre alt waren und nach dem 1. Staatsexamen *„ganz andere Berufskarrieren schon hinter sich hatten und ... jetzt durch irgendwelche Examina, Zusatzprüfungen (als) Sonderschullehrer usw. wieder in die Schule gekommen (waren), und die sind natürlich bereit, solche Formen mitzutragen, weil sie ... von vornherein"* andere Lebenserfahrungen mitbringen.[30] Als Motiv der engagierten LehrerInnen war die folgende Einstellung kennzeichnend: Es *„erleichtert uns das Überleben bis zur Pension, und mittelfristig strahlt das auf das Schul- und Lernklima ab".*[31]

Für den bsj waren engagierte, aber auch gleichzeitig kritische LehrerInnen, die ein eigenständiges Unterrichtskonzept vertreten und mit dem Projekt hohe Erwartungen verbinden, eine wichtige Voraussetzung für einen gemeinsamen Lernprozeß.

Die Zusammenarbeit zwischen den LehrerInnen und den Honorarkräften des bsj gestaltete sich einerseits unproblematisch und andererseits manchmal nicht einfach, da es zum Teil unterschiedliche Rollenerwartungen gab und die Gegebenheiten der Zusammenarbeit unterschiedlich waren.

Bei den schuljahresbegleitenden Programmen gab es einen engen Austauschprozeß zwischen zwei bis drei Personen, die unterschiedliche Kompetenzen mitbrachten und die die Zusammenarbeit (insbesondere auf seiten der LehrerInnen) nicht als Kompetenzverlust, sondern als Kompetenzzuwachs und Entlastung empfanden. Durch diese Art längerfristiger Zusammenarbeit entstand in der Regel eine relativ gleichberechtigte Kooperation. Anders war es hingegen bei den zwei- bis fünftägigen Veranstaltungen. Hier gab es meist eine Arbeitsteilung: Die bsj-MitarbeiterInnen gestalteten verstärkt die abenteuerpädagogischen oder handwerklichen Programme und die LehrerInnen zogen *„sich eher auf Aufsichtspflichten, Probleme mit Schülern oder organisatorische Dinge zurück".*[32]

Schwierigkeiten gab es gelegentlich mit den sehr „jungen Honorarkräften, und zwar (war) es weniger die Frage des Mediums, das (verstanden) sie schon ..., aber es (war) der Zugang a) zu Jugendlichen, b) zu Lehrern, c) die Ansprache der Jugendlichen - wenn man weniger Erfahrung hat oder die Distanz und Nähe in Prozessen mit Jugendlichen oder auch mit Lehrern" für sich noch nicht richtig geklärt hat, "tun sich leicht dann Verunsicherungen auf, auch bei (den) ... Honorarkräften."[33]

---

30 ebd.
31 ebd.
32 ebd.
33 ebd.

Ist geschlechtsspezifische Gruppenarbeit in der Schule erwünscht?

Das Schulprojekt des bsj hat in der Mehrzahl mit Schulklassen gearbeitet, die gemischtgeschlechtlich zusammengesetzt waren. Daneben gab es einzelne Angebote, die geschlechtsgetrennt waren, so eine Mädchenneigungsgruppe an der FES, für die Mädchen der 9. und 10. Klasse der LES in Stadtallendorf und ein Angebot nur für Jungen am Oberen Richtsberg. Mit einer Schulklasse, der 8. bzw. 9. Klasse der THS, wurden geschlechtsdifferente Bauprojekte durchgeführt.

In den Klassen 7, 8 und 9 der THS und der GBS in Stadtallendorf waren in den Klassen meist mehr, vereinzelt überproportional viele Jungen. Hingegen bildeten in den 5. Klassen der THS und in den 7. und 8. Klassen der FES die Mädchen die Mehrheit.

Das Schulprojekt insgesamt zielte aber letztendlich hauptsächlich auf die Jungen ab. Ein Mitarbeiter begründete das so: *„Wir waren deswegen eher ein Jungenprojekt als ein Mädchenprojekt, oder ein mehr auf Jungen bezogenes Projekt, weil die Jungen in den Klassen die schwierigsten sind, die markieren das schwierige Feld."*[34]

Dem Antrag entsprechend wurden geschlechtsdifferente Angebote gemacht, aber es gab insbesondere kein Konzept jungenspezifischer Arbeit, was sich zum Teil aus dem Umfeld Schule, in dem der bsj sich bewegte, erklären läßt.

Ein Mitarbeiter erklärte das folgendermaßen: *„Es ist richtig so, dass wir nicht jungenspezifisch vom Konzept her an die Sache rangegangen sind, sondern mehr in dem Wissen oder Hintergrundwissen, dass das eine Komponente ist, die auch durch das Mädchenprojekt ein Stück unterrepräsentiert ist im bsj ... Es hat sich zumindest dadurch verstärkt, dass wir einen diffusen Jugendlichenbegriff perpetuiert haben. Und Lehrer reden auch nicht von Mädchen und Jungen, in der Regel nicht, sondern die reden von den Schülern."*[35] Bei dem Versuch, die Klassen in Mädchen und Jungen einzuteilen, stießen die Mitarbeiter teilweise auf Widerstände bei den LehrerInnen.

Was geschlechtsdifferente Angebote betrifft, so betritt man in den meisten Schulen Neuland, weil das Konzept koedukativer Erziehung sehr tief sitzt und kaum in Frage gestellt wird. Insofern tun sich Jugendhilfeträger, denen es wirklich gelingt, mit Schule zu kooperieren, schwer, auch noch diesen Aspekt in die Schule einzubringen. Eine andere Frage ist, inwieweit die Angebote im Bereich bewegungs- und abenteuerorientierter Jugendarbeit, die der bsj bietet, auch den Mädchen entspricht, bzw. welche unterschiedlichen Zugänge es für Jungen und Mädchen zum Körper gibt. Aus den Projektbeschreibungen des bsj läßt sich nicht genau ablesen, wie Mädchen

---

34 ebd.
35 ebd.

im Vergleich zu den Jungen auf die Bewegungsangebote reagierten und welche Unterschiede es genau gab. Auffällig war aber, dass Mädchen - so zeigte es sich bei einem Camp am Edersee - *„ganz anders mit ihrem Körper ... (umgingen), von der Körperpflege bis hin zur Selbstmedikation ... und sich teilweise aus bestimmten Gruppen ausgeklinkt haben, die ihnen zu jungenlastig waren..."*[36]. Auch war bei diesem Camp am Beispiel Entspannungsübung zu beobachten, dass da die *„Mädchen eher drauf eingegangen (sind) und Jungs nur (auf) eine bestimmte Form, nämlich auf Zuhören ..., Phantasiegeschichte(n)"* reagiert haben und Igelballmassage, körperliche Berührung und Regentropfenmassage mit ihnen viel schwieriger zu realisieren war.[37]

In dem letzten Zitat deutet sich schon an, dass der im Projekt formulierte Anspruch, den „action-orientierten" Angeboten etwas Komplementäres in Form von Stille- und Entspannungsübungen entgegenzusetzen, nicht leicht zu verwirklichen war. Aktion und Ruhe sind zwei Seiten einer Medaille, drücken vielleicht auch etwas Männliches (Aktion) und Weibliches (Ruhe) aus. Von diesem Anspruch sind die Projektmitarbeiter mindestens teilweise abgerückt, wie sie es in ihrem letzten Maßnahmenplan 1995/96 schrieben. Dort heißt es, dass *„Entspannungsangebote, aber auch das Thema 'Bewußte Ernährung' ... in den Folgeaktivitäten eine relativ geringe Rolle (spielten), unter anderem weil Jugendliche wenig Interesse dafür zeigten und weitere Voraussetzungen für eine geschickte und differenzierte Umsetzung notwendig wären. Im Vergleich dazu sind Bewegungsabenteuer, 'kitzelige' Herausforderungssituationen und Problemlösungsspiele mit Körper und Köpfchen, auch die Bauprojekte attraktiver und bieten mehr Lernmotivierung und -chancen."* Auch andere Angebote wurden zurückgestellt, weil es an entsprechend qualifizierten MitarbeiterInnen mangelte. So scheiterte *„die Weiterführung ästhetisch-expressiver Theaterarbeit"*.[38]

Hier stellt sich die Frage, ob nicht etwas kurzschlüssig den jungendominanten Ansprüchen auf Kosten der Mädchen entsprochen wurde. Dabei zeigt sich, wie schwierig es immer noch ist, konsequent mädchengerechte Angebote im Alltag koedukativer Jugendarbeit durchzuhalten.

Welche Schwierigkeiten bei der Realisierung interkulturellen Lernens mit „schwierigen" Schulklassen gibt es?

Die interkulturelle Thematik ergab sich beim Schulprojekt insbesondere in der Arbeit mit den Schulklassen aus Stadtallendorf, die sich zum größten Teil

---

36 ebd.
37 ebd.
38 beide Zitate aus: Projekte, Aktivitäten, Fachtagungen und Fortbildungen im Schuljahr 1995/96, bsj 8/96, S. 7

aus türkischen, rußlanddeutschen und einigen deutschen SchülerInnen zusammensetzten, und bei der 7. Hauptschulklasse der THS, die gemeinsam mit Flüchtlingskindern der IKJG an einem Camp am Edersee teilnahm.

Im Projektantrag gab es keine ausgewiesenen interkulturellen Ansätze. Ein Mitarbeiter erklärt den Ansatz in der Arbeit mit kulturell gemischten Gruppen folgendermaßen: Bei den SchülerInnen in Stadtallendorf ist man auf die ethnischen Konflikte *„eingegangen, aber auch nicht durch ein ausgewiesenes interkulturelles Konzept, sondern mehr durch diesen Körper-/Bewegungsansatz in der Hoffnung, das trägt jetzt auch als Verständigungshilfe. Man hätte das aber im Sinne eines interkulturellen Konzeptes ... noch ausbauen müssen. ... (Und) ein Ansatz wäre das mit dem Essen gewesen"*[39] (z.B. in dem Sinne, wechselseitig Essen aus den Herkunftsländern zuzubereiten und sich darüber auszutauschen).

In dem Camp am Edersee hat man das Experiment gemacht, eine Hauptschulklasse und Kinder von Asylbewerbern zusammenzubringen. Diese Begegnungen waren nicht konfliktfrei. Dort wo es Konflikte zwischen ethnischen Gruppen gab, versuchten die Betreuer die Beteiligten mit ihrem Verhalten zu konfrontieren. Im Abenteuercamp am Edersee (1994) geschah es, dass ein deutscher Schüler zu einem Iraner sagte, „wenn er bei ihnen im Zelt übernachten würde, würden sie ihn nachts anzünden". Die Konsequenz dieser Aussage war, dass der anwesende Schulleiter und die bsj-Mitarbeiter die Beteiligten in einem Gespräch mit dem Vorfall mit aller Entschiedenheit konfrontierten.

Der Gruppenzusammensetzung hat man insofern Rechnung getragen, indem eine große Zahl von BetreuerInnen auf dem Camp anwesend waren, wobei nicht ganz ersichtlich ist, wie diese auf die interkulturelle Thematik vorbereitet wurden.

Interessant ist, wie versucht wurde, auf die kulturellen Unterschiede in Stadtallendorf einzugehen. Ein Mitarbeiter formulierte das so: Es stellte sich *„die Frage, kann unser Medium all das, was dort nötig wäre, bewirken, dieses abenteuerpädagogische, und da war ich der Meinung, nein, das kann es nicht. Deswegen haben wir ja auch dieses Sozialraumerkundungsprogramm gemacht, was ja kein abenteuerpädagogisches Medium ist."*[40] Mit Sozialraumerkundung ist gemeint, dass die SchülerInnen mit Hilfe eines Fotoapparats ihre Wohngebiete wechselseitig erkunden und somit die jeweils „fremde" Wohnumgebung der anderen kennenlernen.

Welche Auswirkungen die Kooperations- und Bewegungsangebote sowie die Bauprojekte hatten, schilderte der Mitarbeiter folgendermaßen:

„Die Aussiedlerjugendlichen galten als beschränkt, weil sie die deutsche Sprache nicht konnten. Die galten als sehr stark cliquenverhaftet; das kennt man ja von diesen Familien

---

39 Abschlußinterview vom 18.12.96
40 ebd.

her. Für die war dieses körperlich bewegungsbezogene eine Möglichkeit, sich in den Mittelpunkt zu spielen - auch wenn sie ausgelacht wurden. Und damit wurden aber auch Grenzen geöffnet, sich etwas zu trauen und auch den anderen zu zeigen, man kann sich auch trauen. Bei dem Bauprojekt waren umgekehrt die türkischen Jugendlichen diejenigen, die eher so Schmutzarbeit gemacht haben, so staubige Arbeit, die Handarbeit ganz anders begriffen, also als nichts Dreckiges, während die Aussiedlerjugendlichen sich sagten: 'Wir sind deutsche Kultur, das ist bessere Kultur und von daher: keine Drecksarbeit'. Ganz seltsam war zumindest für diese Clique der Bauprozeß, wo die türkischen Jugendlichen einen Schritt vorangegangen sind und produktiver waren, konstruktiver, und die Aussiedlerjugendlichen erstmal schön so da standen nach dem Motto: das ist Schule, mit Schule können wir nicht, da werden wir auch nicht entsprechend abgeholt, eigentlich sind wir ja schon so richtige Deutsche und da sollte man uns ja auch anders und besser behandeln, und mit dieser Haltung blieben sie in ihren Nischen."[41]

Hier konnten die Mitarbeiter mit ihrem Methodenrepertoire interessante Erfahrungen machen, wobei sie ihre bewegungsorientierten Ansätze um den der Sozialraumerkundung erweiterten und somit ein wichtiges Element einbauten, damit die ethnisch „verfeindeten" Gruppen sich wechselseitig ein Bild von der jeweils anderen Seite machen konnten.

Wichtig erscheint uns, inwieweit diese Erfahrungen zumindest ansatzweise verbalisiert werden. Dies wurde teilweise - insbesondere durch die Lehrerin im Unterricht - gemacht, aber erst mit der Zeit setzte sich die Erkenntnis durch, dass dies für den Lernprozeß der drei kulturell unterschiedlichen Gruppen sehr wichtig war. Insofern wurde „*im letzten Schuljahr das systematisch durchgedrückt, durchgesetzt, dass ... (der fest eingestellte Mitarbeiter) und die Honorarkräfte nach einzelnen Praxiseinheiten mit den Schülern eine Abschlußrunde machen und das besprechen*".[42]

In Stadtallendorf wurden mit dem Konzept des bsj-Schulprojektes wichtige Anstöße gegeben, wie ethnische Gruppen (Türken und Rußlanddeutsche), die sich ablehnend bzw. feindlich gegenüberstehen, miteinander in Kontakt kommen können. Wichtig erscheint uns, dass diese Ansätze weitergeführt werden (wie es ja nach der Planung der Fall ist), im Sinne der Förderung von Verstehensprozessen vertieft und mit anderen Aktivitäten innerhalb der Stadt, die in eine gleiche Richtung zielen, vernetzt werden.

Wie kann Kooperation von Jugendhilfe und Schulen aussehen?

Eine Kooperation zwischen Jugendhilfeträgern und Schulen zu entwickeln, bedeutet immer wieder auch Neuland zu betreten und damit Pionierarbeit zu leisten. Die Strukturen von Schule und Jugendhilfe sind sehr unterschiedlich, das beginnt bei der hierarchischen Struktur von Schule mit ihren relativ ein-

---

41 ebd.
42 ebd.

gefahrenen Mustern, Rollen und Zeitplänen und endet dabei, dass Schulen bisher noch recht wenig autonom über eigene Mittel verfügen können. Schule ist also ein relativ „starker", beharrender Partner, der meist über mehr „Personal" verfügt, aber im finanziellen Bereich im Hinblick auf außerschulische Aktivitäten auf die Jugendhilfeträger angewiesen ist. Dieses Ungleichgewicht bewirkte zunächst eine Vorsicht, aber auch eine Unsicherheit. Ein Mitarbeiter beschrieb das so: *„Wir waren unsicher, einfach durchgehend. In der ersten Hälfte des Projektes waren wir in der Schule Fremde und waren unsicher und haben uns weitgehend versucht anzupassen, weil wir schon froh (waren), geduldet zu werden und agieren zu dürfen."*[43]

Das änderte sich aber im Lauf der Zeit, insbesondere nachdem die LehrerInnen ihre Skepsis überwunden hatten und den Ertrag der Arbeit mit den MitarbeiterInnen des bsj in ihren Klassen sahen und die positiven Auswirkungen erleben konnten. Schließlich hatte das zur Folge, dass die fest angestellten Mitarbeiter meist mehr Anfragen im Hinblick auf Zusammenarbeit erhielten, als sie letztendlich befriedigen konnten. Besonders in der Anfangsphase wirkte sich das in erhöhter Arbeitsbelastung (Überstunden) aus und in der Schwierigkeit, zwischen verschiedenen Nachfragern auswählen zu müssen. Schule erwies sich da als System, das interessiert Impulse von außen aufgreift, überspitzt formuliert, diese Impulse wie ein starker Staubsauger aufsaugt. Im Hinblick auf diese letzte Bemerkung stellt sich immer wieder die Frage, wie eine Balance eines ausgewogenen Miteinanders erreicht werden kann. Die Kehrseite ist allerdings, dass man als Jugendhilfeträger in manchen Schulen auch gegen Wände rennt, keinen Fuß auf den Boden bekommt und eine Zusammenarbeit scheitern kann.

In der Gesamtsicht beurteilte ein Mitarbeiter die Zusammenarbeit mit der Schule folgendermaßen: *„Nachträglich, würde ich jetzt sagen, so als Resümee zum Schluß, es ist erstaunlich, wie weit wir reingekommen sind. Ich habe ja jetzt auch Kontakt zu anderen Schulen und auch auf Lehrerfortbildungen höre ich, wohin Projekte laufen, ich bin erstaunt, dass das trotzdem soweit akzeptiert worden ist, wenigstens immer von einigen Lehrern. Und was jetzt eher schade ist, dass das jetzt aufhört, weil bis man wieder soweit ist, das dauert wieder eineinhalb oder zwei Jahre."*[44]

Durch die Erfahrungen des Schulprojektes wurde auch deutlich, dass Veränderung von Schule ein langwieriger Prozeß ist. Im Projektverlauf hatten die Mitarbeiter daher schon als Konsequenz aus dieser Einschätzung ihr Konzept von Einzelmaßnahmen hin zu einer kontinuierlichen und längerfristigen Begleitung verändert.

Das Schulprojekt des bsj hat den Vorteil, dass ihm der Einstieg in eine längerfristige Lehrerfortbildung gelungen ist, dadurch und durch die Arbeit in den Schulen wird ein langsamer, aber stetiger Veränderungsprozeß dort

---

43 ebd.
44 ebd.

und unter den LehrerInnen möglich.

Der bsj als Jugendhilfeträger ist in seinem Bemühen recht weit gekommen. Bei den anderen Jugendhilfeträgern wie den Gemeinweseninitiativen (z.b. IKJG und AKSB), die durch das Projekt auch stärker mit Schule verbunden werden sollten, ist das in unterschiedlichem Maße gelungen. Nicht alle GWIs ließen sich in dem Umfang einbinden oder wurden in diesem Verbund aktiv, wie das in der Idealvorstellung eines sehr breiten Bündnisses von Jugendhilfe und Schule angedacht war. Gelegentlich stehen der Kooperation unterschiedliche Interessen und Konkurrenzen im Weg.

Was dem Schulprojekt aber gelungen ist, und das ist sicher auch ein Novum in der jugendhilfepolitischen Landschaft, ist die Zusammenarbeit zwischen der Theodor-Heuss-Schule (THS), der Initiative für Kinder-, Jugend- und Gemeinwesenarbeit e.v. (IKJG) und dem bsj. Das ist „ein wirkliches Kooperationsprojekt ... wo auch Ressourcen zusammenfließen und wo ein gemeinsames Management ist",[45] d.h. bei dem im voraus gemeinsam geplant wurde und wo eine gemeinsame Finanzierung existiert.

Weiterführung der Arbeit nach Beendigung des Modellprojektes

Dem bsj ist es gelungen, das Schulprojekt in der Stadt Marburg und im Landkreis Marburg-Biedenkopf fest zu verankern. Durch seine Kooperation mit der Theodor-Heuss-Schule (THS) und der Gemeinweseninitiative IKJG konnte die Einstellung eines Mitarbeiters ermöglicht werden. Ein Mitarbeiter im Projekt war vor seiner Tätigkeit beim bsj beim IKJG beschäftigt und dort mit seiner Stelle beurlaubt gewesen. Die IKJG stellte nun die Hälfte dieser Stelle dem Kooperationsverbund zur Verfügung und damit war eine wesentliche Grundlage für die Stelle geschaffen. Die Mittel für die andere halbe Stelle sind maßnahmengebundene Mittel des Landkreises (Schulamt und Jugendamt) und der beteiligten Kommunen. Weitere Gelder kommen von der THS, dem Magistrat der Stadt Marburg und dem bsj selbst (Mittelerwirtschaftung durch Fortbildung).

Derzeit (Mitte 1999) gibt es eine Zusammenarbeit mit zehn Schulen im Landkreis, darunter in den Kommunen Gladenbach, Stadtallendorf, Ebsdorfergrund, Kirchhain und Wetter. Darüber hinaus wurde mit Unterstützung des Landkreises Marburg-Biedenkopf und der Europaschule Gladenbach ein außerschulischer Lernort aufgebaut, der für verschiedene Maßnahmen mit Schulklassen bereitsteht. Die Koordination der Arbeit im Landkreis übernimmt eine zusätzliche Honorarkraft.

In Marburg konzentriert sich (neben dem Kontakt zu anderen Schulen) die Zusammenarbeit auf die THS und die Pestalozzi-Schule für Lernhilfe.

Die Fortbildungsaktivitäten werden weitergeführt. Eine mehrjährige

---

45 ebd.

zertifizierte Fortbildungsreihe für die Jahre 1998 – 2000 wurde entwickelt und wird durchgeführt[46].

Im Zusammenhang mit dem Schulprojekt des bsj ist noch zu erwähnen, dass das Land Hessen der Stadt Marburg 180 000 DM für die Zusammenarbeit Jugendhilfe und Schule bereitgestellt hat. Damit wird zum einen eine Servicestelle bezahlt, die Praxisangebote (Mediation, Beratung, Fortbildung im Sinne abenteuerpädagogischer Maßnahmen) in Schulen durchführen soll, und die andere Hälfte des Geldes steht für praktische Mittel schulbezogener Jugendhilfe bereit, die durch einen Beirat vergeben werden.

---

[46] Laut Nachbefragung des Geschäftsführers von bsj im Oktober 1998

Anhang: **Das Modellprojekt des Vereins zur Förderung bewegungs- und sportorientierter Jugendsozialarbeit (bsj) in Marburg - Die Rahmenbedingungen im Überblick -**

Träger	bsj - Verein zur Förderung bewegungs- und sportorientierter Jugendsozialarbeit e.V., Marburg
Projektorte	Marburg, Stadtallendorf, Wetter darüber hinausgehendes Einzugsgebiet: Landkreis Marburg-Biedenkopf
Projektmitarbeiterinnen	– 1,5 Stellen besetzt mit zwei Mitarbeitern: Lehrer für Sport und Religion (Sek. II); langjährige Erfahrung in der Jugendsozialarbeit, in der Arbeit in sozialen Brennpunkten und in der Stadtteilarbeit; Fachübungsleiterschein „Berg/Fels" Diplom-Pädagoge; Erfahrungen in der Jugendverbandsarbeit und in der wissenschaftlichen Begleitforschung Beide Hauptamtliche sind Deutsche. – 12 HonorarmitarbeiterInnen für die direkte Arbeit vor Ort mit Jugendlichen, 8 Frauen und 4 Männer; Studierende (Pädagogik, Sportwissenschaften) mit bsj-interner Fortbildung in Erlebnis- und Abenteuerpädagogik
Räume	Projektbüro beim Träger in Marburg
weitere Ressourcen	– Nutzung des Equipments des bsj: Kletter-, Kanu- und Outdoorausrüstung, Strickleitern, Fahrräder, Raumausstattung, Theaterutensilien – Mitnutzung der Räume der KooperationspartnerInnen (Klassenräume, Sporthallen, Werkräume, Schulhöfe, ein Jugendfreizeitheim mit Kletterwand und Selbstversorgerküche) und einer Kletteranlage mit hohen Seilen – Drittmittelakquisition im letzten Projektjahr
Kontinuierliche KooperationspartnerInnen	– Schulen in Marburg: Theodor-Heuss-Schule; Friedrich-Ebert-Schule; Otto-Ubbelohde-Schule – Schulen in Stadtallendorf: Georg-Büchner-Schule, Landgräfin-Elisabeth-Schule – Gesamtschule Wetter – Gemeinweseninitiativen in Marburg: Initiative für Kinder-, Jugend- und Gemeinwesenarbeit e.V. (IKJG), Arbeitskreis Soziale Brennpunkte (AKSB), Betreuungsprojekt Oberer Richtsberg – Jugendpflegen: Marburg, Landkreis Marburg-Biedenkopf, Stadtallendorf – Hessisches Institut für Lehrerfortbildung (HILF), jetzt: Hessisches Landesinstitut für Pädagogik (HeLP)

3. Mädchen auch daheim in der Fremde - Gewaltpräventive Mädchenarbeit durch interkulturelle Begegnungen und Selbstbehauptung - (Modellprojekt der Mädchen- und Frauenetage e.V., Frankfurt am Main)

Rahmenbedingungen

Die Mädchen- und Frauenetage e.V. befindet sich in dem citynahen Frankfurter Stadtteil Bockenheim. „In Bockenheim, da mischt es sich: Ausländer, Alte und Arme mit Akademikern und Alternativen", schrieb die Frankfurter Rundschau 1991 über den universitätsnahen Frankfurter Stadtteil Bockenheim und fügte hinzu: „Für manche ein explosives Gemisch: Der hier zur Schau gestellte Wohlstand ... steht in deutlichem Mißverhältnis zu den Möglichkeiten vieler Jugendlicher." Bockenheim hat aufgrund seiner langen eigenständigen Geschichte und geschlossenen Bauweise eine eigene Identität und ist mit seinen ca. 32.000 BewohnerInnen so etwas wie eine Kleinstadt in der Großstadt Frankfurt mit ihren ca. 650.000 EinwohnerInnen.

Wie in der Gesamtstadt existiert auch im Stadtteil eine hohe Jugendarbeitslosigkeit. Insbesondere ausländische und benachteiligte Jugendliche haben in der Stadt große Schwierigkeiten, einen Arbeits- oder Ausbildungsplatz zu finden, denn das Gros der Frankfurter Arbeitsplätze ist inzwischen im Dienstleistungs-, Banken- und Kommunikationsbereich angesiedelt, in einem Bereich also, der hohe Anforderungen an die Sprachkompetenz seiner Mitarbeiterinnen und Mitarbeiter stellt. Diese Situation wirkt sich negativ auf die Beschäftigungsmöglichkeiten gerade von benachteiligten und ausländischen Mädchen aus.

Naturgemäß beeinflußt diese kritische Gemengelage auch die Bockenheimer Jugendszene: Bockenheim war u.a. die Heimat der „Bomber Boys", die seit Ende der 80er Jahre durch ihre Gewaltbereitschaft von sich reden machten. Ein Sozialarbeiter kümmerte sich im Rahmen prophylaktischer Jugendarbeit um diese benachteiligten Bockenheimer Jugendlichen und versuchte, sie vor schlimmen Gelegenheiten zu bewahren. Selbstredend - der Name „Bomber Boys" weist schon darauf hin – richtete sich dieses Angebot der städtischen Jugendsozialarbeit ausschließlich an männliche Jugendliche. Doch in Bockenheim gibt es neben gewaltbereiten Jungs auch die Mädchen, die in der Regel keine Gewalt ausüben, statt dessen aber vielfältige Gewalterfahrungen zu bewältigen haben. Das Projekt Mädchen- und Frauenetage e.V. schloß hier eine Lücke im Angebot der Bockenheimer Jugendarbeit.

Trägerin des Modellprojektes war die Mädchen- und Frauenetage e.V., kurz auch Etage genannt. Die Etage hat sich 1991 aus dem selbstverwalteten Jugendzentrum (JUZ) Bockenheim, einem koedukativen Jugendtreff, herausgelöst, sich als eigener Verein konstituiert und ist als Trägerin der Jugendhilfe anerkannt. Obwohl es inzwischen eine organisatorische Trennung zwischen JUZ und Etage gibt, fühlen sich beide Einrichtungen antifaschistischen und antirassistischen Zielsetzungen verbunden.[1] Die Mädchen- und Frauenetage verortet sich aber primär in den Zusammenschlüssen und Netzwerken der autonomen Mädchenarbeit. Das Modellprojekt war das einzige Projekt der Trägerin.

Modellprojekt und Etage nutzten gemeinsam die mädcheneigenen Räume im Erdgeschoß einer ehemaligen Schule. Der übrige und größere Teil des Gebäudes beherbergt das koedukative Jugendzentrum, die Etage verfügt allerdings über einen separaten Eingang. Im Modellprojekt waren in der gesamten Laufzeit zwei hauptamtliche Pädagoginnen beschäftigt, unterstützt von Honorarfrauen für ein Kursangebot und bei einmalig durchgeführten Maßnahmen.[2]

Als Mädchenprojekt im koedukativen Jugendaktionsprogramm

Innerhalb des Jugendaktionsprogramms ist das Modellprojekt der Mädchen- und Frauenetage nicht nur das einzige Mädchenprojekt, sondern auch das einzige Projekt, in dem bewußte geschlechtsspezifische Arbeitsansätze in nennenswertem Umfang weiterentwickelt wurden.

Im Ausschreibungstext zum Jugendaktionsprogramm waren Projektvorschläge erwartet, *„die auch der Frage nachgehen, welche Bedeutung Mädchen im Zusammenhang mit der Gewaltproblematik zukommt"*. Es war daher folgerichtig, dass von den fünf ausgewählten Projekten eines ein explizites Mädchenprojekt war, in dem vom Ansatz her ausschließlich mit und für Mädchen und junge Frauen gearbeitet wurde. Die anderen Projekte waren konzeptionell koedukativ angelegt, wobei auch spezielle Angebote für Mädchen vorgesehen waren. In der Realität allerdings waren mädchenspezifische Arbeitsansätze in den vier anderen Modellprojekten unterschiedlich ausgeprägt: Zwei Projekte erreichten deutlich mehr Jungen als Mädchen, ein weiteres sprach durch den schulischen Kontext Mädchen zwar an, hatte aber

---

1 Im Kontext der Thematik des Hessischen Jugendaktionsprogramms gegen Gewalt, Fremdenfeindlichkeit und Rechtsextremismus sei hier noch erwähnt, dass vor Projektbeginn das JUZ Bockenheim und die Mädchen- und Frauenetage in der rechtsextremen Zeitschrift "Einblick" namentlich mit Adressenangabe genannt und zum "Abschuß freigegeben" worden waren. Besucherinnen der Mädchen- und Frauenetage wurden in der Folge von rechten Skinheads tätlich angegriffen.

2 Nähere Angaben zu Räumen und Mitarbeiterinnen sind im Anhang: „Die Rahmenbedingungen im Überblick" am Ende dieses Kapitels aufgeführt.

als Hauptamtliche ausschließlich Männer eingestellt, und die Mädchenangebote wurden von Honorarfrauen durchgeführt; und das fünfte Projekt konnte erst in der zweiten Projekthälfte mädchenspezifische Angebote realisieren.

Deshalb blieben bei den kontinuierlichen Projektetreffen die konkreten Austauschmöglichkeiten für die Mitarbeiterinnen der Mädchen- und Frauenetage ihrer Einschätzung nach unbefriedigend: Zu groß waren die unterschiedlichen Ausgangsbedingungen für Mädchenarbeit in den koedukativen Einrichtungen, verglichen mit dem Mädchenprojekt. Die Mitarbeiterinnen des Projektes in der Mädchen- und Frauenetage betrachteten sich innerhalb des koedukativen Rahmens abwechselnd als „Außenseiterin, Vorläuferin oder als Alibiprojekt".[3] Sie vermißten innerhalb des Gesamtprogramms die kontinuierliche inhaltliche Auseinandersetzung mit spezifischen Gewalterfahrungen von Mädchen und Frauen bzw. genereller mit Arbeitsansätzen und -inhalten zur Mädchenpädagogik. Anerkennung erlebten sie als „Expertinnen, wie an Mädchen ranzukommen"[4] sei; in ihrer Kompetenz als Fachfrauen für eine konkrete Arbeit mit den Mädchen fühlten sie sich weniger gefragt. (Andererseits muss auch angemerkt werden, dass die Mitarbeiterinnen zu Beginn Bedenken äußerten, ihre Erfahrungen mit einem gemischtgeschlechtlichen Publikum zu diskutieren.)

Eine interessante Facette ist die Überlegung, ob diese Schwierigkeiten in der Kommunikation nicht auch der Tatsache geschuldet sind, dass die anderen Projekte zumindest zu Beginn unter der Hand „Jungenprojekte" waren, ohne dass sie selbst sich als solche bezeichnet hätten.

„Ich habe das Gefühl, es ist nicht die Differenz, wir als Mädcheneinrichtung und da die koedukativen Projekte, sondern wir als Mädcheneinrichtung und da die Jungeneinrichtung, ohne dass die das aber gesagt haben."[5]

Denn dort, wo eine geschlechtsbewußte Sicht zur Jungenarbeit Eingang in den koedukativen Projektalltag fand, kam es in der Folge zwischen Mädchenprojekt und „Jungenprojekt" auch zu konstruktiven Gesprächen.

„Es ist schon vom feeling her anders: Es gibt die kleinen Schritte in der Auseinandersetzung (mit den Jungen, Anm.d.Verf.) und die Art der Selbstreflexion in der praktischen Arbeit, was den Austausch ermöglicht. ... Ich finde die Auseinandersetzung mit den gemischten Projekten spannender, wenn sie unter dem geschlechtsspezifischen Blick geführt würde, gerade auch in diesem präventiven Anti-Gewaltprogramm."[6]

---

3   Abschlußinterview mit den Mitarbeiterinnen am 8.11.1996
4   ebd.
5   ebd.
6   ebd.

Zielgruppen und Zielsetzungen

Die **Zielgruppe**, die von den Angeboten des Modellprojektes erreicht werden sollte, unterschied sich zunächst nicht von der bisherigen Zielgruppe der Etage. Angesprochen werden Mädchen im Alter zwischen 12 und 25 Jahren, Deutsche und Mädchen ohne deutschen Paß. Es ist keine Differenzierung nach sozialer Schicht oder besonderer Benachteiligung vorgesehen, angesprochen werden also Schülerinnen aller Schultypen, Auszubildende, Erwerbstätige und Arbeitslose. Da die Einrichtung stadtteilbezogen arbeitet, richtet sie sich insbesondere an Mädchen aus dem Stadtteil Bockenheim bzw. dessen Nachbarstadtteilen.

Mit den im Rahmen des Jugendaktionsprogramms konzipierten Angeboten und Maßnahmen sollten zwar alle Mädchen angesprochen werden, das Wirkungsfeld sollte sich aber verstärkt auf potentielle Opfer von Gewalt, Fremdenfeindlichkeit und Rassismus beziehen. Aus der bisherigen Arbeit der Etage wußten sie, *„dass, egal um welches inhaltliche Kursangebot es ging, das Thema 'Gewalt' bei den Mädchen ein ständiges Thema war... Dabei geht es sowohl um selbst erfahrene Gewaltsituationen als auch um die Aufarbeitung von durch die Medien bekanntgemachten faschistischen Gewaltexzessen, wie bspw. in Mölln und Rostock"*[7]. Dabei unterlagen sie nicht dem Irrtum, Mädchen seien *„per se die besseren Menschen"*. Deshalb *„soll in dem Projekt auch der Frage nachgegangen werden, inwieweit Mädchen selbst derartige oftmals unbewußte Einstellungen haben und ob sie Jungen mit autoritären rechtsradikalen und rassistischen Einstellungen emotional unterstützen. Dabei steht die Frage nach einer passiven oder gar aktiven MittäterInnenschaft im Vordergrund"*.[8]

In der Praxis nutzten zwei unterschiedliche Altersgruppen die Angebote des Modellprojektes. Die meisten Mädchen waren zwischen 11 und 15 Jahren; deutlich hiervon unterschieden war eine Mädchengruppe im Alter zwischen 16 und 22 Jahren, die hauptsächlich ein Angebot besuchte („Das Eigene und das Fremde", auf das wir später noch ausführlich eingehen werden). Waren es zu Beginn mehrheitlich deutsche Mädchen, so überwogen zum Schluß Migrantinnen als Besucherinnen der Etage, darunter auch viele „schwarze" Mädchen. Ein Grund hierfür ist, dass insbesondere Mädchen aus dem islamischen Kulturkreis von sich aus lieber Mädchenräume nutzen als koedukative Angebote, bzw. ihre Eltern ihnen den Besuch koedukativer Jugendeinrichtungen explizit untersagen. Angesprochen wurden die Mädchen durch Eigenwerbung und durch Kooperation mit anderen Jugendeinrichtungen bzw. Schulen. Die Eigenwerbung geschah durch Flyer, Flugblätter, Veranstaltungskalender und Notizen in der Lokalpresse. Zur Eigen-

---

7   Antrag zum Wettbewerb „Projekte der Jugendarbeit gegen Gewalt, Fremdenfeindlichkeit und Rechtsextremismus", 1994, S. 1
8   *ebd.* S. 2

werbung gehörte auch, dass Mädchen ihre Freundinnen oder Schulkameradinnen mitbrachten. Der zweite Zugang war die Kooperation mit Schulen und Mädchenprojekten.

Gegen Ende der Modellphase nutzten ca. dreißig Mädchen als „Stammbesucherinnen" Angebote und Räume der Mädchen- und Frauenetage, hinzu kamen diejenigen, die nur ein bzw. mehrere Angebote nutzten, aber nicht die gesamte „Infrastruktur" der Mädchen- und Frauenetage.

Die Zielsetzungen des Modellprojektes umfassen zwei Komplexe: zum einen Handlungsstrategien gegen erlebte Gewalt im privaten Nahbereich und im gesellschaftlichen Umfeld zu entwickeln, zum anderen eigene autoritäre und rassistische Vorurteile zu erkennen und zu bearbeiten. Konkretisiert wurden diese Zielsetzungen vor allem in den Angeboten:

- Selbstverteidigung/Selbstbehauptung,
- Zirkusarbeit/Akrobatik,
- „Das Eigene und das Fremde".[9]

Die Mädchen- und Frauenetage hat stringent daran gearbeitet, ihre beabsichtigten Zielsetzungen im Kontext von Gewalt, Fremdenfeindlichkeit und Rassismus in pädagogische Mädchenpraxis umzusetzen. Insbesondere bei den drei großen Angebotskomplexen 'Selbstverteidigung/Selbstbehauptung, Zirkusarbeit/Akrobatik und „Das Eigene und das Fremde"' hat das Modellprojekt neue Wege beschritten. Konstitutiv für die intensive Arbeit mit den Mädchen und jungen Frauen waren zwei zentrale Thematiken: Zum einen wurden konkrete Handlungsstrategien gegen erlebte Gewalt im privaten Nahbereich entwickelt, zum anderen wurde die Frage nach einer (Mit-)Täterinnenschaft gestellt, indem eigene autoritäre, fremdenfeindliche und rassistische Vorurteile hinterfragt, erkannt und bearbeitet wurden. Die Dokumentation dieser Angebote ist im folgenden „Kernstück" des Werkstattberichts über die Arbeit des Modellprojektes der Frankfurter Mädchen- und Frauenetage.

---

9 *Zusätzlich* fand im Rahmen des Modellprojektes ein vielfältiges Beratungsangebot statt: Schulprobleme, Schwierigkeiten im Elternhaus, insbesondere bei den Migrantinnen auch das Problem der frühen Verheiratung, persönliche Fragen zu Liebe und Sexualität, sexueller Mißbrauch und Fragen zu Berufswahl und Berufsfindung. – Weiterhin fanden auch alltagspädagogische Angebote statt: gemeinsame Mädchenfeste, Winterfeiern, Sommerfeste u.ä., spezielle Angebote wie z.B. Trommel- und Maskenbauworkshops sowie Freizeiten außerhalb der Einrichtung.

Die Fähigkeit, Angst in Wut und Entschlossenheit umzuwandeln -
Das Thema Selbstverteidigung/Selbstbehauptung

Die Angebote des Mädchenprojektes zum Themenbereich 'Selbstverteidigung/Selbstbehauptung' stehen einerseits in der „Tradition" feministischer Mädchenarbeit; andererseits wurden neue, darüber hinausgehende Aspekte entwickelt.
   Die Mitarbeiterinnen übertrugen die Konzeption der Selbstbehauptung auch auf die Auseinandersetzung mit fremdenfeindlicher und rassistischer Gewalt. Sie ließen sich z.B. auf die schwierige Gratwanderung ein, die Mädchen zu befähigen, sich offensiv auch gegen sexistische Anmache durch ausländische Jungen zu wehren, dabei aber zugleich mögliche eigene fremdenfeindliche Vorurteile zu hinterfragen, so dass rassistische Momente in diesem Kontext nicht zum Tragen kamen. Selbstbehauptungskurse dienen auch dazu, Mädchen zu ermuntern, sich die ihnen zustehenden öffentlichen Räume zu nehmen und nicht aus Angst vor Belästigungen das Haus nicht zu verlassen. Das Modellprojekt bettete diese Angebote in den Alltag der Mädchen ein. In den meisten Mädchenprojekten bzw. für die meisten Mädchengruppen koedukativer Jugendtreffs sind Selbstverteidigungsangebote einmalige „Events": zeitlich befristete Kurse, Wochenenden, Workshops, oft auch Angebote im Rahmen von Mädchenaktionstagen. Im Gegensatz dazu wurden diese Kurse in der Etage längerfristig konzipiert. So ist es sicher nicht zufällig, dass gerade die Teilnehmerinnen dieser Kurse sich den Raum Mädchenetage am konsequentesten aneigneten und sich in ihm häuslich niederließen, wie es weiter unten das Beispiel des selbstorganisierten gemeinsamen Mittagstisches exemplarisch zeigt.
   Während der Modellphase wurden kontinuierlich zwei Kurse angeboten. Der erste startete zu Projektbeginn im Oktober 1994, der zweite in Kooperation mit einer Gesamtschule im Stadtteil im September 1995.
Beide Kurse verfolgten die gleichen Ziele:

– Auseinandersetzung mit Gefühlen, vor allem mit Angst, Ohnmacht und Beschämung angesichts von als gewalttätig empfundenen Situationen und Erlebnissen;
– Erkennen, dass Übergriffen und Grenzüberschreitungen meist eine Vorfeldsituation vorangeht, *„die es TäterInnen ermöglicht, Gewalt und Macht zu demonstrieren"*[10] und sich der des Opfers zu vergewissern;
– eigene Bedürfnisse und Grenzen wahrzunehmen;
– eigene Grenzen zu setzen und zu verändern;
– Erarbeitung von Konfliktlösungsstrategien.

---

10   *2.* Zwischenbericht der Mädchen- und Frauenetage, 1995, S. 2

Konkret wurden in den beiden Kursen auch Grundtechniken zur körperlichen Selbstverteidigung vermittelt. Dem Konzept der sozialen Selbstverteidigung folgend, impliziert dies sowohl ein nonverbales als auch ein verbales Selbstbehauptungstraining; hierzu werden u.a. Rollenspiele, Wahrnehmungs- und Körperübungen als Methoden eingesetzt. Höhepunkte der Kurse waren, wenn die Mädchen gelernt hatten, Holzbretter mit den Händen zu zerschlagen: *„Die Mädchen konnten die Erfahrung machen, dass es nicht auf die (Muskel)kraft ankommt, sondern auf die Konzentration und die Fähigkeit, Angst in Wut und Entschlossenheit umzuwandeln".*[11] Unterschiede zwischen beiden Kursen ergaben sich aus den anfänglich voneinander abweichenden Gruppengrößen, der Gruppenzusammensetzung und der Tatsache, dass der eine Kurs ein Eigenangebot der Etage war, während der andere während der ersten Monate als Schulveranstaltung in den dortigen Räumen stattfand.

Der erste Kurs 'Selbstverteidigung/Selbstbehauptung' begann im Oktober 1994. Die Mädchen erfuhren von dem Kursangebot durch die Öffentlichkeits- und Werbearbeit zu Beginn des Projektes mittels Infoblättern, Kontakten zu Schulen und Zeitungsanzeigen. Interessant ist, dass Mütter ihre Töchter aufgrund der Anzeige in einer lokalen Tageszeitung zu diesem Kurs anmeldeten. Im ersten Jahr fluktuierte die Teilnehmerinnenzahl; sie lag zwischen der kontinuierlichen Teilnahme von sechs „Stamm-Mädchen" und elf Besucherinnen insgesamt. Nach dem ersten Jahr hat sich eine kontinuierliche Gruppe von elf Mädchen herauskristallisiert, die ab September 1995 regelmäßig das Kursangebot wahrnahm. Die Mädchen waren zwischen 12 und 15 Jahre alt, sie besuchten die Haupt- bzw. Gesamtschulen, der Migrantinnenanteil betrug ca. ein Drittel. Der Kurs fand in den Räumen der Etage statt und es bestand die Möglichkeit, zusätzliche größere Räume in einem benachbarten Jugendzentrum und in einem Frauenselbstverteidigungsverein zu nutzen.

Der eigentliche Kurs umfaßte wöchentlich 1½ Stunden. Zu Beginn kamen die Mädchen nur zu diesem Angebot. Sehr bald schon änderte sich dies. Einige kamen direkt nach der Schule vor Kursbeginn, einige blieben nach den Kursen länger in der Etage. Sie nutzten die Angebote der Räume: Musik hören, lesen, tanzen, die Spielangebote des offenen Bereichs oder Materialien und Möglichkeiten des „Körperraumes"; sie erledigen ihre Hausaufgaben, sie „quatschen" miteinander oder sie wollen sich einfach nur entspannen. Drei Mädchen besuchten außerdem noch ein anderes kontinuierliches Angebot, die Akrobatikkurse.

Eine besondere Attraktion war der Mittagstisch, den acht Mädchen ab August 1995 vor Beginn des eigentlichen Kurses in Eigenregie organisierten. Das gemeinsame Kochen und Essen bot einen ungezwungenen Rahmen, in dem Probleme, Wünsche und Anregungen zur Sprache kommen können, die

---

11 3. Dokumentationsbogen der Wissenschaftlichen Begleitung, 1996

dann im Kurs aufgegriffen und bearbeitet werden. Themen sind hier Verarbeitung des Schulalltags, häusliche Schwierigkeiten, Verliebtsein, Probleme mit der Körperentwicklung in der Pubertät (zu dick, zu dünn, zu groß, zu klein, Menstruation usw.). Gerade die körperorientierten Themen und die damit verbundenen Ambivalenzen rückten auf Wunsch der Mädchen bei wachsender Vertrautheit untereinander ins Zentrum. In den Gesprächen vor dem Kurs und während des Kurses selbst *„waren die Auseinandersetzungen mit Gefühlen wie Wut, Angst, Verletztsein, Trauer, Verliebtsein, sich klein fühlen, sich groß fühlen, ... und die Erkundungen, wie Gefühle das Handeln beeinflussen, ein zentrales Thema".*[12]

Auch explizite und indirekte Gewalterfahrungen wurden im Verlaufe des Kurses zunehmend thematisiert. Sie betrafen sexistische Anmache durch Jungen, diskriminierende Äußerungen direkt gegenüber den Migrantinnen sowie gegenüber deutschen Mädchen, die mit Ausländerinnen befreundet sind, verbale sexistische Übergriffe eines Lehrers und körperliche Gewalt, verbunden mit Raub, zwischen Mädchen der Etage und anderen, fremden Mädchen. Insbesondere das letzte Thema beschäftigte die Mädchen sehr lange, da die gewalttätige Konfrontation zwischen Mädchen unverstehbarer und damit fast bedrohlicher erlebt wurde als die Auseinandersetzungen mit Jungen.

In der Reaktion auf „Anmache" durch ausländische Jungen kamen besonders zu Beginn des Kurses fremdenfeindliche Vorurteile zum Tragen. Es ist ein Erfolg des Projektes, dass solche Reaktionsmuster zunächst erkannt und angesprochen wurden; nur dadurch war es möglich, sie produktiv aufzuarbeiten und Einstellungsänderungen zu bewirken:

„Die Schwierigkeit, nicht rassistisch zu sein, ist bei den von Mädchen erlebten Anmachsituationen durch ausländische Jungs derzeit ein zentrales Thema. Hier gilt es, das Spannungsverhältnis aufzugreifen, das den Mädchen zum einen Handlungsmöglichkeiten bietet, um ihre eigenen Grenzen zu schützen, daneben aber auch eine kritische Auseinandersetzung eigener Reaktionsmuster zuläßt."[13]

Der zweite Kurs Selbstverteidigung/Selbstbehauptung begann im September 1995 in Kooperation mit der Georg-Büchner-Schule, einer Gesamtschule im Stadtteil. Er fand zunächst im Rahmen der Schul-AG-Nachmittage in Räumen der Schule, der Turnhalle, statt. Der Erstkontakt zu dieser Schule entstand aus Gesprächen mit einer Lehrerin. Das Interesse an diesem Kurs war sehr groß, es meldeten sich zwanzig Mädchen, von denen dreizehn das Angebot kontinuierlich nutzten. Nach dem Umzug in die Räume der Etage, auf den wir im folgenden noch eingehen, verblieben acht Mädchen im Alter von 12 bis 15 Jahren als Stammbesucherinnen.

Die Mädchen aus der Schule konnten zunächst nur das konkrete Angebot

---

12   *3. Zwischenbericht der Mädchen- und Frauenetage,* 1996, S. 2
13   *1. Zwischenbericht der Mädchen- und Frauenetage,* 1994, S. 7

'Selbstverteidigung/Selbstbehauptung' nutzen. Da die Turnhalle der Schule nur zu dem Kurstermin zur Verfügung stand, war ein zwangloses Treffen vor bzw. nach dem eigentlichen Kursangebot nicht möglich. Die Mädchen begriffen überdies dieses Angebot offensichtlich mehr als eines der Schule und weniger als eines der Mädchen- und Frauenetage und konnten dementsprechend nicht für eine Teilnahme an den anderen Angeboten und Nutzungsmöglichkeiten des Modellprojektes oder der Etage gewonnen werden.

Diese Situation änderte sich schlagartig, als der Kurs in Absprache mit der Schule in die Räume der Mädchen- und Frauenetage verlegt wurde. Vorangegangen waren regelmäßige Störungen des Kurses durch Jungen und Männer: Schüler versuchten, während der für die Mädchen reservierten Zeiten - einmal pro Woche 1,5 Std.! - in die Trainingshalle zu kommen. Auch der Hausmeister akzeptierte, trotz vorheriger eindeutiger Absprachen mit ihm über die Schulleitung, die ihm bekannt waren, diesen kurzzeitig männerfreien Raum nicht und bestellte just an diesem Nachmittag zweimal hintereinander Handwerker für die Turnhalle. Nach der Verlegung des Angebots in die Etage nutzten auch diese Mädchen die Räume vor und nach dem eigentlichen Kurs: Sie verabreden sich, vorher zu kommen, hören Musik, kochen gelegentlich gemeinsam, erledigen ihre Hausaufgaben oder „nutzen den 'Körperraum' (der Etage) zum Tanzen, Toben und Spielen und erproben ihre Körperlichkeit auf eine lustvolle Art und Weise".[14]

Beide Angebote wurden nach Auslaufen der Modellförderung fortgeführt.

In der Tradition fahrender KünstlerInnen -
Die Angebote 'Zirkusarbeit und Akrobatik'

Auch bei den in der Modellphase öfters variierten Angeboten zu Zirkusarbeit und Akrobatik hat das Modellprojekt neue Akzente gesetzt. Viele Zielsetzungen des Angebots Zirkusarbeit/Akrobatik ähneln denen abenteuer- und erlebnisorientierter Maßnahmen, wie sie zur Zeit in der Jugendarbeit diskutiert werden, in der Ausführung aber knüpft die Mädchen- und Frauenetage an die Tradition der körperorientierten Angebote der Mädchenarbeit an. Wie diese fanden sie hauptsächlich in „geschützten" Mädchenräumen statt, sei es in den Räumen der Etage oder in den Räumen befreundeter Mädchen- und Frauenprojekte, wenn die Akrobatikmädchen dort ihre Auftritte hatten. Mit der Planung und Realisierung auch öffentlichen Auftretens „auf der Straße" ging das Modellprojekt hier aber einen bemerkenswerten

---

14 3. Projektezeitung, 5 Abschlußberichte, 1996. Projekte im Hessischen Jugend-Aktions-Programm; S. 22

Schritt weiter, obwohl nur eine öffentliche Aufführung auf einem zentralen Platz des Stadtteils realisiert werden konnte.

Ein weiterer uns wesentlich erscheinender Aspekt der Akrobatikangebote der Mädchen- und Frauenetage liegt in der Tatsache, dass die Teilnehmerinnen (und auch die anderen Besucherinnen der Etage) die Materialien und Geräte der Akrobatik auch ohne Erwachsene benutzen können. Während die „klassischen" Abenteuer- und Erlebnisangebote aufgrund ihres risikoreichen Charakters - der im übrigen einen Reiz dieser Angebote ausmacht - nur im Beisein Erwachsener genutzt werden können, hatten die Mädchen hier die Chance, zwischen angeleiteten Kursen und Selbsterprobung nach eigenem Gutdünken zu pendeln. Auch Mädchen aus anderen Kursen profitierten von den Materialien und Geräten zur Zirkusarbeit und zur Akrobatik, wenn sie einfach mal so vorbeischauten oder vor bzw. nach den festen Kursterminen die Räume der Etage nutzten. So profitierten mehr Mädchen und junge Frauen von diesem Angebot, als es die während der Modellphase oft schwankenden Teilnehmerinnenzahlen des eigentlichen Kurses auf den ersten Blick vermuten lassen.

Die Angebote zum Themenkomplex Zirkusarbeit/Akrobatik waren seit Beginn Bestandteil des Modellprojektes; sie begannen, wie auch die anderen Kurse, im September bzw. Oktober 1994.

Die speziell an den Bedürfnissen und Fähigkeiten von Mädchen orientierten Zielsetzungen lauten kurz zusammengefaßt:
- „abenteuerliche" Erlebnisse und Bewegungserfahrungen,
- Stärkung der eigenen körperlichen Selbstsicherheit und damit einhergehend auch der psychischen Stabilität,
- Übernahme von Verantwortung für sich und andere.

Diese Zielsetzungen sind, so oder ähnlich formuliert, konstitutiv für viele abenteuer- und bewegungsorientierte Angebote zur Gewaltprävention.

Eine vierte Absicht war:
- Erarbeiten eines kleinen Programms für Aufführungen.

Ursprünglich waren aufwendigere Aktionen und Auftritte, wie z.B. ein Wanderzirkus auf dem Land während der Sommermonate, geplant gewesen. Eine Durchführung erwies sich aber als zu aufwendig und war mit den Ressourcen der „kleinen" Einrichtung Mädchen- und Frauenetage nicht zu realisieren. Die Mitarbeiterinnen entschieden sich deshalb, in der zweiten Modellhälfte mit und für die Mädchen konkret erreichbare Ziele, wie z.B. kleinere Auftritte, vorzubereiten und zu veranstalten.

Das Erlernen verschiedener „Techniken" zur Zirkusarbeit wie Akrobatik, Jonglieren, Kugel-, Seil- und Stelzenlauf sowie Einradfahren erforderte eine intensive Einzelarbeit innerhalb der Kurse. Die Mitarbeiterinnen planten deshalb zunächst, drei verschiedene Kurse mit jeweils wenigen Teilnehmerinnen anzubieten: Akrobatik, Jonglieren und Einradfahren, Kugel- und Seillaufen. Diese Kurse fanden in den Räumen der Etage und in den zur Verfügung stehenden größeren Räumen zweier benachbarter Jugend- und Frauenprojekte statt.

Trotz anfänglich schwankender Teilnehmerinnenzahl konnte sich das Akrobatikangebot zunächst stabilisieren. Diese Gruppe besuchten regelmäßig vier bis acht Teilnehmerinnen, ihr Alter lag zwischen 11 und 15 Jahren, mehr als die Hälfte waren Migrantinnen. Die Akrobatikmädchen traten mehrmals öffentlich auf, teils vor einem Mädchen- und Frauenpublikum, wie z.b. bei Jubiläumsfeiern befreundeter Mädchenprojekte, teils aber auch vor gemischtem Publikum wie bei einem Straßenauftritt auf einem zentralen Platz des Stadtteils, bei dem sie, in der Tradition fahrender KünstlerInnen, auch den Obulus des Publikums einsammelten. Dieser Auftritt war einer der Höhepunkte des Kurses:

„Das von den Mädchen spontan zusammengestellte Straßenprogramm: Fragmente der erlernten Akrobatikkunststücke wurden kombiniert mit Diaboloeinlagen, und eines der Mädchen lief auf der großen Laufkugel. Das Programm kam bei dem Laufpublikum, das spontan stehenblieb, sehr gut an. Diese Wirkung machte die Künstlerinnen immer sicherer und mutiger, so dass sie ihre Vorführung nach einer kurzen Verschnaufpause ein zweites Mal vorführten. Von den abschließenden Einnahmen konnte die Mädchengruppe Eisessen gehen."[15]

Als „halböffentlich" können die beiden Schlittschuhausflüge in die Eissporthalle im Frühjahr 1996 bezeichnet werden, denen sich auch Teilnehmerinnen anderer Angebote der Etage anschlossen. Die Mädchen erprobten ihre akrobatischen Kunststücke auf dem Eis, auch vor und mit einem geschlechtsgemischten Publikum. Die Teilnahme von Jungen bei einem Fangspiel auf dem Eis war für die Mädchen nach Meinung der Pädagoginnen eine interessante und prickelnde Erfahrung.

Die beiden Kurse „Jonglieren" und „Einradfahren, Kugel- und Seillaufen" wurden nicht so gut angenommen. Zwar beteiligten sich vier bis sechs bzw. zwei bis vier Mädchen, aber es bildete sich keine kontinuierliche Gruppe, so dass die beiden Angebote Ende Januar 1995 vorläufig eingestellt wurden, bis im Mai desselben Jahres eine kleine Gruppe neu zu einem kontinuierlichen Angebot „Zirkusarbeit: Jonglieren, Kugel-, Seil- und Stelzenlauf" gebildet wurde.

Vorangegangen waren zwei mehrtägige Workshops zu „Seilbau" (3 Tage Ende Dezember 1994) und „Stelzenbau" (2 Tage März/April 1995), mit denen „Stamm-Mädchen" der Etage und deren Freundinnen für zirkuspädagogische Angebote gewonnen werden sollten. Die Mädchen erstellten eine Seilkonstruktion für Straßenauftritte und fertigten ihre eigenen Stelzenpaare. Gleichzeitig erlernten sie die hierfür notwendigen handwerk-

---

15 2. Zwischenbericht der Mädchen- und Frauenetage, 1995, S. 6

lichen Fähigkeiten und erhielten so einen anderen Bezug zu ihren Arbeitsmaterialien. Der neue Kurs fand als regelmäßiges Angebot dann bis Februar 1996 statt, kontinuierlich kamen aber nur drei Mädchen. Als im Winter 1995/1996 auch die Arbeit im Akrobatikkurs durch von Woche zu Woche fluktuierende Teilnehmerinnenzahlen erschwert wurde, entschlossen sich die Pädagoginnen, diesen Kurs mit dem Akrobatikkurs zusammenzulegen.

Obwohl dieser „neue" Akrobatik-/Zirkuskurs mit einem fulminanten Akrobatikauftritt anläßlich der 10-Jahres-Feier des Frankfurter Mädchenhauses im Juni 1996 noch einen „Erfolg" für sich verbuchen konnte, löste er sich kurz danach auf. Das Abbröckeln des Kurses kann auch der Tatsache geschuldet sein, dass die Leiterin des Kurses ankündigte, mit dem Ende der Modell-Laufzeit im Dezember 1996 ihre direkte kontinuierliche praktische Arbeit mit Mädchen einzustellen, und die Mädchen auf diese Weise den Abschied „heimlich" bereits vorwegnahmen.

Vorurteil, Angst, Sehnsucht nach Vertrautem und Sicherem -
Die Thematik „Das Eigene und das Fremde"

Ein spezifisches Angebot des Modellprojektes waren die Kurse und Einzelmaßnahmen im Kontext von „Das Eigene und das Fremde". Anliegen aller Aktivitäten war es, mögliche Ursachen für fremdenfeindliche und rassistische Einstellungen zu thematisieren und begreifbar werden zu lassen. Ziel war, eigene Anteile zu erkennen, einzuordnen und Möglichkeiten zur Veränderung vorsichtig aufzuzeigen. Die zentralen Fragestellungen lauteten: Was ist mir zu eigen, was empfinde ich als vertraut? Was ist mir fremd und ungewohnt? Welche Gefühle lösen die Erfahrungen von Vertrautem und Fremdem bei mir aus und wie reagiere ich darauf?

Zu diesen Fragestellungen wurde mit vielfältigen Methoden experimentiert: Rollenspiele, Theater, Erstellen von Videofilmen, das Hören und Spielen anderer, „fremder" Musik, Besuch in Völkerkundemuseen, der Besuch der Ausstellung „Dialog im Dunkeln", Maskenbauworkshops, Körperübungen, um nur die wichtigsten zu nennen. Die Mädchen und jungen Frauen erlebten hierbei im geschützten Rahmen der Gruppe Situationen, in denen sie plötzlich die jeweils andere, unvertraute, fremde Person repräsentierten, und hatten hierdurch die Chance zu erkennen, dass und wie ihr jeweiliges Bild von der Fremden konditioniert ist. Die Leiterinnen der Angebote diffamierten weder die Sehnsucht nach Sicherheit bzw. dem Vertrauten noch die Ablehnung des Ungewohnten und Fremden. Ihr Anliegen war, „die Ängste und Unsicherheit vor dem Fremden" soweit bewußt zu machen, dass sie nicht in „Gewalt gegen die Fremden" umschlugen. - Dieser Ansatz, eigene (Vor-)Urteile und die damit verbundenen, als positiv oder negativ erlebten Gefühle zu erkennen und sich bewußt zu machen, sollte unseres Erachtens in zukünftige gewaltpräventive Programme integriert werden.

Ebenso wie bei den Methoden experimentierten die Mitarbeiterinnen auch bei den Angebotsformen. In den ersten Projektmonaten wurde ein Kurs „Gestaltarbeit" angeboten, in dem zunächst eher allgemein mit verschiedenen Methoden (Tonarbeiten, Malen, Phantasiereisen) versucht wurde, sich dem Thema „Vorurteile gegenüber Fremden" gefühlsmäßig anzunähern. Aufgrund des Ausscheidens der Kursleiterin (Auslaufen einer AB-Maßnahme bzw. fehlende Mittel für die Verlängerung) konnte sich dieser Kurs nicht festigen und wurde Ende 1995 bereits wieder beendet.

Präziser wurde die Thematik „Das Eigene und das Fremde" in den ersten Projektwochen während eines dreitägigen Theater-Workshops „Körpersprache und Rassismus" aufgegriffen. Im Kursbericht wird hierzu ausgeführt:

„Die mit den Mädchen durchgeführten Rollen- und Körperspiele wurden auf dem Hintergrund alltäglicher Konfliktsituationen von Migrantinnen, einheimischen und ausländischen Jugendlichen aufgebaut. Dieser Ansatz ermöglicht den Mädchen einen unmittelbaren Bezug zwischen Spiel und schon selbst erlebten bzw. beobachteten Situationen auf der Straße, in der Schule, in Geschäften, Institutionen, etc. Die Tatsache, dass dieser Kurs von einer Afrodeutschen - einer 'schwarzen' Frau - geleitet wurde, ermöglichte gerade den Migrantinnen unter den Mädchen einen unmittelbaren Zugang zu dieser Thematik."[16]

Diese afrodeutsche Honorarkraft war in der Folge auch weiterhin bei Einzelmaßnahmen tätig, die im Rahmen des seit Januar 1995 stattfindenden Angebots „Das Eigene und das Fremde" durchgeführt wurden.

Während der gesamten Modellphase war die Auseinandersetzung mit eigenen Vorurteilen gegenüber dem Fremden bzw. „den Ausländern" in vielen Einzelaktivitäten und Freizeiten Thema. So wurden z.B. während eines zweitägigen Maskenworkshops (Januar 1996) utopische und futuristische Masken angefertigt, die explizit nicht einer festgelegten „Physiognomie" entsprechen sollten. Anschließend wurde eine intergalaktische Reise gespielt, auf der es zu Begegnungen mit dem „Fremden" kam. Ein anderes Beispiel ist die erste Ferienfreizeit des Modellprojektes im Herbst 1994 außerhalb Frankfurts, in der es anhand so geläufiger Begriffe wie Schwarzfahren, Schwarzmarkt oder schwarze Magie um die Vorurteile der „Weißen" gegenüber dem „Schwarzen" ging.[17]

„Herzstück" der Auseinandersetzung mit eigenen Vorurteilen aber war das seit Januar 1995 stattfindende wöchentliche Kursangebot „Das Eigene und das Fremde". Auch dieses Angebot stand zu Beginn vor der Aufgabe, mit fluktuierenden Teilnehmerinnenzahlen umgehen zu müssen, bis sich eine

---

16 *1. Zwischenbericht der Mädchen- und Frauenetage*, 1994, S. 11
17 *Ein* ausführlicher Bericht hierzu ist in der 2. Projektezeitung „5 Berichte. Projekte im Hessischen Jugend-Aktions-Programm", 1995, S. 18 ff, erschienen.

feste Stammgruppe herauskristallisierte. Sie bildete sich im Herbst 1995 im Vorfeld einer Bildungsfreizeit in Amsterdam. Diese Mädchen waren deutlich älter als die Teilnehmerinnen der anderen Kurse des Modellprojektes, ihr Alter lag zwischen 16 und 22 Jahren. Insgesamt nutzten bis zu zehn Mädchen die wöchentlichen Angebote.

An der einwöchigen Bildungsfreizeit in Amsterdam in den Herbstferien 1995 nahmen insgesamt 14 Mädchen teil. Das Modellprojekt kooperierte hierzu mit zwei Mädchenprojekten, der Mädchen-/Frauengruppe des Café Exzeß, einem weiteren selbstverwalteten Jugendzentrum im Stadtteil und dem IB-Mädchentreff aus dem Nachbarstadtteil Gallus. Während die Exzeß-Mädchen überwiegend deutsche „Punkerinnen" waren, bestand die Mädchengruppe aus dem Gallus hauptsächlich aus Migrantinnen, darunter auch „schwarzen" Mädchen. Schwerpunkte der Amsterdamfahrt waren:

- Aufarbeiten der nationalsozialistischen Vergangenheit; hierzu diente der Besuch des Anne-Frank-Hauses mit einführendem Vortrag und eine Diskussion mit einer jüdischen Widerstandskämpferin, in der auch Bezüge zu gegenwärtigen fremdenfeindlichen Ausschreitungen hergestellt wurden;
- Auseinandersetzung mit (weiblichen) multikulturellen Identitäten; hierzu gab es verschiedene Aktivitäten: gemeinsamer Besuch des Tropenmuseums, bei dem die Migrantinnen den Deutschen ihre „Heimat"-Länder zeigten, Vorträge zur afroeuropäischen Geschichte, Rundgang durch das Surinam-Viertel und Besuch eines surinamesischen Mädchenzentrums.

Wegen ihrer Bedeutung für die Weiterentwicklung des Kurses wollen wir diese Bildungsmaßnahme hier ausführlicher dokumentieren.

An der Freizeit nahmen, wie bereits erwähnt, zwei unterschiedliche Gruppen teil, die sich erst im Vorfeld der geplanten Amsterdamfahrt näher kennenlernten: die deutschen „Exzeß-Mädchen", die durch ein eher „freakiges" Aussehen auffielen, und die multikulturell zusammengesetzte Mädchengruppe aus dem Gallus, die sich eher einem traditionelleren weiblichen Schönheitsideal verpflichtet fühlte. Zur Vorbereitung der inhaltlichen Thematik, aber auch zur Förderung eines gemeinsamen Gruppenprozesses, bereiteten die Betreuerinnen die Bildungsfreizeit sorgfältig vor: *„Uns war es wichtig, dass alle Teilnehmerinnen gleich welcher Nationalität gemeinsame Erfahrungen von Fremdheit und eventuellen Ängsten vor Fremden/Unbekanntem wahrnehmen und diese bei einem gleichen Erfahrungsstand selbstkritisch reflektieren."*[18]

Zunächst besuchten sie die in Frankfurt gastierende Ausstellung „Dialog im Dunkeln" inkl. des dort angebotenen „Dinner in the dark". Die Ausstel-

---

18   3. Dokumentationsbogen der Wissenschaftlichen Begleitung, 1996

lung war eine Installation zur Reflexion der Erlebniswelt blinder Menschen. Sehende mußten sich plötzlich in einer anderen, dunklen Welt zurechtfinden, einschließlich eines Essens im Finstern. Die Mädchen erfuhren hautnah die Verunsicherungen, Ängste und auch die neuen Empfindungen, wenn sie sich in einer ihnen völlig neuen, im wahrsten Sinne des Wortes undurchsichtigen Welt zurechtfinden müssen. *„Alle Teilnehmerinnen haben die für sie unbekannte Welt der Blinden in kurzen Alltagsansätzen kennengelernt und sich anschließend ihre Unsicherheiten gegenseitig mitgeteilt."*[19]

Als zweites besuchte die Gruppe gemeinsam die Ausstellung „Fremde" im Frankfurter Völkerkundemuseum. Ziel dieser Ausstellung war es, zu vermitteln, dass jeder Mensch sich sein Bild von „dem Fremden" je nach Situation selbst konstruiert und dass umgekehrt das uns Vertraute aus der „Fremde" kommt. Die Mitarbeiterinnen beschreiben eine typische Szene dieses Besuches: *„Wir sitzen in einem eigentlich so typisch deutschen Wohnzimmer, doch nach genauerem Hinsehen stellen wir fest, dass alle Gegenstände dieses Zimmers nicht aus Deutschland stammen, z.B. der Fernseher aus Taiwan, die Möbel aus Dänemark, die Ananas aus Brasilien usw..."*[20]

Die Auseinandersetzung mit dem Fremden prägte dann auch den Aufenthalt in Amsterdam. Herausragende Stationen waren ein Besuch im Amsterdamer Tropenmuseum, der Besuch eines surinamesischen Mädchenzentrums sowie eines Mädchentreffs, der überwiegend von marokkanischen Mädchen besucht wird.

Das Tropenmuseum will einen Einblick in den Alltag anderer Kulturen vermitteln. Die Migrantinnen in der Gruppe waren zunächst skeptisch und absolvierten den Museumsbesuch als Pflichtprogramm. Erst allmählich erkannten sie in vielen Details ihre „Heimat", die sie, die Fremden in Deutschland, den deutschen Mädchen zeigen und erklären konnten:

„Eine Eriträerin berichtete, dass ihr Großvater genau auf einer solchen Liege aus einem Holzgeflecht, wie sie hier zu sehen war, immer noch schläft. Sofort legten sich einige auf diese Liege und ließen sich fotografieren. Die Frau aus Ghana führte uns zu einer Fotowand; dort zeigte sie uns wichtige Persönlichkeiten aus Ghana, die auf den Fotos abgebildet waren. Die Türkinnen erklärten uns im türkischen Teil des Museums die Szenen einer türkischen Hochzeit, die z.T. auf lebensgroßen Fotos und z.T. mit Gebrauchsgegenständen wie Tisch mit kleinen Stühlen und Teegeschirr dargestellt waren."[21]

Die Besuche der beiden Mädchenzentren intensivierten die Auseinandersetzungen mit dem Fremden. Besonders traf dies für den Aufenthalt im surinamesischen Mädchentreff zu. Diese Einrichtung liegt in einem Randgebiet Amsterdams, in dem überwiegend Menschen aus Surinam, den Mo-

---

19 ebd.
20 ebd.
21 ebd.

lukken, den Antillen sowie aus Marokko leben. Als die Gruppe aus der Metro ans Tageslicht kam, befand sie sich, mitten in den europäischen Niederlanden, im „schwarzen Ghetto" - eine insbesondere für die deutschen Mädchen be„fremd"liche Erfahrung.

Der zweite Schwerpunkt der Bildungsfreizeit galt der Auseinandersetzung mit der nationalsozialistischen Vergangenheit. Im Gespräch mit einer Überlebenden des Holocaust, einer jüdischen Widerstandskämpferin, wurden Parallelen zu gegenwärtigen rassistischen Tendenzen hergestellt:

„Die jungen Frauen diskutierten die systematische Hetze gegen die Juden während der Nazizeit und die Schritt für Schritt vorangegangene Ausgrenzung. Wir fragten sie, inwieweit sie solche Mechanismen heute kennen und ob sie selbst schon solche erfahren hätten. Eine junge Frau, N., sah die Vereinigung von Ost und West als den ausschlaggebenden Grund für die wachsende AusländerInnenfeindlichkeit (Solingen, Rostock). Aufgrund dieser Ansicht stellten wir Betreuerinnen weitere Fragen: Gab es vor der Wiedervereinigung keine Anschläge gegen 'Fremde'? Welche Rolle spielt heute die Macht der Medien? Welche Rolle spielt die Macht der eigenen Gewöhnung an solche Meldungen? Schließlich erzählten die 'nicht-deutschen' Teilnehmerinnen von ihren Alltagserfahrungen. N. (eine Ghanaerin) berichtete, dass sie am Vortag von einem Mann als 'Nazi' beschimpft worden sei, nachdem sie gesagt habe, dass sie aus Deutschland käme. Andere berichteten von ihren Erfahrungen bei der Wohnungssuche: Das Nennen ihrer Namen (klingt alles so fremdländisch...) reichte zumeist schon aus, um beleidigende und rassistische Kommentare anhören zu müssen."[22]

In dieser Diskussion waren die Migrantinnen sehr präsent, die deutschen Mädchen dagegen eher verschlossen. Dies ist um so bemerkenswerter, als gerade diese „Exzeß-Mädchen" sich in Frankfurt politisch antirassistisch engagierten. Vielleicht hat sie, angesichts einer überlebenden Zeitzeugin, die Täter-Opfer-Debatte, in der gerade linke Deutsche sich als die Täter-Nachkommen sehen, eingeholt und verstummen lassen.

Die in Holland gewonnenen Erfahrungen blieben in der Folge Thema des Kursangebotes „Das Eigene und das Fremde". Zusätzlich zu dem festen Kursnachmittag in der Etage fanden in der Folge Nachbereitungstreffen mit den Teilnehmerinnen der Bildungsfreizeit statt; einschließlich eines Video-Workshops zur Sichtung und Aufbereitung des Filmmaterials, welches die Mädchen während des Aufenthaltes in Amsterdam gedreht hatten. Der Workshop war zwar erst der Beginn eines mühseligen Prozesses, den Film fertigzustellen, die endgültige Vollendung im Sommer 1996 war dann allerdings ein „Highlight". Vertieft wurden die in Amsterdam gewonnenen Erfahrungen in zwei Theaterworkshops im Frühjahr (7-tägig) und Sommer 1996 (12-tägig), die außerhalb Frankfurts als Bildungsfreizeiten durchgeführt wurden. Ziele waren, erstens „ein Theaterstück zu entwickeln und zu inszenieren, das den thematischen Strang: Fremdenfeindlichkeit, (Vor-)Urteile,

---

22   3. Projektezeitung, 5 Abschlußberichte, a.a.O., S. 23

Gewalt und Angst, das Eigene und das Fremde bearbeitet"[23] und zweitens eine Verknüpfung vieler der im Modellprojekt und in der Etage angewendeten Methoden. So wurden Anteile der Selbstbehauptung/ Selbstverteidigung, der Zirkusarbeit und der Körperarbeit (Körpersprache, Psychodrama) eingearbeitet.

Der Sommerworkshop bildete zugleich auch den Abschluß des Kurses im Rahmen des Jugendaktionsprogramms. Da die Mitarbeiterin im Modellprojekt die kontinuierliche praktische Arbeit mit Mädchen mit dem Ende der Modell-Laufzeit nicht mehr selbst anbietet, hat die Etage dieses Angebot seit der Sommerpause als eigenes fortgeführt. Die Thematik „Das Eigene und das Fremde" ist Bestandteil im offenen Angebot des „black monday", den die afrodeutsche Mitarbeiterin zusammen mit der zweiten Mitarbeiterin der Etage kontinuierlich durchführt. Die „Übergabe" der Gruppe in ein weiterführendes Angebot nach Auslaufen der Modellfinanzierung ist hier geglückt.

Von zentraler Bedeutung für die Mädchenarbeit: eigene Räume

Explizites Anliegen der Mädchen- und Frauenetage ist es, Mädchen und jungen Frauen überhaupt Räume und damit verbunden, neue Erfahrungsmöglichkeiten zu erschließen. Während des Modellprojektes standen die (Erlebnis-)Räume innerhalb der Einrichtung selbst bzw. in den vom Modellprojekt genutzten Räumen im Zentrum. Die Hoffnungen und Wünsche, mit lauten, bunten sowie spektakulären Aktionen öffentliche Räume für Mädchen zu erobern, erfüllten sich nur punktuell (z.B. in Form der Akrobatikauftritte oder der Freizeiten außerhalb Frankfurts).

Neben den kontinuierlichen Kurs- und Gruppenangeboten war geplant, einen „offenen Bereich" in Form eines „Mädchencafés" anzubieten. Hier sollten die Mädchen „einfach nur so" vorbeikommen können: Musik hören, lesen, Hausaufgaben erledigen, die Materialien zur Zirkusarbeit ausprobieren, rumtoben oder sich mit Freundinnen treffen. Wenn sie wollten, stünde ihnen eine erwachsene Ansprechpartnerin zur Verfügung, sei es, um Probleme zu klären, sei es, um einfach nur mit ihr zu reden. Es ist interessant, dass die Mädchen und jungen Frauen dieses Angebot extensiv nutzen – nur anders, als von den Pädagoginnen zunächst beabsichtigt. Während der organisierte Mädchencafé-Nachmittag kaum Anklang fand, kommen viele Mädchen „um die Kurse und Maßnahmen herum", indem sie zum Teil erheblich früher die Etage aufsuchen bzw. nach dem Kurs länger bleiben. Ein hervorragendes Beispiel hierzu ist der gemeinsame selbstorganisierte Mittagstisch, wie weiter oben bereits dargestellt. Es scheint, dass Mädchen einen „Anlaß" benötigen, um Räume in der Folge auch nebenher nutzen zu

---

[23] 4. Zwischenbericht der Mädchen- und Frauenetage, 1996, S. 3

können. Aus einigen Aussagen von Mädchen wurde zudem deutlich, dass auch die Mütter und Väter einem Besuch der Mädchenräume wohlwollender gegenüberstehen, wenn dort etwas „Konkretes" angeboten wird.

Die Räume in der Etage sind ausschließlich Mädchen und jungen Frauen vorbehalten. Sie „gehören" ihnen, sie sind nicht Gästinnen für bestimmte Stunden oder Tage. Wie unterschiedlich Mädchen eigene Orte im Gegensatz zu „geliehenen" Räumen erleben können, ist in einem Bericht über den in Kooperation mit einer Gesamtschule konzipierten Selbstverteidigungskurs geschildert, den wir hier wegen seiner Relevanz für die Forderung nach mädcheneigenen Räumen abschließend zitieren möchten.

Vor Beginn des Kurses hatte die Kursleiterin der Etage die Rahmenbedingungen mit der Kooperationspartnerin und den Mädchen geklärt:

- „Die zur Verfügung stehende Trainingshalle wird während des Kurses ausschließlich von den Teilnehmerinnen genutzt. D.h. dieser Raum kann auch kein Durchgangsraum sein.
- Die Halle muss während der Trainingszeit abschließbar sein."[24]

Diese Vereinbarung stieß bei den Mädchen „auf große Zustimmung, insbesondere bei einer muslimischen Teilnehmerin, die daraufhin überlegte, ihr Kopftuch während des Trainings abzusetzen, was sie sonst während des Schulunterrichts nie tat."

Die Turnhalle der Schule verfügt auf den ersten Blick über mehr raumgreifende Potentiale als die vergleichsweise quadratmetermäßig kleinen Räume in der Etage. Paradoxerweise erlebten die Mädchen gerade die Größe des Raumes, verbunden mit den Erfahrungen im schulischen Alltag, als einengendes Moment.

„Während der ersten Kurswochen konnte ich beobachten, dass die Größe und die Atmosphäre des Raumes die Mädchen stark beeinflußte. Es bereitete ihnen sichtlich Schwierigkeiten, in der großen Halle einen persönlichen Raum zu finden. Die Halle war ihnen zu 'eng'. Mit dem Raum waren zu viele inhaltliche und subjektive Festschreibungen verbunden, die sich aus den dort stattfindenden schulischen Angeboten und Erfahrungen ergeben. Dass hier etwas Anderes, Neues möglich sein könnte, das den Mädchen mehr Raum gibt, als sie aus dem Schulalltag kennen, ist für sie schwer vorstellbar. Das meint nicht, dass alle Angebote im Rahmen des Schulsports und der Schule insgesamt per se negativ sein müssen. Nein. Aber es erfordert von mir als außerschulischer Mitarbeiterin in der Zusammenarbeit mit den Mädchen zunächst eine Überwindung der mit alten Erfahrungen verknüpften Verhaltensmuster."

Nach regelmäßigen Störungen durch Jungen und durch den Hausmeister wurde der Kurs in Absprache mit der Schule in die Räume der Etage verlegt. Die Mädchen waren vorher gefragt worden und begrüßten den Raumwechsel. Es zeigten sich bald positive Auswirkungen:

---

24 Diese und die folgenden Zitate sind der 3. Projektezeitung, 5 Abschlußberichte, a.a.O., S. 20-22, entnommen.

„Die Mädchen kommen einige Zeit vor Kursbeginn, da sie hier die Möglichkeit haben, die Räumlichkeiten einschließlich der Küche eigenständig zu nutzen. Sie treffen sich, um gemeinsam zu kochen, Hausaufgaben zu machen, Musik zu hören oder den 'Körperraum' zum Tanzen, Toben und zum Spielen zu nutzen; sie erproben ihre Körperlichkeit auf eine lustvolle Art und Weise." (Vorher kamen die Mädchen nur zum eigentlichen Kurs.)
„Die Atmosphäre in dem Kurs selbst ist konzentrierter, die Mädchen ergreifen wesentlich öfter die Möglichkeit, aus ihren eigenen Erfahrungen mit struktureller und sexueller Gewalt zu berichten.
Während in der Turnhalle primär die körperlichen Techniken der Selbstverteidigung von den Mädchen gefragt waren, sowie Spiele aus dem Sportunterricht (Handball, Volleyball, Fußball), verschob sich das Interesse der Mädchen in der 'Etage' auf Rollenspiele und Wahrnehmungsübungen."

Die Kursleiterin selbst würdigte die raumerweiternden Möglichkeiten in den mädcheneigenen Räumen der Etage:

„Diesen Raumwechsel interpretiere ich ... als raumerweiternd, indem sich die Mädchen zunehmend von Orientierungs- und Verhaltensmustern, die auch dem Bereich Schule zuzuordnen sind, lösen. In der 'Etage' erfahren sie eine Atmosphäre, die Mädchen und Frauen in den Mittelpunkt stellt und die dazu ermuntert, ein 'Mehr' und 'Öfter' zu fordern, weil sie bereits einen Teil dieser Freiräume haben und damit andere, für sie sehr positive Erfahrungen machen konnten."

Weiterführung der Arbeit nach Auslaufen des Modellprojektes

Die Mittel des Hessischen Jugendaktionsprogramm ermöglichten den Ausbau (und teilweise auch den Aufbau) der Mädchen- und Frauenetage. Dies hat „Tradition" in der Mädchenarbeit. Viele eigenständige Mädchenprojekte entstanden oder festigten sich zunächst im Rahmen von Modellen bzw. Programmen des Bundes und der Länder, oftmals, wie auch das Modellprojekt der Mädchen- und Frauenetage, als einziges Mädchenprojekt im Rahmen eines ansonsten koedukativen Modellprogramms. Diese koedukativ ausgerichteten Modellprogramme orientieren sich implizit zu weiten Teilen noch immer an den Themen und Bedürfnissen von Jungen. Die Mädchenprojekte nutzten und nutzen die jeweiligen Programme, um überhaupt „einen Fuß in die Tür" zu bekommen. Die Folge ist, dass sie mit ihren an den Themen und Bedürfnissen von Mädchen ausgerichteten Angeboten scheinbar nur teilweise ins Programm „passen". So wurden die Mitarbeiterinnen der Mädchen- und Frauenetage wiederholt auf die „fehlenden" gewalttätigen oder rechten Mädchen angesprochen, wobei die FragerInnen offenbar nicht realisierten, dass der Ansatz dieses Modellprojektes sich wesentlich auf die Gewaltprävention bezog.

Im Verlaufe des Modellprojektes wurden sowohl diese gewaltpräventiven Aspekte als auch die Arbeit der Mädchen- und Frauenetage ausgebaut. Insgesamt haben sich während der Modell-Laufzeit die personellen Ressourcen (unter Einschluß aller Honorarmitarbeiterinnen) der Etage mehr als verdoppelt, und die sachliche Ausstattung wurde wesentlich verbessert. Die Etage ging in der direkten Arbeit mit und für Mädchen eine Vielzahl von Kooperationen mit anderen (Mädchen)einrichtungen ein und vernetzte sich dadurch mit anderen lokalen und überregionalen Mädchenprojekten sowie Stadtteilinitiativen.

Ein Ergebnis ist, dass sich mit Hilfe des Modellprojektes die Mädchen- und Frauenetage als ein weiteres Mädchenprojekt in Hessen „etablieren" konnte. „Etabliert" zwar nicht im Sinne einer bereits erreichten finanziellen Absicherung, sondern indem jetzt eine Basis vorhanden ist, die begonnene Arbeit (teilweise) fortzuführen und neue Finanzierungsquellen zu erschließen.

Den Mitarbeiterinnen des Modellprojektes ist es gelungen, wichtige Teile ihrer Arbeit im Hessischen Jugendaktionsprogramm in die „Regelarbeit" der Etage zu integrieren:

1. Die Thematik „Das Eigene und das Fremde" wird im Rahmen eines offenen Angebots und durch Bildungsfreizeiten. fortgeführt. Diese werden von Mitarbeiterinnen der Etage bereits seit Sommer 1996 in Eigenregie angeboten.
2. Die gewaltpräventiven Selbstbehauptungs-/Selbstverteidigungskurse werden von der bisherigen Modellmitarbeiterin im Rahmen eines Honorar-/Werkvertrags weitergeführt.[25]

Mädchenarbeit wird heute zumindest nicht mehr explizit in Frage gestellt. Trotz dieser Akzeptanz profitieren Mädchen und junge Frauen aber immer noch signifikant weniger als Jungen von den Angeboten der Jugendhilfe, da Veränderungen auch im Jugendhilfebereich eine gewisse Zeit benötigen. Unter dem Gesichtspunkt „Mädchenförderung" werden eigenständige Mädchenprojekte also auch in Zukunft auf eine (Anschub-) Förderung durch Modellprogramme angewiesen sein.

---

25 Die von uns hier im Werkstattbericht nicht näher ausgeführten notwendigen Vernetzungs- und Koordinationsaufgaben hat eine Mitarbeiterin des Jugendaktionsprogramms nach der Modellphase ehrenamtlich übernommen.

Anhang: **Das Modellprojekt der Mädchen- und Frauenetage in Frankfurt/Main**
- Die Rahmenbedingungen im Überblick -

Träger	Mädchen- und Frauenetage e.V., Vereinsgründung 1992, Anerkennung als Träger der Jugendhilfe 1994
Projektort	Frankfurt am Main, citynaher Stadtteil Bockenheim
Einzugsgebiet	Stadtteil, benachbarter Stadtteil, Innenstadt
Mitarbeiterinnen	– Zwei Sozialarbeiterinnen/Sozialpädagoginnen mit folgenden Vor- und Zusatzqualifikationen: -Selbstverteidigungstrainerin, Teilausbildung zur biologischen Gärtnerin; Auslandsaufenthalt in Afrika, -Erfahrung in Selbstverteidigung, in Zirkusarbeit, in Nähen und textilem Gestalten Beide Pädagoginnen sind Deutsche. – Honorarkräfte für Einzelmaßnahmen und -angebote: Musikpädagogin, Theaterpädagogin, Videofachfrau, Kunstpädagogin, Fachfrauen für Ökotechnik und Gestaltarbeit.
Räume	Mitnutzung der Räume des Vereins Mädchen- und Frauenetage: 150 qm großes Erdgeschoß einer ehemaligen Schule mit großem Aufenthaltsraum inkl. Küche und Cafébereich, 2 Gruppenräumen, 1 Büro-/Besprechungszimmer, kleine Werkstatt mit Ökolabor, kleiner Garten. In den übrigen Etagen befindet sich ein koedukatives (selbstverwaltetes) Jugendzentrum. Beide Einrichtungen haben jeweils eigene Eingänge.
Weitere personelle und sachliche Ressourcen	– punktuelle Mitarbeit der beiden hauptamtlichen Pädagoginnen des Trägervereins – zwei größere Übungs- und Trainingsräume (120 qm/55 qm) in zwei benachbarten Frauen- bzw. Jugendeinrichtungen – Drittmittelakquisition für Bildungs- und Freizeitmaßnahmen (Anträge bei Stiftungen)

85

4. Genutzte „Auszeit" - Zum Abbau von Gewalt und Fremdenfeindlichkeit durch Sport und Bewegung in Kooperation von Jugendhilfe, Schule und Sportverein - (Modellprojekt der Sportjugend Hessen im Landessportbund Hessen e.V., Frankfurt)

Rahmen- und Startbedingungen

Das Modellprojekt „Auszeit" der Sportjugend Hessen ist im Landkreis Groß-Gerau/Südhessen angesiedelt, einem Landkreis, in dem der Träger bislang noch nicht mit eigenen Angeboten im Jugendhilfebereich vertreten war. Es konzentrierte seine praktischen Aktivitäten vor allem auf zwei Standorte, Rüsselsheim und Riedstadt-Crumstadt.

Rüsselsheim liegt am linken Untermainufer und besitzt rund 60.000 EinwohnerInnen bei einem AusländerInnenanteil von 26,2%. Die Arbeitslosenquote liegt in Rüsselsheim bei 7,8%, wovon vor allem gewerbliche ArbeitnehmerInnen betroffen sind. Unter jungen ArbeitnehmerInnen im Alter bis zu 25 Jahren sind 14,4% und damit doppelt so viele arbeitslos wie in der gesamten Erwerbsbevölkerung Rüsselsheims. Von 1991 bis 1995 hat die Adam Opel AG rund 6.200 Arbeitsplätze in ihrem Rüsselsheimer Werk abgebaut. Von diesem Abbau war der Produktionsbereich im Gegensatz zum Angestelltenbereich besonders stark betroffen. Diese Tendenz im größten Rüsselsheimer Betrieb und die bereits jetzt hohe Arbeitslosigkeit unter ArbeiterInnen verweist auf einen Strukturwandel der Stadt zu Lasten der IndustriearbeiterInnenschaft.

Die Böllenseesiedlung, in der das Modellprojekt schwerpunktmäßig arbeitete, wurde vor ca. 50 Jahren erbaut; sie liegt zwischen großen Durchgangsstraßen und der Autobahn; in der Siedlung leben rund 4.000 EinwohnerInnen. Am Rande der Siedlung liegt die Alzeyer Straße, in der sich mehrere Opelwohnheime und ein Flüchtlingswohnheim befinden. In dieser Straße wohnen ca. 1.500 Menschen, der AusländerInnenanteil ist mit 90% extrem hoch; es handelt sich fast durchgängig um Angehörige des islamischen Kulturkreises. Die Böllenseesiedlung und auch die Alzeyer Straße sind infrastrukturell unterversorgt, so existierte dort zu Beginn des Modellprojektes keine koedukative Jugendeinrichtung. Die einzige Jugendeinrichtung dort war ein eigenständiger Mädchentreff.

Der zweite Projektestandort, der „Jugendtreffpunkt Hütte" in Crumstadt, liegt in der Verbundgemeinde Riedstadt, zu der die Ortschaften Goddelau, Crumstadt, Erfelden, Leeheim und Wolfskehlen gehören. Die ländliche Verbundgemeinde hat knapp 20.000 EinwohnerInnen, davon im Ortsteil

Crumstadt 3.600, der wie auch die anderen Stadtteile insgesamt noch durch ländliche Strukturen geprägt ist. - Crumstadt ist wie die anderen Ortsteile Riedstadts über eine Buslinie im Stundentakt an die Kreisstadt Groß-Gerau angebunden. Die Buslinie verkehrt allerdings nur bis ca. 22.30 Uhr. Außerdem verbindet die Riedbahn Goddelau-Erfelden und Leeheim-Wolfskehlen im Stundentakt mit Frankfurt bzw. in entgegengesetzter Richtung mit Worms und Mannheim. In Richtung Rüsselsheim fährt nur ein Zubringerbus zum Opelwerk, der jeweils zu Schichtbeginn und -ende verkehrt.

In den ersten Projektmonaten wurde der Name des Modellprojektes geboren: „Auszeit", mit dem AntragstellerInnen und MitarbeiterInnen folgende Überlegungen verknüpften:

„Der Titel unseres Projektes ist mehrdeutig. «Auszeit» erinnert zum einen an das 'psychosoziale Moratorium', das Jugendlichen von manchen Psychologen gerne im Jugendalter zugesprochen wird... sie können sich mal ausklinken, auch mal über die Stränge schlagen, probehandeln... zum anderen darf jedoch auf keinen Fall übersehen werden, dass bestimmte Jugendliche **nicht freiwillig ihre «Auszeit» nehmen**, sondern 'rausgekickt' wurden aus der Schule und in den Beruf erst gar nicht einmündeten. Ihre gesellschaftliche «Auszeit» kann andauern, sie fallen bisweilen längerfristig durch die Maschen unseres sozialen Netzes. «Auszeit» muss dann wiederum genommen werden, um benachteiligten Jugendlichen auf ihrem Weg in die Gesellschaft (pädagogische) Hilfestellung leisten zu können." [1]

Als einziges aller fünf Modellprojekte begann Auszeit seine Arbeit bei Null: Die Sportjugend hatte noch kein Projekt in der Region, auf welches das neue Modellprojekt hätte aufbauen oder an dessen Erfahrungen es hätte partizipieren können. Es gab vor Ort auch keine Infrastruktur an Sachmitteln und Räumen, so dass die Auszeit-MitarbeiterInnen sich zunächst einen Büroraum suchen und diesen ausstatten mußten, quasi als eigene „Standortsicherung". Entsprechend dem Charakter der projektierten aufsuchenden Arbeit mietete Auszeit nur ein kleines Büro in Groß-Gerau, das ausschließlich konzeptionellen und administrativen Tätigkeiten vorbehalten war. Der „mobile Arbeitsplatz" von Auszeit war der gebraucht erstandene und von Jugendlichen mit Graffitis verschönerte „Auszeitbus". Er enthält neben einer breiten Palette an Sportequipment (besonders für Fun- und Trendsportarten) als „Highlights" noch eine mobile Streetballanlage, ein Motorkart, Video- und Filmkamera sowie eine Musikanlage. Dieser Sportbus erwies sich als der „Renner" in der Arbeit mit den Jugendlichen: Er brachte Sport zu den Jugendlichen, an ihre Treffpunkte, so dass sie nicht erst einen Verein respektive ein Fitness-Center aufsuchen müssen, um sich sportlich betätigen zu können.

- Der Sportbus enthält auch das Equipment für die bei Jugendlichen beliebten Fun- und Trendsportarten.

---

1 Aussage im Interview vom 20.12.1996

- Da viele Geräte leicht handhabbar sind, können sie von Jugendlichen direkt benutzt werden; es bedarf keines langen vorherigen Übens oder eines speziellen Trainings.
- Auch die MitarbeiterInnen müssen keine Sportprofis sein, Geräte für die meisten Angebote können von ihnen nach einer Einarbeitung „semiprofessionell" eingesetzt werden.

Der Einsatz dieses Mediums war das essentielle Moment in der aufsuchenden Jugendarbeit des Modellprojektes. Die Auszeit-MitarbeiterInnen standen nicht nur als GesprächspartnerInnen für Jugendliche zur Verfügung, sondern entwickelten sportliche „action"-Angebote, bei denen benachteiligte Jugendliche soziale Gruppenerfahrungen machten, die bisherigen Gewaltorientierungen bei der Lösung von Konflikten tendenziell entgegenwirkten.

Auszeit hatte während des Modellzeitraumes folgende Personalstruktur: zwei hauptamtliche ProjektkoordinatorInnen in Teilzeitstellen, die auch in der praktischen Arbeit mit den Jugendlichen bzw. in der Fortbildung tätig waren, und je zwei Praxis-Teams mit drei bzw. zwei Honorarkräften, die angeleitet und koordiniert von den Hauptamtlichen vorwiegend die Arbeit mit den Jugendlichen durchführten. Auszeit legte von Beginn an auf eine annähernd geschlechtsparitätische Besetzung der Stellen Wert, um gerade auch für Mädchen Ansprechpartnerinnen zu haben.[2]

Zielgruppen und Zielsetzungen

Mit ihren gewaltpräventiven Aktivitäten gegen die zunehmende Gewaltbereitschaft Jugendlicher wollten die AntragstellerInnen Jugendliche erreichen, die sich bislang weder von den Angeboten der Jugendhilfe noch von denen der Sportvereine angesprochen fühlen, da davon auszugehen sei, dass dies für die meisten der gewalttätigen und gewaltbereiten Jugendlichen zutrifft. Bereits in den ersten Monaten des Projektes ersetzte Auszeit allerdings die Bezeichnung „gewalttätige und gewaltbereite Jugendliche" durch „schwierige Jugendliche", weil mit dieser Charakterisierung die soziale Realität des Klientels präziser beschrieben ist. Die neue Begrifflichkeit ermöglicht gleichzeitig einen anderen Zugang zur Zielgruppe, indem Auszeit primär an den Schwierigkeiten der Jugendlichen ansetzt und nicht an den Schwierigkeiten, die andere mit ihnen bekommen haben: *„Wir beschäftigen uns verstärkt mit den Problemen, die die Jugendlichen **haben** und nicht mit denen, die sie **machen**."*[3]

Auszeit suchte und fand die Orte seiner aufsuchenden Arbeit zunächst

---

2 Nähere Angaben hierzu sind im Anhang „Die Rahmenbedingungen im Überblick" am Ende dieses Kapitels aufgeführt.
3 Selbstdarstellung von Auszeit und Sportjugend Hessen, 1994, S. 6

durch Kooperationsangebote an örtliche Jugendpflegen, indem es nachfragte, wo es „Lücken" im Angebot der örtlichen Jugendpflege gibt, d.h. in welchen Orten bzw. Ortsteilen „auffällige" Jugendliche (noch) nicht in die örtlichen Jugendeinrichtungen integrierbar sind. Mit fünf Jugendpflegen (von insgesamt dreizehn im Landkreis) wurden in den ersten Monaten konkrete Aktionen für Jugendliche vereinbart, mit zwei von ihnen realisierte sich in der Folge auch eine längerfristige Zusammenarbeit, die, das sei hier schon angemerkt, auch über die eigentliche Modellphase hinaus weitergeführt wird: Es handelte sich um Angebote für eine Clique in Crumstadt/Riedstadt und eine offene Gruppe in der Rüsselsheimer Böllenseesiedlung, die in ihren jeweiligen Orten durch lautes, aggressives und gewalttätiges Verhalten, zum Teil auch durch Vandalismus und Straftaten auffällig geworden waren.

Ebenso wurden erste Kontakte zu Schulen geknüpft und gemeinsame Aktionen bereits für 1995 verabredet. Mit zwei Rüsselsheimer Schulen existierte bei Modellende eine feste Kooperation, in die die Jugendpflege mit einbezogen war; auch sie wird nach der Modellphase weitergeführt.

Parallel hierzu wurden Kontakte zu lokalen Sportvereinen aufgenommen. Ziel war es, herauszufinden, in welchen Sportvereinen ein Bedarf an unterstützenden Angeboten zur Integration „schwieriger" Jugendlicher besteht. Mit einem dieser Vereine, dem Rüsselsheimer Verein für Rasensport (VfR), konnte in der weiteren Modellarbeit eine kontinuierliche Kooperation aufgebaut werden.

Auszeit und Sportjugend hatten zu Beginn geplant, Mädchen und Jungen gleichermaßen anzusprechen. Sie mußten aber bereits nach den ersten Monaten der Projektarbeit selbstkritisch anmerken, dass sie mit ihren Angeboten eher Jungen als Mädchen erreichten: Das von ihnen verfolgte Konzept der aufsuchenden Arbeit setzte bei in den Gemeinden bereits bestehenden „auffälligen" Gruppen an, in denen Mädchen in der Regel viel weniger vertreten sind. Wie auch aus anderen Praxisberichten bekannt ist, sind in diesen Cliquen unter den Jüngeren noch Mädchen dabei, ab Eintritt der Pubertät aber sind die bisherigen Angebote aufsuchender Jugendarbeit für Mädchen nicht attraktiv oder nicht akzeptabel. Dem tendenziellen Ausschluß von Mädchen konnte auch mit der bewußten Einstellung von Frauen nicht entgegengewirkt werden, obwohl es wahrscheinlich diesen weiblichen Fachkräften zu verdanken ist, dass in der Crumstädter Clique die Mädchen (ihr Anteil lag bei einem Drittel) während der gesamten Modellzeit „am Ball" blieben und in Rüsselsheim zumindest noch jüngere Mädchen, acht- bis zwölfjährige, den Auszeit-Bus nutzten. - Das „zweite Standbein" von Auszeit war die Arbeit in und mit Sportvereinen. Die „Wahl" eines traditionellen Fußballvereins implizierte dann aber von vornherein eine Konzentration auf männliche Jugendliche[4]

---

4   Die Chance, bei der überwiegend praktizierten faktischen Jungenarbeit im Gesamtprojekt, sowohl bei den aufsuchenden Angeboten als auch bei der Arbeit mit und im Sportverein,

Dort, wo Auszeit allerdings gezielt für Mädchen konzipierte Sportangebote erprobte, waren Mädchen präsent und aktiv, wie es die beiden zu Beginn des Modellprojektes in Kooperation mit Mädchenarbeiterinnen durchgeführten Aktionen zeigten: „Mädchen erobern eine Sporthalle"[5] und „Mädchenaktionstag: Die etwas andere Traumreise - zur Eroberung des Ostparks". Beide Veranstaltungen fanden zusätzlich statt, außerhalb der im Modellprojekt durchgeführten Kooperationen mit Jugendpflegen des Landkreises und mit Sportvereinen. Nachdem eine Wiederholung solcher Aktionen im letzten Modelljahr aus Kapazitätsgründen nicht mehr möglich war, bot Auszeit deshalb eine Fortbildung für Multiplikatorinnen in der Mädchenarbeit an, damit diese einfache Fun- und Trendsportarten später selbst „semi-professionell" in der Mädchenarbeit einsetzen können – und erreichte so zumindest indirekt auch Mädchen bzw. junge Frauen.

Rumhängen, laute Musik und Randale
- Hüttenbau mit der Crumstädter „Friedhofsbankclique"-

Der Kontakt zu dieser Clique entstand durch die Kooperation mit der Jugendpflege Riedstadt-Crumstadt. Der Name „Friedhofsbankclique" bezieht sich auf den regelmäßigen Treffpunkt der Jugendlichen, eine Bushaltestellenbank am zentral gelegenen Friedhof des Ortes. Es handelte sich um eine feste Gruppe von ca. fünfzehn Jugendlichen im Alter von vierzehn bis siebzehn Jahren, darunter gelegentlich auch Mädchen. Es waren überwiegend deutsche Jugendliche. Sie fielen im Ort auf, weil sie täglich an ihrem Treffpunkt rumhingen, laute Musik hörten, gelegentlich auch randalierten sowie die Bushaltestelle mit Zigarettenkippen und leeren Getränkedosen zumüllten. Sie wurden schnell als *„schwarze Schafe"* des Ortes abgestempelt: *„Alles, was in diesem Ort passiert, wird dieser Clique zugeordnet."*[6]

Vorherige Versuche, Teile dieser Clique in die normale Jugendarbeit zu integrieren, waren gescheitert. Zum einen ist der Jugendraum nur dreimal wöchentlich für zwei Stunden geöffnet – die Clique wollte aber mehr als nur sechs Stunden in der Woche zusammensein, sei es auch nur, um gemeinsam „abhängen" zu können. Zum anderen hatten zwei Jugendliche der Clique wegen Gewaltanwendung Hausverbot im örtlichen Jugendraum. Diese beiden Jugendlichen waren zudem bereits strafrechtlich verfolgt; die ihnen angelasteten Delikte waren Körperverletzung, Diebstahl und Verstoß gegen

---

auch Aspekte männlicher Erziehung als Ursache von Gewalt in den Blick zu nehmen, und Konzepte bewußter Jungenarbeit in der Modellpraxis zu erproben, wurde leider nur rudimentär genutzt.
5   Ein Bericht hierüber befindet sich in der „2. Projektezeitung: 5 Berichte. Projekte im hessischen Jugend-Aktions-Programm, 1996, S. 45
6   2. Zwischenbericht von Auszeit, 1995, S. 6

das Betäubungsmittelgesetz. Gerade diese beiden Jungen aber waren in der Gruppe sehr angesehen und nahmen eine Art Leadership-Position ein.

Der erste direkte Kontakt mit dieser Gruppe entstand im März 1995. Die Gemeinde veranstaltete ein Jugend-Hearing, zu dem die Clique vollständig erschien. Dort verteidigten sie ihren Wunsch nach einem eigenen Treffpunkt und forderten eine „Hütte" mit einem „Abfallkorb". So entstand die Idee, der Clique einen neuen Treffpunkt anzubieten: auf dem zentral gelegenen „alten Bolzplatz" mit dem Auszeit-Team eine Hütte zu bauen als zweitem „offenem" Treffpunkt neben dem „geschlossenen" Jugendraum. Die Jugendlichen nahmen dieses Angebot an, und in der Folge war Auszeit zweimal wöchentlich mit seinem Sportbus dort präsent.

Bis die fertige Hütte im Mai 1996 eingeweiht werden konnte, verging über ein Jahr. Es dauerte eine zeitlang, bis alle notwendigen Genehmigungen eingeholt waren, die Baumaterialien besorgt (das Holz hierfür wurde schließlich von der Gemeinde gestiftet) und der eigentliche Hüttenbau im Herbst 1995 beginnen konnte. Mit Hilfe der vielfältigen Auszeit-Angebote wie Nutzung der Sportgeräte des Busses, insbesondere auch des Motorkarts, Fuß- und Streetballspielen, Musik hören und vor allem durch die Gespräche mit den Honorarkräften gelang es nicht nur, die frustrierende Wartezeit zu überbrücken, sondern auch tragfähige Beziehungen und Vertrauen zwischen den Jugendlichen und dem Auszeit-Team aufzubauen. Der eigentliche Hüttenbau beschäftigte MitarbeiterInnen und Jugendliche den ganzen Herbst und Winter 1995/1996. Die Bauaktivitäten wurden auch weiterhin begleitet durch Nachmittage, an denen die Nutzung der Angebote des Sportbusses im Vordergrund stand oder auswärtige Freizeitangebote stattfanden.

In diesen ersten Monaten erhielten die BetreuerInnen ein differenziertes Bild dieser auffälligen Jugendclique. Obwohl zur Zeit „ausgegrenzt", fühlen sich die Jugendlichen dem Ort zugehörig. Sie haben Angst, ihn zu verlassen, gleichzeitig aber eine undefinierbare Sehnsucht auszubrechen. Diese Ausbrüche richten sich sowohl nach innen wie nach außen, sie dröhnen sich mit Drogen (Alkohol, Pillen, Haschisch) zu und sie versuchen, durch lautstarkes Randalieren Aufmerksamkeit zu erregen:

„Im 'Dorf' Crumstadt ... (gibt) es nichts wirklich Fremdes. ... In Crumstadt kennt jeder jeden, irgendwie haben alle eine gemeinsame Geschichte. Die verläuft zwar hin und wieder konfliktreich, ist aber dennoch vertraut. Der alte Treffpunkt 'Friedhofsbank', eigentlich eine Bushaltestelle an der B3, vor dem örtlichen Friedhof gelegen, ist ein Ort mit hoher Symbolkraft. Er signalisiert, wie stark die Jugendlichen an ihrem Heimatort verwurzelt sind. Die Clique lungert an der Haltestelle herum, hinter ihnen auf dem Friedhof liegt ein ganzes Jahrhundert Crumstädter Geschichte. Nie steigt jemand in einen Bus ein. Die Sehnsucht nach der Ferne, nach dem Verlassen der provinziellen Enge ist groß. Aber das Bewußtsein, es hier schwer zu haben und die Angst, es woanders – und sei es in der Stadt-Disco – erst recht nicht zu schaffen, wirken als Hemmschuhe. Außerdem ist da das Gefühl von unbefriedigenden Möglichkeiten: 'Hier fährt kein Bus irgendwohin, wo man hinwill', sagte einmal einer der Jugendlichen."[7]

Während sich durch den neuen Treffpunkt die Konflikte, die aufgrund des lauten und auffälligen Verhaltens der Jugendlichen aufgebrochen waren, sukzessive verringerten, blieb das Alkohol- und Drogenproblem. Die Auszeit-MitarbeiterInnen versuchten im Sinne akzeptierender Jugendarbeit, nicht primär mit Verboten, sondern durch vorsichtige Interventionen den Alkohol- und Drogenkonsum zu reduzieren, indem sie mit den bewegungs- und körperorientierten Angeboten eine Alternative „zum Abtörnen und Abhängen" boten. Auszeit weist in diesem Zusammenhang auf eine grundlegende Problematik im Umgang mit Alkohol hin. In der dörflichen Struktur Crumstadts ist das „rituelle Besäufnis" zu Anlässen wie Kerwefeiern oder Hochzeiten, Taufen und ähnlichem ein übliches Verhalten nicht weniger männlicher Erwachsener, mit dem sie sich auch im wieder nüchternen Zustand noch brüsten. Den Jungen wird also vermittelt, dass Erwachsenwerden und exzessiver Alkoholkonsum irgendwie miteinander verknüpft sind. Während es den meisten Männern gelingt, ihren Alkohol zu gesellschaftlich akzeptierten Anlässen, quasi im geordneten Rahmen, zu konsumieren, hatten die Jungen der Clique dieses komplizierte Regelwerk noch nicht internalisiert. Sie „soffen unreglementiert" und wurden so zu einem Störfaktor im Dorf.

Ein Highlight in der langwierigen Phase des Hüttenbaus war der Besuch des Fernsehteams von „Karacho", dem damals neuen Jugendmagazin des Hessischen Rundfunks im Januar 1996. Die Jugendlichen konnten einen ganzen Tag mit dem Filmteam verbringen, das Erstellen des Filmbeitrags beobachten, selbst die Kamera benutzen, Interviews führen und anschließend im Studio bei der Sendung dabei sein. Sie sahen hier, dass ein ganzer Tag Filmmaterial am Ende dann in „nur" drei Minuten Sendezeit präsentiert wurde. Sich selbst und ihre Arbeit im Fernsehen positiv dargestellt zu sehen, erfüllte die Jugendlichen mit Stolz. Gleichzeitig erlebten sie hautnah, wieviel Mühe und Arbeit notwendig sind, um vergleichsweise kleine Erträge, drei Minuten Sendezeit, zu erzielen – gerade für die auf schnelle Ergebnisse fixierte Crumstädter Clique eine wichtige Erfahrung.

Der Hüttenbau selbst dauerte, wie erwähnt, von September 1995 bis Mai 1996. Trotz der klirrenden Kälte kam ein großer Teil der Clique regelmäßig zum Treffpunkt und arbeitete, allerdings mit wechselnder Intensität und Begeisterung, an der Vollendung der Hütte:

„Bei einfachen Arbeiten wie dem Erdaushub und dem Zuschneiden von Holz gelang es den Betreuern, die Jugendlichen zu integrieren; sie gruben, hämmerten und sägten eifrig mit. Bei komplexeren Aufbauvorgängen wie z.B. der Dachkonstruktion ließen sich die Jugendlichen jedoch leicht entmutigen und zogen sich zurück. Dies zeigt, wie wenig diese Jugendlichen davon überzeugt sind, dass das eigene Bemühen zum Erfolg führen kann,

---

[7] 4. Zwischenbericht von Auszeit, 1996, S. 8 f.

auch dann, wenn Phasen zu überwinden sind, die schwierig sind und während derer man nicht sofort Ergebnisse sieht. Ihren Handlungsspielraum schätzen sie sehr gering ein, sie erwarten und fürchten zu scheitern, wahrscheinlich aufgrund schlechter Erfahrungen mit der eigenen Durchsetzungsfähigkeit. Sie vermeiden schwierige Situationen, frei nach dem Motto 'wer sich nicht bemüht, kann auch nicht scheitern'."[8]

Um so stolzer waren sie dann aber, als ihnen im Mai „ihre Hütte" mit einer großen Einweihungsfeier vom Bürgermeister und einer Vorstandsvertreterin der Sportjugend Hessen offiziell übergeben wurde.

Das herausragende Ereignis für die Crumstädter Clique war die einwöchige Segelfreizeit auf dem Ijsselmeer in Holland vom 25.-30.8.1996. Neun Jugendliche aus der Clique, sieben Jungen und zwei Mädchen, nahmen an ihr teil. Die restlichen Cliquenmitglieder hatten in den Ferien bereits andere Pläne, nicht genügend Geld (der Eigenanteil betrug DM 140,- pro Person), einer hatte gerade eine Lehre begonnen, und die Mädchen hatten sich untereinander so zerstritten, dass nur zwei von ihnen mitfuhren. Wir wollen diese Segelfreizeit wegen ihrer Bedeutung für den Gruppenprozeß ausführlicher dokumentieren.

Im Vorfeld der Freizeit waren mit den Jugendlichen Regeln diskutiert und verabschiedet worden. Die BetreuerInnen befürchteten Rückfälle ihrer Jugendlichen im „Drogenparadies" Holland und hatten deshalb diese Freizeit sorgfältig mit den Jugendlichen und den Eltern vorbereitet. Die Regeln umfaßten einen abgestuften Umgang mit Alkohol und Haschisch, da aufgrund der einschlägigen Vorerfahrungen der Jugendlichen ein totales Drogenverbot nicht haltbar gewesen wäre, und Absprachen über den abendlichen Ausgang.

Die „Befolgung" dieser Vereinbarungen war dann infolge eines nicht erwarteten Phänomens kein Problem. Die Jugendlichen entwickelten „Fremdenangst" und hielten sich aneinander und an ihren BetreuerInnen fest. Die Fremdenangst begann bereits kurz nach der Abfahrt, nachdem die Heimat Crumstadt außer Sicht war:

„Die Jugendlichen hatten keinerlei Interesse daran, das fremde Land (Holland) kennenzulernen, Kontakte zu knüpfen oder unbekannte Speisen auszuprobieren. Eingekauft und gegessen wurde das Altbekannte (Pizza, Cola, Spaghetti, Nutella, Käsebrot), ausgegangen wurde nur zusammen oder unter Aufsicht der Betreuer (freiwillig!), in Discos saßen sie verschüchtert in der Ecke und weigerten sich, zu tanzen; auch Kontakte zu anderen deutschen Gruppen, die auf anderen Schiffen fuhren und die in Häfen häufig anzutreffen waren, wurden vermieden. Die Jugendlichen igelten sich miteinander im Bauch des Schiffes ein, trotzten dort dem schlechten Wetter, das an einigen Tagen um sie herum pfiff und tobte, futterten Chips und belegte Brote, hielten sich an ihre vertrauten Beziehungen, versicherten sich des Schutzes der Betreuer/innen und hielten sich so alle irritierenden, verunsichernden und verstörenden Erfahrungen in der Fremde vom Leib. ... Die Jugendlichen hatten keinen hohen Freiheitsdrang, hielten sich freiwillig ständig in der

---

8   3. Zwischenbericht, 1996, S. 8

Gruppe auf oder baten von sich aus darum, von den Betreuern abends begleitet zu werden."[9]

Die neue Situation in der „Fremde" verunsicherte diese zu Hause so lautstarke Clique. Es spricht für die Arbeit von Auszeit, dass die Jugendlichen jetzt „innehielten" und ihre Angst vor dem Fremden nicht durch das gewohnte Repertoire von aggressiv auffälligem Verhalten kompensierten. Sie konnten Angst zugeben und um Hilfe nachsuchen, da sie offenbar darauf vertrauten, vor ihren BetreuerInnen hierdurch nicht das „Gesicht zu verlieren".

Insgesamt gesehen ist die ehemalige „Friedhofsbankclique" inzwischen besser in die soziale Struktur des Ortes integriert. Dennoch gab und gibt es auch beim neuen Standort „alter Bolzplatz" Proteste der AnwohnerInnen. Sie beschwerten sich bereits in den ersten Wochen über zu viel Lärm und zu viel Dreck und sie befürchteten Beschädigungen an ihren Häusern und auf dem nahegelegenen Kinderspielplatz.

Bei einem ersten AnwohnerInnentreffen gelang es Bürgermeister, Jugendpflege, Auszeit und den Jugendlichen jedoch die Wogen zu glätten: Die Jugendlichen sollten die Chance erhalten, ihre Hütte zu bauen. Nach einiger Zeit wolle man wieder zusammenkommen und dann, sozusagen nach einer Probezeit, entscheiden, ob der alte Bolzplatz ein neuer Jugendtreffpunkt bleibt oder wieder verschwinden muss.

Zunächst kehrte also Ruhe ein, dennoch schwelten die Konflikte unterschwellig weiter. Die AnwohnerInnen verhielten sich jetzt „passiv ablehnend". So nahmen, trotz expliziter Einladung, nur einige wenige an der Eröffnungsfeier der fertigen Hütte im Mai 1996 teil. Zum zweiten AnwohnerInnengespräch, zu dem der Bürgermeister ins Rathaus eingeladen hatte und das Anfang Juli 1996 stattfand, kam nur ein Anwohner, obwohl im „Alltag" viele Klagen und Beschwerden gegenüber Jugendlichen, Jugendamt und Auszeit laut geworden waren. Die Einladung durch den Bürgermeister mobilisierte hingegen siebzehn Crumstädter Jugendliche und fünf Erwachsene, Eltern der Jugendlichen. Für die Jugendlichen, die sich auf das Gespräch intensiv vorbereitet hatten, blieb die geringe Teilnahme der AnwohnerInnen eine enttäuschende Erfahrung.

In der Rückschau bewerten Auszeit und Jugendpflege die Arbeit mit der Crumstädter Clique positiv. Die Jugendlichen hatten gelernt, auf Konflikte tendenziell anders als durch auffälliges und gewalttätiges Verhalten zu antworten. „Die Crumstädter Clique wurde bei Konflikten gestärkt, konnte ihre Interessen durchsetzen und neue Erfahrungen machen."[10] Gruppenintern verloren die bisherigen „Führer" ihre Vorrangstellung, ohne allerdings aus der Gruppe ausgegrenzt zu werden, die Gruppenstruktur bekam demokratischere Züge. Sie lernten, mit Unterstützung erwachsener Bezugspersonen

---

9   4. Dokumentationsbogen der Wissenschaftlichen Begleitung, 1996
10 ebd.

sich ihren eigenen Treffpunkt zu erkämpfen, aufzubauen und zu erhalten. Sie haben begriffen, *„dass sie sich mit einem Vorhaben wie dem Hüttenbau in einen Prozeß demokratischer Auseinandersetzung begeben haben, bei dem sie die Rechte anderer berücksichtigen müssen, aber auch selbst Rechte haben und von offizieller Seite unterstützt werden. Eine wichtige Lernerfahrung für diese Jugendlichen, die gerade jetzt, beim frustrierenden Prozeß der Lehrstellensuche, wieder zu spüren bekommen, dass sie noch immer auf der Schwelle zur gesellschaftlichen Ausgrenzung stehen."*[11]

Ansatz und Anliegen des Modellprojektes war es, die konkrete Arbeit mit gewaltbereiten Jugendlichen im Landkreis Groß-Gerau in ein Netz von Kooperationen einzubetten. In Crumstadt gelang es, eine kontinuierliche Kooperation mit der dortigen Jugendpflegerin aufzubauen. Beide KooperationspartnerInnen achteten ihre jeweiligen Aufgabenbereiche und Kompetenzen und konnten so konstruktiv zusammenarbeiten.

Komplizierter hingegen gestaltete sich in einigen Fällen in der direkten Praxis mit den Jugendlichen vor Ort die Zusammenarbeit zwischen den Auszeit-HonorarmitarbeiterInnen und den Honorarkräften der Gemeinde. Im Jugendraum, der von der Gemeinde betrieben wird, gelten klare Regelungen bezüglich Alkohol, Drogen und (Klein-)Kriminalität. Jugendliche, die gegen diese Vereinbarungen verstoßen, werden, auch zum Schutz der anderen, mit Hausverboten belegt. Die nicht in die Angebote des Jugendraums integrierbaren Jugendlichen versammelten sich – wie geschildert – an der Friedhofsbank und hatten bald den Ruf weg, gewalttätig bzw. gewaltbereit zu sein. Diese „Friedhofsbankclique" bildete das Klientel von Auszeit, das für sie und mit ihnen einen akzeptierenden Arbeitsansatz verfolgte und z. B. Alkoholkonsum nicht von vornherein verbot. Da in einer kleinen Gemeinde wie Crumstadt die Jugendszenen nicht klar voneinander geschieden sind, waren, insbesondere bei der Planung gemeinsamer Aktivitäten, Konflikte unvermeidlich. Sie konnten aber durch klärende Gespräche immer wieder gelöst werden. Nicht zuletzt aufgrund dieser insgesamt guten Zusammenarbeit engagierte sich die Jugendpflegerin erfolgreich für eine Fortsetzung der Auszeit-Arbeit in Crumstadt nach Ablauf der Modellfinanzierung.

Weniger mutwillige Beschädigungen, dafür mehr Laute von spielenden Kindern und Jugendlichen - Ein Schulhof wird zum Treffpunkt

Der zweite Projektstandort von Auszeit ist Rüsselsheim, und dort speziell die Böllenseesiedlung. Bei den während der Startphase entstandenen Kontakten zur städtischen Jugendpflege und zum Jugendbildungswerk wurde Auszeit

---

[11] ebd.

auf die dort existierenden Probleme mit „schwierigen Jugendlichen" aufmerksam gemacht: Mangels offizieller Jugendtreffpunkte wurde der Pausenhof einer Schule nachmittags zum Jugendtreff umfunktioniert. Dabei kam es immer wieder zu Zerstörungen und Vandalismus.

In Absprache mit der Jugendpflege nahm Auszeit Kontakt mit dem Rektor dieser Schule, der Schillerschule, auf und vereinbarte eine regelmäßige Kooperation. Seit Mai 1995 offeriert Auszeit zweimal pro Woche die Angebote des Sportbusses auf dem Schulhof, und die MitarbeiterInnen stehen als AnsprechpartnerInnen für die Jugendlichen zur Verfügung (regelmäßig zwei Honorarkräfte, in Spitzenzeiten unterstützt von einer hauptamtlichen Auszeit-Mitarbeiterin). Da Kartfahren zu den besonderen Attraktionen gehört, dies aber auf dem Schulhof aus Platzmangel nicht möglich ist, findet nach Absprache dieses Angebot in unregelmäßigen Abständen auf dem nahegelegenen Verkehrsübungsplatz der Hasengrundschule statt. Es ist erfreulich, dass der Rektor der Hasengrundschule im Winter seine Turnhalle für die Auszeit-Aktivitäten zur Verfügung stellte; so kann den Jugendlichen auch in der kalten Jahreszeit ein Ausweichquartier angeboten werden.

Die Jugendlichen stammen überwiegend aus MigrantInnenfamilien, fast alle haben die türkische oder marokkanische Staatsangehörigkeit. Ihr Alter liegt zwischen zehn und siebzehn Jahren, bei den älteren überwiegen die Jungen deutlich, bei den jüngeren, bis ca. dreizehn Jahren, gibt es auch Mädchen, die regelmäßiger kommen:

„Durchschnittlich haben wir ca. 20-30 BesucherInnen, teilweise auch noch sehr junge Kids, die unseren Bus mit seinen Inhalten natürlich genauso attraktiv finden wie die älteren und für die es kein adäquates Angebot gibt. In Spitzenzeiten besuchen uns 50 Kinder und Jugendliche, dann sind mindestens drei BetreuerInnen vor Ort nötig, um handlungsfähig zu bleiben, um wenigstens hier und da ein Gespräch führen zu können oder ein Spielchen zu wagen. Die Fluktuation der Gruppe ist nicht mehr so hoch... . Es gibt nun eine feste Gruppe, die nicht nur wegen der Sportangebote kommt, sondern wegen der BetreuerInnen, und wenn sie manchmal auch nur vorbeikommen, um 'Hallo' zu sagen."[12]

Eine besondere Attraktion während der Modellarbeit war der Bau einer Sitzecke auf dem Hof der Schillerschule. Die Eröffnung im September 1996 war der krönende Abschluß dieser Baumaßnahme. An der Feier nahmen ca. 50 Jugendliche teil, die sich freuten, als die Bürgermeisterin, der Jugendamtsleiter, der Leiter des Schulverwaltungsamts, das die Materialien für den Möbelbau gestellt hatte, und natürlich der Hausherr, der Schulleiter, ihnen die Sitzecke offiziell übergaben. Der Schulleiter würdigte, laut Rüsselsheimer Echo vom 27.9.1996, die Auszeit-Arbeit kurz und bündig: „Weniger mutwillige Beschädigungen, dafür mehr Laute von spielenden Kindern und Jugendlichen." Gerade die Schulen sind mit Auszeit zufrieden, da seitdem

---

12 4. Dokumentationsbogen der Wissenschaftlichen Begleitung, 1996

„eine spürbare Abnahme des Vandalismus" zu verzeichnen ist. Auszeit selbst vermutet, „dass die offenen Bewegungs- und Sportangebote mit dem Bus ihre gewünschte gewaltpräventive Wirkung hatten und die Umgestaltung des Schulhofs eine höhere Identifikation mit dem Ort zuläßt"[13]

Vor allem die Jugendlichen, die vorher durch „Vandalismus" auffielen, gehen mit „ihrem" Sportbus sorgsam um:

„Die hohe Akzeptanz von 'Auszeit' zeigt sich auch daran, dass trotz dem Verleih ohne Pfand kaum Sachen wegkommen. Nur vor den Sommerferien wurden zwei Fußbälle wegen der 'Gastgeschenke' für das Heimatland geklaut, haben wir uns später sagen lassen (!). Ein Junge hat uns sogar einen Basketball und ein Paar Inlineskates mit dem Kommentar 'Bei mir liegen die eh' nur unterm Bett, ihr könnt sie besser gebrauchen', geschenkt!"[14]

Die gelungene Kooperation von Auszeit, Jugendpflege und Schulen in der Böllenseesiedlung zeitigte insofern Früchte, als die Stadt Rüsselsheim nach Auslaufen der Modellfinanzierung durch das Land Hessen einen Teil der benötigten Mittel für die Weiterführung der Arbeit zur Verfügung stellt.

Fußball für Vereinsmuffel - Ein Sportverein öffnet sich für schwierige und vereinsungebundene Jungen -

Die sozialpädagogischen Angebote mit und für den Rüsselsheimer Verein für Rasensport (VfR) verfolgten das Ziel, Momente akzeptierender Jugendarbeit im Vereinsleben eines Sportvereins zum Tragen zu bringen. Auf die Schwierigkeiten in und mit dem VfR wurde Auszeit durch die Jugendpflege aufmerksam gemacht. Der Verein war von sich aus in Gesprächen mit KommunalpolitikerInnen und durch Interviews in der Lokalpresse mit dem Wunsch nach „begleitender Sozialarbeit" an die Öffentlichkeit getreten. Der VfR ist ein alter Arbeiter-Traditionssportverein, Vorstand und die meisten Trainer bzw. Übungsleiter sind Deutsche. Der Sportplatz des Vereins liegt in der Böllenseesiedlung, die zusammen mit der benachbarten Alzeyer Straße als sozialer Brennpunkt bezeichnet werden kann. Infolge des Zuzuges ausländischer ArbeitnehmerInnen setzt sich die Jugendabteilung des Vereins inzwischen zu 80% aus Migranten zusammen, überwiegend Türken bzw. Kurden und Marokkaner. Die B-Jugend, zwanzig Jungen zwischen vierzehn und siebzehn Jahren, die spätere Zielgruppe des Auszeit-Projektes, bestand zu 100% aus ausländischen Jungen, fast alle aus dem islamischen Kulturkreis.

Die insbesondere zwischen dieser B-Jugend und den Erwachsenen des Vereins existierenden Schwierigkeiten und Mißverständnisse komplizierten das Vereinsleben, wie die nachfolgende Schilderung einer „klassischen"

---

13   ebd.
14   ebd.

Situation zu Beginn der Modellarbeit exemplarisch aufzeigt: Fast ausschließlich deutsche Trainer, Ehrenamtliche und Vorstandsmitglieder betreuen einen fast ausschließlich nicht-deutschen Nachwuchs. Die hieraus resultierenden Kommunikationsschwierigkeiten beruhen oft auf der Unfähigkeit, die anderen kulturellen Gepflogenheiten der Jungen im Vereinsalltag zu beachten. So wurden während des islamischen Fastenmonats die regelmäßigen Trainingsstunden beibehalten; die Folge war, dass hungrige Jungen lustlos das Training absolvierten und andere wegen des traditionellen abendlichen Fastenbrechens im Kreise der Familie erst gar nicht erschienen bzw. früher weggingen - und andererseits die Trainer frustriert über die mangelnde Kooperation der Jungen waren.

Als Auszeit nach intensiven Vorgesprächen im Mai 1995 seine Arbeit im und mit dem VfR begann, stand die B-Jugendmannschaft kurz vor der Auflösung, und ihr Trainer beabsichtigte, sein Amt niederzulegen. Auszeit beschritt insgesamt drei miteinander verknüpfte Wege, um in dieser Situation die „schwierigen Jugendlichen" wieder in den Verein zu integrieren: Maßnahmen und Gespräche mit den Jungen, Gespräche mit erwachsenen VereinsvertreterInnen, insbesondere den Trainern bzw. Übungsleitern und punktuelle Teilnahme am Vereinsleben. Das Engagement der Auszeit-MitarbeiterInnen im Verein erforderte viel Geduld und Fingerspitzengefühl und vor allem viel Zeit: *„Wenn man wirklich mitbekommen will, was im Verein läuft, welches Klima unter den Jugendlichen, Trainern, Vorstand herrscht, wie die Strukturen sind, dann muss man viel Zeit vor Ort verbringen, Gespräche führen, Meinungen einholen, beobachten und Vertrauen aufbauen."*[15]

Mit ersten vertrauensbildenden Maßnahmen, deren Höhepunkte die Mitgestaltung des Tages der offenen Tür im Juni 1995, die gemeinsame Weihnachtsfeier im Vereinsjugendraum und ein Ausflug in die Darmstädter Eisdisco waren (letzteres ein „Weihnachtsgeschenk" von Auszeit), konnte das Modellprojekt „einen Fuß in die Tür des VfR" bekommen und, trotz mancher Rückschläge, im Laufe des Jahres 1996 „im Verein Platz nehmen".[16] Dies gelang vor allem durch die erfolgreich verlaufenden Maßnahmen wie die Gestaltung des Rahmenprogramms für das vereinsinterne Hallenfußballturnier im Frühjahr, die im Sommer gemeinsam gestaltete Radiosendung für das Rüsselsheimer Lokalradio und die als Höhepunkt erlebte Bildungsfreizeit in der Türkei in den Osterferien, auf die wir noch ausführlicher eingehen werden. Hierdurch gelang es dem Modellprojekt, sich weiter im Vereinsleben zu verankern: *„Die Vereinsvertreter merkten, dass wir 'ganz in Ordnung' sind und dass wir anpacken können. So haben wir vieles mit vorbereitet, aufgebaut, beim Verkauf mitgeholfen, aufgeräumt ... Ein 'Snack' hier, ein Schwatz dort, auch mit den helfenden Ehefrauen, und*

---

15 4. Zwischenbericht von Auszeit, 1996, S. 10
16 Zitate aus dem 4. Dokumentationsbogen der Wissenschaftlichen Begleitung, 1996

ein Wort des Lobes ob der super Organisation und des ehrenamtlichen Engagements brachte uns unserem Ziel näher. Das nähere Umfeld darf nicht vernachlässigt werden, will man längerfristig tragfähige Veränderungen und eine positive Zusammenarbeit erreichen."[17]

Eine Aktivität, die über die vereinsinterne Arbeit hinausging, war das im Sommer 1996 von Auszeit initiierte „Euroturnier". In Kooperation zwischen dem VfR und zwei Rüsselsheimer Jugendzentren wurde ein Fußballturnier für vereinsungebundene Jugendliche organisiert. Hierbei zeigte sich, dass es noch ein weiter Weg ist, bis es gelingt, in einem „ganz normalen Sportverein", selbst einem mit sozialen Ansprüchen, sogenannte schwierige Jugendliche zu integrieren: Als es während des Turniers zeitweilig zu handfesten Prügeleien kam und die vereinsungebundenen Jungen die Regeln des Fußballspiels kaum mehr beachteten, fühlten sich die VfR-Erwachsenen tendenziell überfordert und stießen an die Grenzen ihrer Toleranz und Offenheit. Auch diese Maßnahme wird weiter unten noch näher beschrieben. - Es spricht für die vom Modellprojekt geleistete Arbeit, dass der VfR trotzdem gewillt ist, die Kooperation mit den Jugendeinrichtungen und deren Klienten fortzusetzen. Auszeit ist es, bei allen gegenseitigen Vorbehalten, gelungen, „beide Partner miteinander ins Gespräch zu bringen"[18] Dennoch mußten die ModellmitarbeiterInnen erleben, dass VereinsvertreterInnen zwischendurch immer wieder die „Schotten dicht machten und Auszeit von 'Auszeit' nahmen"[19], insbesondere dann, wenn Auszeit versuchte, aus seiner Sicht existierende Probleme offen zu benennen oder sich explizit für die Interessen der Jungen einsetzte.

Die Zusammenarbeit mit einzelnen Trainern in der direkten Praxis mit der B-Jugend hingegen war sehr fruchtbar. Diese ehrenamtlichen Kräfte lernten, bei den oft massiven Konflikten mit den Jungen zunächst innezuhalten und auch deeskalierende Maßnahmen zu erwägen: „Ich bin jetzt ruhiger geworden, ich denke nach, bevor ich etwas mache. Mache das nicht mehr aus dem Bauch heraus"[20], äußerte einer von ihnen gegenüber Auszeit. Sie erfuhren, dass viele Alltagsprobleme wie z.B. Trainingsfaulheit, Schwierigkeiten der Jungen untereinander und mit dem Übungsleiter auch Beziehungsprobleme sein können, die eher durch pädagogische Interventionen als durch Strafen und Sanktionen lösbar sind.

Für die direkte Arbeit mit den Jungen des VfR war die Bildungsfreizeit in der Türkei das herausragende Ereignis während der gesamten Modellphase. Sie erhielt sowohl in der lokalen deutschen Presse als auch in türkischsprachigen Zeitungen ein breites Echo. An der Reise, die in den Osterferien vom 29.3.-12.4.1996 stattfand, nahmen sechzehn Jugendliche

---

17 Zwischenbericht von Auszeit, 1996, S. 12
18 Zitate aus dem 4. Dokumentationsbogen der Wissenschaftlichen Begleitung, 1996
19 ebd.
20 ebd.

teil, vierzehn davon Türken bzw. Kurden, ein Marokkaner und ein Pole im Alter zwischen vierzehn und siebzehn Jahren. Die Reise fand in Kooperation mit der Jugendpflege und dem VfR statt. Der Deutsche Sportbund gewährte außerdem erhebliche Zuschüsse. Betreut wurde die Gruppe von fünf deutschen Erwachsenen, drei PädagogInnen von Auszeit und zwei TrainerInnen des VfR.

Gastgeber war der Bodrumer Sportverein „Bodrumspor kulübü", zu dem ein Übungsleiter des VfR Kontakt hergestellt hatte. Geplant war eine Unterbringung in türkischen Gastfamilien. Tatsächlich aber wohnten die Gäste in Hotelappartements, weil es nicht gelungen war, Gastfamilien zu finden. Die Auszeit-PädagogInnen führten dies zum einen auf organisatorische Pannen zurück, zum anderen auf ein Desinteresse der Einheimischen, türkische Gäste zu beherbergen. Trotz vieler organisatorischer Hürden versuchte Auszeit weiterhin, die Reise als interkulturelle Begegnung zu gestalten, was mit Flexibilität und Eigeninitiative aller Beteiligten auch gelang:

„Die zwei Wochen waren dann auch deutlich von organisatorischen Schwierigkeiten durchzogen. Flexibilität und Eigeninitiative waren gefragt. Mit tätiger Hilfe unserer sehr aufgeweckten, selbständigen Jugendlichen gelang es uns, vielen organisatorischen Mängeln entgegenzuwirken und eigene Akzente zu setzen. Die Jungs übernahmen problemlos die Funktion des Dolmetschers, kundschafteten günstige Restaurants aus, verhandelten über Preise, gestalteten aktiv einen Tag in einer Schule und organisierten ein Fest in einer Disco."[21]

Dieser sozialen Verantwortung standen zwar gelegentliche „Ausrutscher" gegenüber, beispielsweise als in der ersten Nacht die Jungen einen „draufmachten" und trotz Alkoholverbot angetrunken und überdreht die Wohnanlage „aufmischten". Diese Situation und auch später noch auftretende Regelverletzungen konnten aber mit den BetreuerInnen jeweils geklärt werden.

Die Gruppe absolvierte ein breit angelegtes Bildungs- und Freizeitprogramm: Besuche antiker und mittelalterlicher Stätten, Kennenlernen des türkischen Alltagslebens, Stadtbesichtigungen, Kontakte mit Schulen vor Ort, ein Basketballmatch mit einer Schülermannschaft und zwei Fußballspiele mit Mannschaften des gastgebenden Sportvereins. Übergeordnetes Ziel der Bildungsfreizeit war es, durch interkulturelle Begegnungen zum Abbau gegenseitiger Vorurteile beizutragen, Mißverständnisse zwischen dem Erfahrungshintergrund der deutschen Ehrenamtlichen und der Erlebniswelt der türkischstämmigen Jugendlichen sichtbar und damit bearbeitbar zu machen und nicht zuletzt die Stärkung des Selbstvertrauens der Jungen, indem während des gesamten Aufenthaltes ihre Kompetenzen als Kenner und Übersetzer der Landessprache notwendig und gefragt waren. Interessant war die Zusammensetzung der Gruppe: Deutsche BetreuerInnen reisen mit in

---

21 ebd.

Deutschland lebenden türkischen Migrantenkindern in die Türkei, um dort türkische Kultur und türkisches Alltagsleben kennenzulernen.

„Diese internationale Gesamtkonstellation – kombiniert mit dem Reiseziel Türkei – versprach uns eine Jugendbegegnung besonderer Art und Würze, mit vielschichtigen Erfahrungschancen im Bereich interkulturellen Lernens. Hier sollte nicht 'Grün' die fremde Kultur 'Blau' kennenlernen, sondern türkische Jugendliche, in der BRD geboren und aufgewachsen, sollten mit ihrer spürbaren kulturellen und persönlichen Ambivalenz gemeinsam in ihr Herkunftsland reisen und sich dort intensiv mit Einheimischen austauschen. Würden unsere Jugendlichen in ihre Heimat reisen oder bloße Touristen sein wie du und ich? Gibt es etwas dazwischen?
Zudem ergab sich die Gelegenheit, dass vierzehn türkische Jungs fünf deutschen BetreuerInnen ihr Herkunftsland, gleich, ob sie es nun als ihre Heimat empfinden oder nicht, zeigen konnten. Es entstand eine völlig neue Situation. 'Jetzt seid Ihr die Ausländer!' riefen uns lachend die Jungs beim ersten türkischen Bodenkontakt, noch im Flugzeug, zu. Nun wußten sie – und nicht die erwachsenen, lebenserfahrenen BetreuerInnen – besser, wo es lang geht, und wir hatten 'weniger zu sagen' – jedenfalls auf türkisch!"[22]

Ein zweiter Effekt der Türkeireise war, dass auch der Austausch zwischen den SozialarbeiterInnen von Auszeit und den Ehrenamtlichen des Vereins sich intensivierte, beide die jeweils unterschiedlichen Reaktionen bei Konflikten mit und zwischen den Jugendlichen hautnah miterlebten und dadurch gezwungen waren, gemeinsam zu tragfähigen Lösungen zu gelangen: PädagogInnen und VereinsvertreterInnen, Verein und Jugendliche sind *„einen großen Schritt aufeinander zugegangen"*.[23]

In der Realisierung des ehrgeizigen Zieles, Ansätze der offenen Jugendarbeit mit der Jugendarbeit der Sportvereine zu vernetzen, sind in der zweiten Modellhälfte erste Schritte unternommen worden. Auszeit hatte hierbei eine zentrale „Scharnierfunktion".

Die von Jugendhilfe, Auszeit und VfR gemeinsam durchgeführte Veranstaltung war das sogenannte eintägige Euroturnier im Juni 1996. Dieses „Euroturnier" fand im Rahmen der Rüsselsheimer Stadtmeisterschaften statt, die jährlich für alle Jugendklassen der Fußballvereine stattfinden. Ausrichter dieses einwöchigen städtischen Fußballturniers war 1996 der VfR Rüsselsheim. (Deshalb beteiligte sich Auszeit auch an drei weiteren Tagen mit einem Rahmenprogramm an den Stadtmeisterschaften, um den Verein zu unterstützen.)

Ziel des Euroturniers war, ein „richtiges" Turnier, auch für jugendliche Straßenfußballer, die keinem Verein angehören, also Vereinsmuffel sind, durchzuführen. Auszeit konnte die Teams der beiden Rüsselsheimer Jugendhäuser „Dicker Busch" und „Berliner Viertel" sowie den VfR für diese Kooperation gewinnen. Der VfR stellte sein Festzelt zur Verfügung, sorgte für die Verpflegung, und Vereinstrainer sowie Vorstandsmitglieder fun-

---

22 ebd.
23 3. Projektezeitung, 5 Abschlußberichte. Projekte im Hessischen Jugend-Aktions-Programm; 1997, S. 44

gierten den ganzen Tag über als Schiedsrichter. Die Jugendhaus-MitarbeiterInnen waren in die Vorbereitung eingebunden. Während des Turniers betreuten sie „ihre" Jugendlichen und waren auch als Schiedsrichter aktiv. Auszeit übernahm die Gesamtorganisation und Planung, insbesondere auch die Gestaltung eines attraktiven Rahmenprogramms u.a. mit Musik und Fernsehübertragung eines Europameisterschaftsspiels.

Es gelang, 21 achtköpfige Teams im Alter zwischen zehn und achtzehn Jahren gegeneinander antreten zu lassen: Die „Flinken Füße" spielten gegen das „Böllensee-Dreamteam", die „Torfheads" gegen die „Flamingos", eine „VfR Weltauswahl" und den „FC Türkgücü". Die Jungen kickten mit Ehrgeiz und Eifer „und sorgten auch außerhalb des Spielfelds für spannungsgeladene Momente".[24] Die Rüsselsheimer „Jugendszene" war vollständig erschienen: auffällige, z.T. auch als gewalttätig bekannte Jungen, die fast alle aus sozial benachteiligten Verhältnissen stammen und die als „schwierige Jugendliche" (noch) nicht in einen Verein integrierbar sind." Regelverletzungen waren deshalb vorprogrammiert:

„Daher ist es nicht verwunderlich, dass einige Mannschaften über die Stränge schlugen, die Gegner körperlich und verbal scharf attackierten, Niederlagen sehr persönlich nahmen oder das Turnier zum Anlaß nahmen, alte Konflikte aufzuwärmen – die stadtteilbezogene Organisation brachte es schließlich mit sich, dass viele Jugendliche sich schon seit Jahren kannten. Plötzlich waren mehr als die vorgeschriebene Anzahl von Spielern auf dem Feld, es wurde gefoult und getreten, kurz, alles drangesetzt, den K.o.-Modus zu 'überleben' und die nächste Runde zu erreichen. Dem pädagogischen Geschick der sozialarbeiterisch vorgebildeten Organisator/innen ist es zu verdanken, dass die Konflikte in der spannungsgeladenen Gesamtatmosphäre nur ein einziges Mal in eine handfeste Prügelei ausarteten."[25]

Insgesamt wurde die Kooperation dennoch als gelungen bezeichnet, obwohl insbesondere der VfR sich am Tag des Euroturniers streckenweise überfordert fühlte.

„Der VfR Rüsselsheim, ein Verein mit sozialen Ansprüchen, der der Integration schwieriger Jugendlicher grundsätzlich aufgeschlossen gegenübersteht, stieß im Laufe des Tages an die Grenzen seiner Toleranz und Offenheit und fühlte sich überfordert. Es zeigte sich wieder einmal, dass die Ziele und Rahmenbedingungen vereinsinterner Jugendarbeit andere sind als die der sozialpädagogischen Arbeit mit Jugendlichen. Dennoch bereut es der Verein nicht, seine Türen an diesem Tag für vereinsungebundene Jugendliche geöffnet zu haben. Die Vertreter/innen der Jugendhäuser planen, im nächsten Jahr wieder ein solches Turnier zu organisieren. In einer ersten Analyse wurden bereits einige Schwachstellen der Organisation aufgedeckt, die im nächsten Jahr verändert werden sollen. ... Dennoch müssen alle Beteiligten darauf gefaßt sein, dass mehr Konflikte entstehen als bei einem 'normalen' Fußballturnier. Da aber sowohl der Verein als auch die Jugendhäuser das 'Euro-Turnier' zum Anlaß nehmen, über weitere

---

24 4. Zwischenbericht von Auszeit, 1996, S. 14
25 4. Dokumentationsbogen der Wissenschaftlichen Begleitung, 1996

Kooperationsmöglichkeiten nachzudenken, ist 'Auszeit' seinem Ziel, beide Partner miteinander ins Gespräch zu bringen, einen großen Schritt näher gekommen."[26]

Der Erfolg der zweijährigen Kooperation zwischen Modellprojekt und Sportverein liegt auf zwei Ebenen. Zunächst in den positiven Wirkungen für die Jugendlichen im Verein selbst: Zu Beginn der Kooperation mit dem VfR herrschten zwischen Vereinsvertretern und Jungen starke Spannungen. Insbesondere die B-Jugend stand vor der Selbstauflösung, ihr Trainer war kurz davor, sein Amt frustriert und resigniert niederzulegen. Am Ende der Modellzeit hatte die B-Jugend, ausnahmslos Migranten, wieder einen Platz im Vereinsleben gefunden. Des weiteren wurden Kooperationsformen zwische0n Jugendhilfe und Sportverein, gerade auch für schwierige und benachteiligte Jugendliche, erprobt.

Im Verlaufe der zweijährigen Kooperation zwischen Modellprojekt und VfR konnte die Basis für eine weiterführende Kooperation auch nach Auslaufen der Modellphase gelegt werden. Auszeit brachte Elemente sozialen und interkulturellen Lernens in die Vereinsarbeit ein, und der VfR wiederum machte erste Schritte, sogenannte schwierige Jugendliche im Vereinsleben zu integrieren, mit Institutionen der Jugendarbeit zusammenzuarbeiten sowie sich für vereinsungebundene Jugendliche zu öffnen.[27]

---

26   ebd.
27   Zusätzlich zu den hier im Werkstattbericht dokumentierten Angeboten führte Auszeit auch punktuelle einmalige Aktionen für Jugendliche in Kooperationen mit Jugendpflegen im Landkreis Groß-Gerau sowie im Rahmen der Sportjugend Hessen durch. Hierdurch gelang es, die Modellarbeit auch über die Grenzen der beiden Modellstandorte, Riedstadt-Crumstadt und Rüsselsheim, bekannt zu machen.
Da in dieser Publikation die konkrete Arbeit mit Jugendlichen im Vordergrund steht, blieb ein weiterer Arbeitsbereich von Auszeit und Sportjugend, die Entwicklung geeigneter Fortbildungsmaterialien für Sportvereine, bislang unerwähnt: Für die Qualifizierung von MultiplikatorInnen als Sportvereinen zur Gewaltproblematik veröffentlichten Auszeit und Sportjugend die Publikation "Was sich Vereine wünschen für ihre Arbeit mit schwierigen Jugendlichen" und entwickelten ein Fortbildungscurriculum, das als Grundlage für die beiden von Auszeit und Sportjugend während der Modellphase durchgeführten Fortbildungsveranstaltungen diente. Beides basierte auf einer in den ersten Projektmonaten durchgeführten Interviewbefragung von ÜbungsleiterInnen zum Thema Gewaltprävention, deren Ziel es war, herauszufinden, wie Sportvereine für die Arbeit mit schwierigen Jugendlichen sensibilisiert werden können.
Im 1997 erschienen Endbericht der Wissenschaftlichen Begleitung sind Interviewrecherche, Curriculum und Fortbildungen näher beschrieben; er ist zu beziehen über: BASA-Stiftung, c/o Bildungsstätte Alte Schule Anspach, Schulstr. 3, 61267 Neu-Anspach;
vgl. hierzu auch: Curth, Anette: "Was sich Vereine wünschen für ihre Arbeit mit schwierigen Jugendlichen; Ergebnisse einer Interviewrecherche."; hrsg. von der Sportjugend Hessen im lsbh e.V., Frankfurt: o.J. und „Projekt ´Auszeit´: Entwicklung einer Fortbildung für Übungsleiterinnen und Übungsleiter zur Gewaltprävention im Sportverein" in: 2. Projektezeitung, 5 Berichte. Projekte im Hessischen Jugend-Aktions-Programm; 1996; S. 42-44

Weiterführung der Arbeit nach Auslaufen des Modellprojektes

Auszeit ist es im Vergleich aller fünf Modellprojekte am weitestgehenden gelungen, seine Modellansätze in die Jugendhilfe als „Regelangebot" zu integrieren, obwohl es, wie andere Projekte auch, von Jahr zu Jahr um seine finanzielle Sicherung bangen muss.

Im Modellstandort Rüsselsheim konnte die Arbeit nach Auslaufen der Modellfinanzierung nahtlos weitergeführt werden: Die Stadt Rüsselsheim richtete eigens für Auszeit eine Haushaltsstelle ein. Zusätzlich warb Auszeit Sponsorengelder in beträchtlicher Höhe für die Arbeit in Rüsselsheim ein, („Initiativkreis Sport und Wirtschaft" in den Jahren 1997 und 1998). Sichtbarer Ausdruck der intensiven Arbeit in Rüsselsheim ist die Verlegung des Büros von Auszeit.

Im Modellstandort Riedstadt-Crumstadt wurde die Arbeit zunächst in einer „Sparversion" weitergeführt. Zwei Honorarkräfte, koordiniert von der Jugendpflegerin, die diesen Aufgabenbereich zusätzlich übernahm, führten die Angebote fort; der „Auszeit-Bus" wurde hierfür an die Gemeinde vermietet. Bald zeigte es sich, dass ohne hauptamtliche Koordination die Qualität der Arbeit leidet. Die Gemeinde Riedstadt bezuschußt deshalb eine bei Auszeit angesiedelte AB-Maßnahme, und Auszeit richtete zur besseren Verankerung der Arbeit vor Ort auch hier ein „Auszeitbüro" ein. Nachdem sich die ursprüngliche Zielgruppe, die „Friedhofsbankclique", aufgelöst hatte, erweiterte Auszeit seinen Wirkungsbereich auf die anderen Ortsteile der Gemeinde Riedstadt.

Inzwischen arbeitet Auszeit auch in anderen Gemeinden des Landkreises. Ermöglicht wurde das durch eine Spendenaktion des Landrates und durch Mittel aus dem Erlös der Jugendsammelwoche. Nachdem auch die Gemeinde Bischofsheim Haushaltsmittel zur Verfügung stellt, ist Auszeit jetzt an drei Standorten im Landkreis Groß-Gerau „fest" vertreten.

Im Juli 1998 „emanzipierte" Auszeit sich von der Sportjugend Hessen und gründete den Verein „Auszeit im Kreis Groß-Gerau e.V." mit Sitz in Rüsselsheim. Aus Sicht der MitarbeiterInnen sprach viel für diesen Schritt:

„Auf Dauer kann es nicht die Aufgabe eines Landesverbandes sein, ein kommunales Projekt zu begleiten. Zusätzlich gilt es auch auf strukturelle Probleme einzugehen. Ein eigenständiger Verein kann dauerhaft die erfolgreiche Arbeit unmittelbarer und flexibler gestalten, als dies bei einem „mittelständigen Unternehmen" von der Größe des Landessportbundes Hessen möglich ist. Der enge Kontakt und die gute Zusammenarbeit mit der Sportjugend Hessen bleiben erhalten."[28]

---

28 Nachbefragung der ehemaligen ProjektmitarbeiterInnen durch die Wissenschaftliche Begleitung im Oktober 1998

Anhang: **"Auszeit": Modellprojekt der Sportjugend Hessen im Landkreis Groß-Gerau - Die Rahmenbedingungen im Überblick -**

Träger	Sportjugend Hessen im Landessportbund Hessen e.V., Frankfurt/Main
Projektorte	– Stadt Rüsselsheim, vornehmlich die Gebiete: Böllensee-siedlung/Alzeyer Straße – Riedstadt-Crumstadt darüber hinausgehendes Einzugsgebiet: Landkreis Groß-Gerau
Mitarbeiter-Innen	– Zwei ProjektkoordinatorInnen in Teilzeit, zu Beginn geschlechtsparitätisch besetzt, im letzten Jahr mit zwei Frauen, mit folgenden Qualifikationen: -Sozialarbeiter auf dem zweiten Bildungsweg, davor Ausbildung zum Stahlbauschlosser; Erfahrungen als Betriebsrat; Motorradsportler – Diplompädagogin; Berufserfahrung in der offenen Kinder- und Jugendarbeit; aktive Basketballspielerin, Spielerin in der Bundesliga und Trainerin mit B-Lizenz; Engagement in der Jugendarbeit von Sportvereinen, u.a. Entwicklung eines sportpädagogischen Basketballprojektes für MigrantInnen – Diplompädagogin mit folgenden Zusatzqualifikationen/Berufserfahrungen: Journalistenausbildung, Erfahrungen in Hausaufgaben-, Drogen- und Straffälligenhilfe, in der Erwachsenen- und Lehrerfortbildung insbesondere auch zur Thematik Umgang mit gewaltbereiten und rechtsgerichteten Jugendlichen – Zwei PraxishelferInnenteams für die direkte Arbeit vor Ort mit Jugendlichen – 3 Honorarkräfte (zwei Männer, eine Frau) in Crumstadt –2 Honorarkräfte (ein Mann, eine Frau) in Rüsselsheim Alle MitarbeiterInnen sind Deutsche
Räume	– Koordinationsbüro im Landratsamt in Groß-Gerau – "Auszeit" - Sportbus
weitere Ressourcen	Sachspenden für die Baumaßnahmen in Crumstadt und Rüsselsheim
kontinuierliche KooperationspartnerInnen	– Jugendpflege Rüsselsheim – Jugendpflege Riedstadt-Crumstadt – Verein für Rasensport (VfR) in Rüsselsheim – Schillerschule und Hasengrundschule in Rüsselsheim

5. Internationale Jugendcamps in der Stadt - Von hochgesteckten Zielen zur realistischen Umsetzung eines Zusammenlebens auf Zeit von Jugendlichen unterschiedlicher Kulturen und Nationalitäten - (Modellprojekt des Evangelischen Vereins für Jugendsozialarbeit e.V. und der Saalbau GmbH, Frankfurt am Main[1])

Der Werkstattbericht über das Internationale Jugendcamp (IJC) in Frankfurt fällt in seiner Form insofern aus dem Rahmen, als er

a) sich nicht an der üblichen Darstellungsstruktur orientiert und
b) weniger den Prozeß beschreibt, sondern eher die Ergebnisse präsentiert.

Wir haben uns für diese Darstellungsform[2] entschieden, weil das IJC vom Charakter her sich wesentlich von den anderen vier Projekten unterscheidet und in seiner Wirkung auf die Jugendarbeit vor Ort ohne nachhaltige Auswirkungen geblieben ist. Dennoch erscheint es uns wichtig, sich - mißt man das Projekt an den selbstgesetzten Zielen im Antrag - auch mit einem hochgradig experimentellen, mehr oder weniger gescheiterten Projekt auseinanderzusetzen und es nicht zu beschönigen. Denn nach wie vor gilt, daß man aus Fehlern (im ersten Durchlauf des Camps) eine Menge lernen kann.

Der Antrag, den das Jugendhaus am Bügel des Evangelischen Vereins für Jugendsozialarbeit und das Projekt KulturWochen am Bügel der Saalbau GmbH vorlegten, erschien zunächst sehr vielversprechend, weil eine ganze Reihe von Ansätzen der Jugendarbeit miteinander kombiniert werden sollten, nämlich die Ideen

a) eines großen Camps, aber diesmal nicht auf dem Land, sondern in der Stadt (analog der Camps von Pfadfindern und Falken),
b) die Selbstverwaltung des Camps durch Jugendliche (analog zu „Mini-München"[3]),

---

[1] Der Titel des Modellprojekts lautete: Internationales Jugendcamp in Frankfurt am Main (IJC)
[2] Im Bericht der Wissenschaftlichen Begleitung über das Jugendaktionsprogramm ist der Verlauf der beiden Camps ausführlich dokumentiert. Der Bericht kann bei der BASA-Stiftung, Schulstr. 3, 61267 Neu-Anspach bezogen werden.
[3] Mini-München ist eine Großveranstaltung der „Pädagogischen Aktion München", in der Kinder die Möglichkeit haben, in einer selbstverwalteten Stadt zu leben. Mini-München hat sein eigenes Geld, hat Produktionsstätten, Geschäfte, Cafés usw. Die Kinder wählen

c) internationale Begegnungen mit sozial benachteiligte, zum großen Teil Migrantenjugendlichen aus einem Stadtteil,
d) Vernetzung verschiedener Jugendeinrichtungen in einem Stadtteil bzw. in einer Stadt.

Die Fragen, die dahinterstanden, waren also: Welche Chancen bieten Großereignisse in den Sommerferien in einem Stadtteil? Ist das eine Alternative zu den herkömmlichen Ferienspielen? Können Aktionen wie „Mini-München", die allgemein für Kinder gedacht sind, insbesondere auch sozial benachteiligte Jugendliche ansprechen und auf diese übertragen werden? Lassen sich internationale Begegnungen mit sozial benachteiligen Jugendlichen realisieren? Wie vertragen sich die verschiedenen Ansprüche miteinander? Funktioniert Vernetzung mit sehr unterschiedlichen Partnern?

Der Anspruch war, daß durch die gemeinsame Vorbereitung eines großen Ereignisses („Event") neue Impulse in der Jugendarbeit gesetzt und durch eine Kooperation neue Strukturen der Zusammenarbeit von Jugendeinrichtungen im Stadtteil geschaffen werden sollten. Dieser Anspruch konnte nicht eingelöst werden, obwohl in beiden Camps interessante und innovative Ideen entwickelt wurden.

Einige Ergebnisse

Die Antragsteller, d.h. das Jugendhaus am Bügel des Evangelischen Vereins für Jugendsozialarbeit und das Projekt KulturWochen am Bügel der Saalbau GmbH (beide aus Frankfurt) hatten ihr Wirkungsfeld im Frankfurter Stadtbezirk am Bügel gesucht, der zwischen den Ortsteilen Bonames und Nieder-Eschbach liegt und aufgrund seiner Sozialstruktur ein sozialer Brennpunkt ist. Hier leben eine große Anzahl von sozial benachteiligten, zum größten Teil ausländischen Jugendlichen. Bei dem Vorhaben eines internationalen Jugendcamps (IJC) war vornehmlich daran gedacht, die Jugendlichen des Stadtteils im Rahmen des Modellprojekts anzusprechen.

Erstes Camp

1995 war die Realisierung eines achtwöchigen Camps in den Sommerferien geplant, dessen Ziel es war, eine große Anzahl von attraktiven Angeboten zu realisieren und die Jugendlichen in einem großen Maße an der Gestaltung und Realisierung des Camps zu beteiligen. Mit letzterem war die Zielsetzung

---

ihre StadtvertreterInnen und einen Bürgermeister. Mit der mehrwöchigen Aktion wird die Eigenständigkeit von Kindern gefördert. Im Unterschied zur Zielgruppe des Jugendcamps am Bügel kommen diese Kinder aber nicht speziell aus sozialen Brennpunkten. Mini-München ist für alle Kinder gedacht. Insofern sind die Ideen dieser Kinder-Stadt nicht ohne weiteres auf ein Jugendcamp mit schwierigen Jugendlichen übertragbar.

verbunden, das soziale und demokratische Verhalten von Jugendlichen zu verstärken und damit gewaltpräventiv zu wirken.

In der Planung für das Jahr 1995 war dabei an ein Camp gedacht, das folgende Elemente enthalten sollte:

- In der Vorbereitung sollten die Jugendlichen vom Bügel in größtmöglichem Umfang einbezogen werden; gedacht war dabei auch an die Kooperation mit nahegelegenen Schulen.
- An dem Camp, das für 80 bis 100 Jugendliche geplant war, sollten mehrere ausländische Gruppen teilnehmen.
- Es sollte in Form einer kleinen Stadt organisiert sein (mit gewähltem Bürgermeister, eigener Währung etc.).
- Es sollte eine große Anzahl von Workshops geben, die in den Themenbereichen Arbeit und Bildung, Kultur und Freizeit, Wohnen und Verkehr sowie Gesundheit angesiedelt sein sollten.

Dieses sehr anspruchsvolle Konzept sollte in der Weise realisiert werden, daß neben vier Mitveranstaltern eine große Anzahl von Institutionen und Einrichtungen miteinander kooperieren sollten. Im Antrag wurde eine Zahl von 45 möglichen Kooperationspartnern genannt. Damit war die Hoffnung verbunden, neue Strukturen der Jugendarbeit zu bilden.

Die praktische Arbeit wurde zu Projektbeginn im Herbst 1994 zunächst durch drei Vertreter der Antragsteller geleistet, bis sie ab Ende 1994 durch einen Mitarbeiter (ABM) und im Frühjahr 1995 durch eine zweite Kraft (ebenfalls ABM) verstärkt wurden. In der ersten Hälfte des Jahres 1995 waren sie vor allen Dingen mit der infrastrukturellen Vorbereitung des Camps beschäftigt. Während des Camps wurden sie durch HonorarmitarbeiterInnen unterstützt.

Das Camp wurde in einem Gelände im Nordpark aufgebaut. Der Park liegt am Rande des Ortsteils Bonames. Das Internationale Jugendcamp fand vom 26. Juni bis 18. August 1995 statt, und dieser Zeitraum läßt sich in drei Phasen einteilen: 1. Schnupperwochen (die ersten zwei Wochen), 2. Teilnahme ausländischer Gastgruppen und 3. Offenes Camp.

Die Erwartungen, die die Initiatoren mit dem Camp verbunden hatten, ließen sich nur zu einem Teil verwirklichen.

Positive Ergebnisse des ersten Camps waren:

- Es nahmen eine Reihe benachteiligter Jugendlicher teil, auch wenn nur ein kleiner Teil von ihnen am Bügel lebte.
- Es konnte ein Kooperationspartner (Funkclub Mystery) gewonnen werden, der eine Reihe sozial benachteiligter Jugendlicher mitbrachte.
- In der mittleren Phase des Camps kamen drei ausländische Gastgruppen.
- In der zweiten Phase übernachteten bis zu 73 Jugendliche, und 90 bis 100 waren tagsüber im Camp.
- Es gab eine relativ große Anzahl von Workshopangeboten vor allem in

der zweiten Phase des Camps, die von verschiedenen Kooperationspartnern realisiert worden waren.
Diesen Erfolgen steht das gegenüber, was den eigenen Ansprüchen nicht entsprach:
- In der ersten Phase des Camps kamen außer an vier Vormittagen, als Schulklassen der nahegelegenen Otto-Hahn-Schule teilnahmen, nur ganz wenige Jugendliche. Viele Workshopangebote der Kooperationspartner wurden daher nicht genutzt. In der letzten Phase des Camps gab es nur noch 15 bis 25 Dauergäste.
- Die Teilnahme internationaler Gastgruppen beschränkte sich auf die zweite Phase; die internationalen Gastgruppen und die Jugendlichen waren zum einen zu unterschiedlich und zum anderen gab es nicht genügend Angebote, die wirklich gemeinsam genutzt wurden. Insofern kam es zu keiner wirklichen Begegnung von Jugendlichen aus verschiedenen Ländern.
- Die Idee einer selbstverwalteten Stadt durch Jugendliche wurde nicht ansatzweise realisiert; bereits in der Vorbereitungsphase gelang es kaum, Jugendliche zur Mitarbeit zu motivieren.
- Die Arbeit im Mitarbeiterteam war sehr unbefriedigend und von vielen Konflikten geprägt.
- Die Zusammenarbeit mit den Kooperationspartnern war an vielen Stellen ungeklärt, da es die Vertreter der Veranstalter versäumten, für hinreichende Kommunikation und genaue und klare Absprachen zu sorgen.[4]
- Im Camp gab es insgesamt zu wenig Struktur, zu ungenaue Rollenabsprachen und keine klare Leitung.

Die Gründe für die Mißerfolge liegen zum einen daran, daß manche Ideen nicht realistisch waren. Es war eine Überforderung der sozial benachteiligten Jugendlichen, von ihnen Selbstbestimmung und die Selbstverwaltung des Camps zu erwarten. Das Camp war in dieser Größe mit seinem relativ unüberschaubaren Rahmen und den sehr unterschiedlichen Voraussetzungen bei den Gruppen (feste Gruppen aus dem Ausland mit älteren Jugendlichen und eher lose miteinander verbundene Jugendliche vom Camp) für internationale Begegnungen nicht geeignet. Zum anderen mangelte es aber auch an klaren Strukturen, und vor allen Dingen gab es nicht genügend Zeit für Absprachen, die Klärung von Mißverständnissen und anderen Unstimmigkeiten sowohl im Team der MitarbeiterInnen als auch mit den Kooperationspartnern.

---

[4] Die Realität der Kooperation des ersten Camps bestand eher in Form „einer Dienstleistung als ein gemeinschaftliches Neuentwickeln einer Idee oder eines Ziels" - Aussage aus dem Abschlußinterview mit den Mitarbeiterinnen in Frankfurt am 15.11.1996

Zweites Camp

Aus diesen Erfahrungen mit dem Camp 1995 zog einer der Veranstalter, der Evangelische Verein für Jugendsozialarbeit, die Konsequenzen in personeller und in konzeptioneller Hinsicht, auch nachdem klar war, daß der zweite Antragsteller, die Saalbau GmbH, vereinbarungsgemäß zum Jahresende 1995 ausscheiden würde. Zunächst stellte der Evangelische Verein zum Oktober 1995 eine Sozialarbeiterin als Campleiterin ein. Bis auf eine Mitarbeiterin (ABM) waren alle anderen Beteiligten zu diesem Zeitpunkt ausgeschieden oder standen kurz davor. Die beiden Mitarbeiterinnen machten sich dann mit dem Trägervertreter daran, die alte Konzeption weiterzuentwickeln und die Erfahrungen des ersten Camps dabei zu berücksichtigen.

Nach der überarbeiteten Konzeption wurde das Camp etwas kleiner ausgelegt, die Ansprüche im Hinblick auf Mitbeteiligung der Jugendlichen realistisch reduziert und ein neuer Platz für das Camp festgelegt. Die Verantwortlichen entschieden sich dafür, das Jugendhaus am Bügel mit seinen verschiedenen räumlichen Möglichkeiten zu nutzen. Ferner wurde großer Wert darauf gelegt, daß entsprechend qualifizierte HonorarmitarbeiterInnen eingestellt wurden und daß es entsprechend klare Arbeitsstrukturen und Abstimmungsverfahren gab. Die Dauer des Camps wurde auf drei Wochen und einige Projekttage mit der Otto-Hahn-Schule verringert, um realistisch mit den Personalressourcen umzugehen. Die Idee, internationale Gruppen einzuladen und mit verschiedenen Kooperationspartnern zusammenzuarbeiten, wurde beibehalten. Auch sollte sich das Camp nach wie vor an die gleiche Zielgruppe richten.

Die Vorbereitung des Camps verlief nahezu nach Plan. Kooperationspartner aus dem letzten Jahr wurden wieder gewonnen und neue kamen hinzu. Für die TeamerInnen, die von der Fachhochschule (FH) Frankfurt kamen, gab es eine intensive Vorbereitung, die durch den Lehrauftrag der Campleiterin an der FH möglich war. Allerdings sagten drei ausländische Gruppen und zwei aus Ostdeutschland, die zuvor sehr starkes Interesse an einer Teilnahme am Camp gezeigt hatten, ihre Teilnahme letztendlich ab, so daß absehbar war, daß keine ausländische Gruppe am Camp teilnehmen würde.

Das Camp selbst fand in der Zeit vom 8. bis 10. Juli 1996 mit der Otto-Hahn-Schule (OHS) und vom 22. Juli bis 11. August statt. An den drei Projekttagen mit der OHS nahmen 82 SchülerInnen im Alter von 15 bis 16 Jahren teil. Es wurde ein gut strukturiertes Programm geboten, das alle zufriedenstellte. Trotz umfangreicher Werbung und entgegen der Erwartungen der Organisatorinnen meldeten sich zum Camp nur 26 Dauergäste an. Hinzu kamen noch 10 bis 20 Tagesbesucher. Auch kurzfristige Versuche, andere internationale Gruppen einzuladen, waren nicht sehr erfolgreich. Es kam nur zu verschiedenen Tagesbesuchen einiger ausländischer Gastgruppen. Allerdings füllte sich an den Abenden das Jugendhaus, weil das Team ab dem dritten Abend beschlossen hatte, für 35 bis 50 Stadtteiljugendliche das Jugendhaus kostenlos zu öffnen. Das Workshopangebot war sehr umfangreich und wurde mit viel Interesse von den Jugendlichen genutzt. Die Betreuung durch insgesamt 20 MitarbeiterInnen, die in unterschiedlichem zeitlichem Umfang mitwirkten, war optimal.

Für das zweite Camp läßt sich folgendes Fazit ziehen:

Es war sehr gut vorbereitet, hatte eine klare Struktur, gut ausgebildete Teamer und es gab interessante Angebote. Die gewünschte Zielgruppe der Stadtteiljugendlichen wurde nur teilweise erreicht, und zwar jeweils an den Abenden. Zwischen diesen Jugendlichen und den CampteilnehmerInnen kam es zu einer Art Koexistenz, wobei die Regeln klar eingehalten wurden. Der Erfolg lag darin, daß zwei sehr unterschiedliche Gruppen zusammen sein konnten und sich tolerierten. Das Jugendhaus wurde für einen begrenzten Zeitraum hin zum Stadtteil geöffnet, und es wurde mit dem Camp gezeigt, was in solch einer großen Einrichtung machbar ist. Internationale Begegnungen fanden nicht statt, lediglich Besuche einzelner ausländischer Gruppen.

Ein Weiterwirken der Erfahrungen des Camps innerhalb des Stadtteils war nicht gegeben, da es faktisch zu keiner stetigen Beteiligung von MitarbeiterInnen von Jugendeinrichtungen aus dem Stadtteil kam und die beiden fest angestellten MitarbeiterInnen des Camps nach dem Sommer andere Aufgaben außerhalb des Stadtteils übernahmen.

Schlußfolgerungen

Aus den Erfahrungen der beiden Camps lassen sich mehrere Schlußfolgerungen ziehen.

Bei einem so großen Vorhaben, wie es das Camp darstellte, ist Kooperation mit anderen Trägern sinnvoll und notwendig. Sie kann nur auf der Basis einer gleichberechtigten Zusammenarbeit erfolgen, und von daher ist die gemeinsame Trägerschaft eines solchen Unternehmens durch zwei bis drei Einrichtungen sinnvoll. So können verschiedene Ressourcen - auch angesichts knapper öffentlicher Mittel - gemeinsam genutzt werden. Ein Höchstmaß an Kommunikation und Transparenz ist eine wesentliche Voraussetzung für gelungene Kooperation.

Auch wenn Vernetzung in aller Munde ist, es bedarf sehr viel Zeit, guter Vorbereitung und verläßlicher Absprachen, um sie zu realisieren. Bei so einem großen Vorhaben wie dem Jugendcamp sind bei der Zusammenführung unterschiedlicher Einrichtungen gruppendynamische Prozesse nicht zu unterschätzen. Wenn es keine Bereitschaft gibt, Interessen und Wünsche klar und offen auszusprechen und sich daraus ergebende Konflikte konstruktiv zu lösen, dann ist ein Scheitern naheliegend. Frühzeitig abgeschlossene Kooperationsverträge können geeignete Instrumente sein, um Aufgabenverteilungen und Zuständigkeiten bereits im Vorfeld auszuhandeln und klar festzulegen.

Das zweite Camp hat gezeigt, wie vielfältig ein großes Jugendhaus genutzt werden kann. Ideen wie andere Öffnungszeiten (z.B. bis in die Nacht) oder ein Brunch am Sonntagvormittag sollten nach unserer Meinung aufgegriffen werden, um solche Einrichtungen umfassender und an den Bedürfnissen von Jugendlichen orientiert zu nutzen. Um größere Veranstaltungen in einem solchen Haus durchzuführen, ist eine Kooperation mit anderen Einrichtungen sehr sinnvoll.

Eine gute Vorbereitung von Honorarmitarbeitern ist in der Jugendarbeit eigentlich selbstverständlich. Die Möglichkeit diese Vorbereitung durch einen Lehrauftrag an der FH zu realisieren, wird unseres Erachtens zu wenig genutzt. Auch ist es denkbar, Fachhochschulen mit ihrer Ausstattung stärker in neue Jugendprojekte einzubinden. Hier könnten Ressourcen verknüpft werden, und im Rahmen von Projekten zwischen Jugendeinrichtungen und FH öffnen sich neue Praxisfelder für StudentInnen.

Sozial benachteiligte Jugendliche brauchen klare Strukturen und verläßliche Beziehungen zu MitarbeiterInnen in der Jugendarbeit. Mitgestaltung von Projekten durch diese Jugendlichen kann nur in kleinen und überschaubaren Schritten erfolgen.

Interkulturelles Lernen bei internationalen Begegnungen erfordert ebenso einen überschaubaren Rahmen, entsprechend vorbereitete Gruppen und verläßliche Kontakte ins Ausland. Auch hier sind klare Orientierungen für die beteiligten Jugendlichen wichtig. Gerade mit sozial benachteiligten Jugendlichen können Begegnungen mit Gruppen aus anderen Ländern nur behutsam und sehr gut vorbereitet zum Erfolg führen.

Es gibt in der Jugendarbeit (unter dem Einfluß von Kulturarbeit) einen gewissen Trend, aufwendige und kostspielige Aktionen durchzuführen. Solche Aktionen können dann einen Sinn haben, wenn sie Kräfte mobilisieren, in eine gemeinsame Weiterarbeit verschiedener Institutionen münden und Jugendliche auf bestimmte Angebote aufmerksam machen. Solche einmaligen „Events" können darüber hinaus für die teilnehmenden Jugendlichen Sinn machen, selbst wenn sie keine unmittelbaren Wirkungen für die Jugendarbeit der Region zeigen. Sie können aber keinesfalls Ersatz für eine auf Nachhaltigkeit hin angelegte Jugendarbeit sein.

Anhang: Internationales Jugendcamp (IJC) in Frankfurt/Main
- Die Rahmenbedingungen im Überblick -

Träger	– 1. Camp 1975: Evangelischer Verein für Jugendsozialarbeit e.V., Frankfurt (Jugendhaus am Bügel) und Saalbau GmbH, Frankfurt (KulturWochen am Bügel) – 2. Camp 1996: Evangelischer Verein für Jugendsozialarbeit e.V.
Projektorte	– 1. Camp: Nordpark an der Nidda, Frankfurt in der Vorbereitungsphase auch Jugendhaus am Bügel – 2. Camp: Jugendhaus am Bügel
Projektmitarbeiter-Innen	– 1. Camp: Zwei MitarbeiterInnen (AB-Maßnahmen), ein Mann und eine Frau: - Sozialpädagoge, Berufserfahrung in der Heimarbeit - Sozialpädagogin, Erfahrung in internationalen Begegnungen in Frankreich; hinzu kamen die Antragsteller: zwei Mitarbeiter des Jugendhauses am Bügel (einer allerdings nur während der Vorbereitung zum Camp) und ein Mitarbeiter der KulturWochen am Bügel jeweils mit unterschiedlichen Stundendeputaten – 2. Camp: Zwei Mitarbeiterinnen: - eine der bisherigen ABM-Kräfte - Projektleiterin (Sozialarbeiterin/Diplom-Pädagogin), Berufserfahrung als Jugendpflegerin der offenen Jugendarbeit und in der Freizeitpädagogik; Lehrbeauftragte an der FH Frankfurt/Main, während des Camps: a) ein „Basis-Team" von 6 TeamerInnen b) 9 Honorarkräfte für Einzelaktivitäten c) 9 Praktikantinnen bei beiden Camps waren die Hauptamtlichen Deutsche, unter den Honorarkräften bei dem 2. Camp waren drei MigrantInnen
Räume	– 1. Camp: Bürocontainer – 2. Camp: Projektbüro im Jugendhaus am Bügel
weitere Ressourcen	– Einrichtungen des Jugendhauses am Bügel (1. und 2. Camp) – Büroraum der Saalbau GmbH am Bügel (1. Camp) – Materialien, Fahrzeuge und Geräte der KooperationspartnerInnen, die mit Angeboten auf dem Camp vertreten waren (1.Camp: 14, 2.Camp: 10) – Material- und Sachspenden durch diverse Sponsoren

6. Resümee der fünf Projekte

Das „Hessische Jugendaktionsprogramm gegen Gewalt, Fremdenfeindlichkeit und Rechtsextremismus" wurde in den Jahren 1994-96 durchgeführt. Im Zentrum stand die Arbeit von fünf Modellprojekten, die von einer unabhängigen Fachjury im Auftrag des zuständigen Jugendministeriums unter den eingegangenen Bewerbungen ausgewählt worden waren:

- aufsuchende mobile Jugendarbeit mit „rechten" und anderen gewaltbereiten Jugendlichen im Landkreis Kassel (Träger: Evangelischer Kirchenkreis Hofgeismar),
- Gewaltprävention durch abenteuerliche Bewegungsformen in Kooperation von Jugendhilfeeinrichtungen und Schulen in Marburg und im Landkreis Marburg-Biedenkopf (Träger: bsj in Marburg),
- gewaltpräventive Mädchenarbeit durch Selbstbehauptungstraining und interkulturelles Lernen (Träger: Mädchen- und Frauenetage in Frankfurt am Main),
- Arbeit mit „schwierigen" Jugendlichen durch sport- und erlebnisorientierte Angebote in Kooperation mit Jugendhilfe und Sportvereinen im Landkreis Groß-Gerau (Träger: Sportjugend Hessen; Name des Modellprojektes: „Auszeit"),
- Internationales Jugendcamp in der Großstadt (Träger: Evangelischer Verein für Jugendsozialarbeit und Saalbau GmbH, beide in Frankfurt am Main).

Die Modellprojekte begannen ihre Arbeit im Sommer 1994; die Förderung durch das Land Hessen endete zum Jahresende 1996. Vier der fünf Projekte arbeiten auch heute, fast drei Jahre nach Abschluß der Modellphase weiter; das fünfte, das Internationale Jugendcamp war von vornherein als „Event" konzipiert und fand deshalb keine Fortsetzung. Bis auf das eigenständige Mädchenprojekt waren die Modelle ihrem Selbstverständnis nach koedukativ angelegt. Trotz der relativ geringen Anzahl waren sie insofern für die Jugendhilfelandschaft Hessens repräsentativ, indem sie sowohl in den Regionen Nord-, Mittel- sowie Südhessen und dem Rhein-Main-Gebiet angesiedelt waren, als auch die Struktur Hessens mit seinen ländlichen, mittelstädtischen und großstädtischen Regionen widerspiegelten. Eher ungewöhnlich hingegen war die Trägerstruktur: Die Auswahl der Jury orientierte sich nicht an einem Proporz, der die klassischen Träger der Jugendhilfe berücksichtigte, sondern prämierte gerade auch Modellanträge kleiner Träger und Initiativen.

Bevor Benno Hafeneger im nachfolgenden Beitrag die Diskussionsstränge zur Gewaltdebatte in der Jugendarbeit der „Neunziger Jahre" insgesamt bilanziert und Mechtild M. Jansen diese Gewaltdebatte unter geschlechtsspezifischem Blick kritisch kommentiert, sollen hier einige Resultate und weiterführende Aspekte aus der Praxis der Modellprojekte im „Hessischen Jugendaktionsprogramm gegen Gewalt, Fremdenfeindlichkeit und Rechtsextremismus" kurz benannt werden.

1. Modellprojekte dieser Art sind dann erfolgreich, wenn es ihnen gelingt, Fragestellungen und Arbeitsansätze so zu entfalten, daß daraus Anstöße und Anregungen für die Jugendhilfe in der Region gewonnen werden und die Arbeit ganz oder in Teilen in die Regelarbeit der Träger in Kommunen und Landkreisen einfließen. Dies trifft für die Modellprojekte des „Hessischen Jugendaktionsprogramms" weitgehend zu. Die Nachhaltigkeit und Wirksamkeit der Modellarbeit beruhte auf einem erfolgreichen „Einklinken" in die jeweiligen sozialräumlichen Gegebenheiten. Die Projekte beschritten dabei mehrere Wege:

– ergänzende Angebote zur örtlichen Jugendhilfe, die diese selbst aufgrund fehlender infrastruktureller Voraussetzungen nicht leisten konnten,
– Schaffung neuer Arbeitsfelder durch Kooperation von Jugendhilfeeinrichtungen mit Schulen bzw. Sportvereinen, die auf andere Kommunen übertragbar sind,
– Entwicklung neuer Facetten in der gewaltpräventiven Mädchenarbeit.

In den Landkreisen Kassel und Groß-Gerau füllten die Modelle in Absprache mit der örtlichen Jugendhilfe bestehende Lücken kreativ durch ihre aufsuchenden und mobilen Arbeitsansätze für gewalttätige und gewaltbereite sowie „rechte" Cliquen. Der bsj in Marburg baute mit Hilfe des Modellprojekts einen neuartigen und beispielhaften Kooperationsverbund von Jugendhilfe und Schule zur Gewaltprävention auf. „Auszeit" gelang es, Sportvereine für „schwierige" Jugendliche zu öffnen, indem das Projekt eine Scharnierfunktion zwischen Einrichtungen der offenen Jugendarbeit und Sportvereinen übernahm. Das Mädchenprojekt konzentrierte sich auf Gewaltprävention, indem es bestehende Ansätze der Mädchenarbeit zur Selbstbehauptung weiterentwickelte mit dem Ziel, Mädchen Auswege aus der Opferrolle aufzuzeigen, sowie Aspekte von Mittäterinnenschaft thematisierte und kritisch eigene fremdenfeindliche Vorurteile hinterfragte.

2. Die aufsuchende Arbeit der Modellprojekte war dann erfolgreich, wenn sie sich auf Jungen „am Rande der Devianz" konzentrierte: auf Jungen, die einzeln oder im Cliquenzusammenhang durch lautes, aggressives Verhalten auffielen, deren Straftaten sich noch in Vandalismus, kleinen Diebstählen, Körperverletzungen oder Konsum „weicher" Drogen erschöpften, und auf Jungen, die zwar von neonazistischem Gedankengut angetan waren und sich auch mit Versatzstücken rechter Ideologien identifizierten, aber noch nicht fest in neonazistische Gruppen- oder Parteistrukturen eingebunden waren. Es waren Jungen, die von den bisherigen Angeboten der Jugendhilfe in der

Region nicht erreicht wurden. Sie konnten aber mit einem speziell auf die jeweilige Gruppe zugeschnittenen Konzept aufsuchender Arbeit durch die Angebote der Modellprojekte im „Jugendaktionsprogramm" angesprochen werden (mehrere Cliquen im Landkreis Kassel und eine Gruppe in Riedstadt-Crumstadt, Landkreis Groß-Gerau). Die Arbeit mit diesen gewalttätigen und gewaltbereiten Jungen bewirkte ein allmähliches Abrücken von Gewalt als alleinigem oder letztem Mittel zur Konfliktbewältigung bzw. ermöglichte den Jungen ein Überdenken der bislang präferierten „rechten" Einstellungen und Deutungsmuster. Nicht dauerhaft erreicht wurden hingegen Cliquen oder Gruppen, in denen sich überwiegend Jungen zusammenfanden, die bereits eine längere kriminelle Karriere durchlaufen bzw. schwerere Straftaten begangen hatten, die von harten Drogen abhängig waren oder die sich selbst als aktive Neonazis verstanden.

3. Die koedukativen Modellprojekte hatten den Selbstanspruch, auch Mädchen und junge Frauen angemessen zu erreichen. Die Modellpraxis hat ergeben, daß die Frage nach der „geschlechtsspezifischen Ausgewogenheit" differenziert zu beantworten ist. Die gewählten Arbeitsansätze - aufsuchende Cliquenarbeit, mobile offene Sportangebote im öffentlichen Raum und Kooperation mit männerdominierten Sportvereinen - implizierten von vornherein eine Konzentration auf männliche Jugendliche. Zwar gab es in den Cliquen in den Landkreisen Kassel und Groß-Gerau auch Mädchen, sie spielten dort aber eine untergeordnete Rolle. Sportangebote im öffentlichen Raum, wie in der Rüsselsheimer Böllenseesiedlung, waren nur für jüngere Mädchen noch attraktiv; ältere Mädchen wurden nicht erreicht, zumal die Nutzer dieses Angebots hauptsächlich Migranten waren und junge Migrantinnen in der Regel einem noch strikteren „Ausgehverbot" unterliegen als gleichaltrige deutsche Mädchen. Die Frage von Gewalt als „Störfaktor" im Sportbereich stellt sich vor allem für Vereine in männerdominierten Sportarten wie Fußball oder Eishockey. Kooperationsangebote zum Abbau von Gewalt richten sich deshalb sinnvollerweise an typische „Männervereine", wie z.B den (Fußball-)„Verein für Rasensport" in Rüsselsheim.

In diesen Kontexten die Forderung nach geschlechtsspezifischer Quotierung abstrakt zu stellen, ist weder für die Zielgruppen selbst noch für die Weiterentwicklung der Arbeitsinhalte produktiv. Weiterführend hingegen ist die klare Benennung dieser Arbeit als Jungenarbeit (unabhängig davon, ob z.B. für die wenigen Mädchen in den Cliquen auch spezielle Angebote bereitgestellt werden sollen). Diese Benennung gibt zum einen die Realität wieder; sie bietet darüber hinaus die Chance, Ansätze bewußter Jungenarbeit verstärkt zu erproben, um inhaltlich neue Wege in der Gewaltprävention für Jungen zu gehen, wie es dem Hofgeismarer Modellprojekt in Ansätzen gelungen ist. Gleichzeitig wird so die politische Notwendigkeit der Förderung spezifischer Mädchenprojekte zur Gewaltthematik evident.

4. Geschlechtsspezifische Angebote in der Kooperation Jugendhilfe/Schule hingegen wären aufgrund der Tatsache, daß Mädchen und Jungen gleichermaßen die Schule besuchen, rein quantitativ gesehen möglich gewesen. Doch obwohl das ausgewiesene Schulprojekt im „Jugendaktionsprogramm" in Marburg einige geschlechtsdifferente Aktivitäten durchführte, blieb es, auch in der Selbsteinschätzung der Mitarbeiter, inhaltlich eher ein Jungenprojekt. Offensichtlich ist das Konzept koedukativer Erziehung im Schulalltag so tief verankert, daß die in der Jugendhilfe entwickelten Ansätze der Mädchenarbeit nur schwer von „außen" in die Schule transportiert werden können, selbst von einem Jugendhilfeträger wie dem bsj, der über einschlägige Erfahrungen und Konzepte zur körper- und bewegungsorientierten Mädchenarbeit verfügt.

5. Alle Modellprojekte entwickelten und erprobten Strategien zum Gewaltabbau und zur Gewaltprävention. Sie gingen dabei aber von unterschiedlichen Gewaltbegriffen aus. Die vier koedukativen Projekte verstanden unter Jugendgewalt in erster Linie die im öffentlichen Raum sichtbare und störende Gewalt wie gewalttätige Auseinandersetzungen zwischen Cliquen, zwischen einzelnen Jungen und gegenüber Dritten, lautes und aggressives Auftreten und Agieren, Vandalismus und Sachbeschädigung. Die Gewalt, die von Jungen und Männern gegenüber Frauen und Mädchen ausgeübt wird, wurde hier hingegen kaum thematisiert; lediglich das Projekt im Landkreis Kassel sprach in einer Jungenclique auch sexistisches Verhalten und sexistische Einstellungen an.

Die unsichtbare bzw. nicht als solche wahrgenommene sexistische Gewalt im sozialen Nahbereich war hingegen explizit Thema im Mädchenprojekt des „Jugendaktionsprogramms". Folgerichtig war ein Schwerpunkt des Mädchenprojektes die Arbeit mit Opfern und potentiellen Opfern männlicher Gewalt, während in den anderen Projekten die Arbeit mit Tätern im Vordergrund stand.

6. Ausgehend von den unterschiedlichen Gewaltbegriffen wirkten die Projekte auch jeweils unterschiedlich im öffentlichen Raum. Insbesondere bei der aufsuchenden Arbeit ging es darum, Räume, die diese Cliquen bereits im wörtlichen Sinne besetzt hatten, so zu gestalten, daß ihre Nutzung durch die Clique nicht mit den Interessen und Bedürfnissen anderer kollidierte, nämlich denen der Anwohner, der Bevölkerung im Ort oder der Eigentümer wie im Falle des Vandalismus auf einem Schulhof. Ein Weg war, diese Räume in gemeinsamen Aktionen so attraktiv werden zu lassen, daß die Jugendlichen die von ihnen mit geschaffenen Orte als ihre Räume begriffen und pfleglicher mit ihnen umgingen. Eine ähnlich identitätsstiftende Wirkung hatten die gemeinsam gebauten Ersatzräume, wenn der ursprünglich von der Clique okkupierte Raum von der Öffentlichkeit nicht freigegeben wurde. Beispiele dafür sind die „Verpflanzung" der ehemaligen Friedhofsbankclique auf einen

alten Bolzplatz, wo sie sich ihre Hütte bauen konnte (Landkreis Groß-Gerau), sowie die Bereitstellung von selbst auszubauenden Bauwagen in Gemeinden des Landkreises Kassel.

7. Verschieden waren auch die Ansätze zur Gewaltprävention. Konstitutiv für die gewaltpräventiven Angebote der koedukativen Projekte war es, den Cliquen, Gruppen, Schulklassen und Jungen des Fußballvereins Alternativen zu bisherigen gewalttätigen Lösungsstrategien aufzuzeigen und ihre Aktivitäten in sozial verträgliche Bahnen zu lenken. Das Mädchenprojekt hingegen stellte die Stärkung und Selbstbehauptung der jungen Frauen ins Zentrum mit dem Ziel, erfolgreiche Handlungsstrategien gegen erlebte Gewalt im privaten Nahbereich und im gesellschaftlichen Umfeld zu entwickeln. Es ist sicher nicht zufällig, daß das Projekt, welches den Blick auf Gewalt in den privaten Beziehungen fokussierte, als einziges Projekt sich den Fragen nach eigenen Verstrickungen in fremdenfeindliche Haltungen stellte und Aspekte von (Mit-)Täterinnenschaft thematisierte, indem eigene autoritäre und rassistische Vorurteile hinterfragt, erkannt und bearbeitet wurden.

Als Fazit ist abschließend festzuhalten, daß die Arbeit der Modellprojekte im „Hessischen Jugendaktionsprogramm gegen Gewalt, Fremdenfeindlichkeit und Rechtsextremismus" gemessen an der Zielsetzung zum größten Teil erfolgreich war: Wesentliche Zielgruppen wurden erreicht, wichtige Ideen für aufsuchende Cliquenarbeit und neue Wege in der gewaltpräventiven Mädchenarbeit entwickelt sowie Impulse zur Schaffung neuer Kooperationsverbünde für die Jugendhilfe gesetzt.

In den Werkstattberichten zitierte Materialien und Literatur:

Klose, Christiana; Rademacher, Helmolt: Hessisches Jugendaktionsprogramm gegen Gewalt, Fremdenfeindlichkeit und Rechtsextremismus; Endbericht der Wissenschaftlichen Begleitung; 1997; Hrsg. Frankfurter Institut für Frauenforschung (fif) und BASA-Stiftung zur Förderung von Jugendarbeit und Jugendforschung.
1. Projektezeitung: 5 Projekte. Dokumentation Hessisches Jugend-Aktions-Programm; 1994
2. Projektezeitung: 5 Berichte. Projekte im Hessischen Jugend-Aktions-Programm; 1996
3. Projektezeitung: 5 Abschlußberichte. Projekte im Hessischen Jugend-Aktions-Programm; 1997
(Die drei Projektezeitungen sind erhältlich beim Hessischen Sozialministerium in Wiesbaden.)
3. Dokumentationsbogen der Wissenschaftlichen Begleitung, 1996
4. Dokumentationsbogen der Wissenschaftlichen Begleitung, 1996
Wettbewerb „Projekte der Jugendarbeit gegen Gewalt, Fremdenfeindlichkeit und Rechtsextremismus"; veranstaltet vom Hessischen Ministerium für Jugend, Familie und Gesundheit, 1994
Antrag des Modellprojektes Hofgeismar
Abschlußinterview mit dem Projektkoordinator des Modellprojektes des Evangelischen Kirchenkreises Hofgeismar am 20.12.1996
Exkurs Mädchenarbeit in Hofgeismar von Michaela Köttig, 1998
Konzeptentwurf: Aufbau einer integrativen, mobilen, aufsuchenden Jugendarbeit, Hofgeismar 1996
Maßnahmenplan des Schulprojektes im bsj 1994/95
Projekte, Aktivitäten, Fachtagungen und Fortbildungen im Schuljahr 1995/96, bsj, 8/1996
Abschlußinterview mit den Mitarbeitern des Modellprojektes: Abenteuerliche Bewegungsformen in einem Kooperationsmodell von Jugendhilfeeinrichtungen und allgemeinbildenden Schulen des bsj in Marburg am 18.12.96
Nachbefragung des Geschäftsführers des bsj durch die Wissenschaftliche Begleitung, Oktober 1998
Antrag der Mädchen- und Frauenetage e. V. in Frankfurt zum Wettbewerb „Projekte der Jugendarbeit gegen Gewalt, Fremdenfeindlichkeit und Rechtsextremismus", 1994
1. Zwischenbericht der Mädchen- und Frauenetage, 1994
2. Zwischenbericht der Mädchen- und Frauenetage, 1995
3. Zwischenbericht der Mädchen- und Frauenetage, 1996
4. Zwischenbericht der Mädchen- und Frauenetage, 1996
Abschlußinterview mit den Mitarbeiterinnen des Modellprojektes der Mädchen- und Frauenetage in Frankfurt am 8. 11. 1996
Selbstdarstellung von Auszeit und Sportjugend, 1994
1. Zwischenbericht von Auszeit, 1994
2. Zwischenbericht von Auszeit, 1995
3. Zwischenbericht von Auszeit, 1996
4. Zwischenbericht von Auszeit, 1996

Curth, Anette: "Was sich Vereine wünschen für ihre Arbeit mit schwierigen Jugendlichen; Ergebnisse einer Interviewrecherche"; Hrsg. Sportjugend Hessen im Landessportbund Hessen e.V., Frankfurt: o.J.

Nachbefragung der ehemaligen ProjektmitarbeiterInnen von Auszeit durch die Wissenschaftliche Begleitung, Oktober 1998

Abschlußinterview mit den Mitarbeiterinnen des Modellprojektes Internationales Jugendcamp in Frankfurt am Main 1996 des Evangelischen Vereins für Jugendsozialarbeit e.v. in Frankfurt am 15. 11. 1996

Hafeneger, Benno: „Jugendarbeit im Dilemma zwischen Politik und Pädagogik. Jugendbild, Zielgruppen, theoretische Grundlagen, Konzepte und Arbeitsansätze in den Anträgen zum 'Hessischen Jugendaktionsprogramm gegen Gewalt, Fremdenfeindlichkeit und Rechtsextremismus'", in: Neue Praxis, Heft 5/1995, S. 495-506

Rademacher, Helmolt: „Zusammenarbeit von Jugendarbeit und Schule - dargestellt an Beispielen aus dem Hessischen Jugendaktionsprogramm gegen Gewalt, Fremdenfeindlichkeit und Rechtsextremismus", in: Schule und Beratung Nr. 7/1997, S. 69-73

Scharlau, Christine: „Zielentwicklung durch angeleitete Selbstevaluation; Erfahrungen aus einem Modell der Mädchensozialarbeit", in: Informationen zur Selbstevaluation, April 1997, Hrsg. Bundesministerium für Familie, Senioren, Frauen und Jugend.

Projektadressen

Integrative, aufsuchende und mobile Jugendarbeit des Evangelischen Kirchenkreises Hofgeismar; Kontakt über: Stadt Hofgeismar, Rathaus, Koordinator der Jugendarbeit, Markt 1, 34369 Hofgeismar, Tel.: 05671/920281

bsj - Verein zur Förderung bewegungs- und sportorientierter Jugendsozialarbeit e.v., Biegenstr. 40, 35037 Marburg, Tel.: 06421/685330

Mädchen- und Frauenetage e.V., Varrentrappstr. 38, 60486 Frankfurt, Tel.: 069/704272

Auszeit im Kreis Groß-Gerau e.V., Eisenstr. 22, 65428 Rüsselsheim, Tel.: 06142/15550

III. Jugend, Gewalt und Rechtsextremismus in den neunziger Jahren
Eine Bilanz zum Beitrag von Jugendarbeit
(Benno Hafeneger)

Wiederkehrende Debatten

In der Bundesrepublik Deutschland und vielen anderen westlichen Demokratien kann für die neunziger Jahre eine weitere Jugenddebatte und pädagogisches Handeln bilanziert werden. Es ist die öffentliche, wissenschaftliche und jugendpädagogische Thematisierung und Auseinandersetzung mit Gewalt, Fremdenfeindlichkeit, Rechtsextremismus und neonazistischen Ausschreitungen, die überwiegend von männlichen Jugendlichen und jungen Erwachsenen ausgehen.[1] Dieser dramatisch empfundene Anlaß über Jugend zu reden, der mit einer steten Präsenz des Themas in den Medien einhergeht, ist eine primär jugendzentrierte Debatte. Dies ist mit beobachtbaren Phänomenen verbunden, die in der Geschichte dieses Jahrhunderts im allgemeinen Kontext von „Jugend als Problem" bzw. „Jugendliche machen Probleme" nicht neu sind. Aggressivität und Phänomene der Gewalt gab es - als never-ending-story - als komplexes und vielschichtiges Verhältnis von „Jugend, Kultur und Gesellschaft" wiederholt und in unterschiedlichen Ausdrucksformen (vgl. Hornstein 1999). Nach Hornstein wird Jugend im gesellschaftlich-politischen Prozeß immer dann besondere Aufmerksamkeit zuteil, wenn sie u.a. *„in einer spezifischen Weise als „Risiko" betrachtet wird und wo Maßnahmen der Prävention und der Bekämpfung von Risiko als notwendig betrachtet werden"* (1999, S. 18). Im ersten Jahrzehnt der deutschen Einigung kreist die Thematisierung von „Jugend" vor allem um folgende Tendenzen:

- das Ausmaß und die Intensität der fremdenfeindlichen Gewalttaten;
- der rechtsextrem, politisch motivierten Gewalt von Jugendszenen/-cliquen und organisierten Strukturen (Skinheads, neonazistischen Gruppen)

---

1 In dem Text werden mehrere Sammelbegriffe verwandt; Jugendliche meint hier - sofern nicht anders ausgewiesen - „männliche Jugendliche". Zur begrifflichen Präzisierung von 'Gewalt' vgl. Otto/Merten (Hrsg.) 1993, Bierhoff/Wagner (Hrsg.) 1998, zur Abgrenzung des Begriffs 'Rechtsextremismus' vgl. die Diskussion in Jaschke 1994, Stöss 1994, Gessenharter, Fröhling (Hrsg.) 1998, Minkenberg 1998. Gewalt und Gewaltbereitschaft ist hier auf den Kontext von Fremdenfeindlichkeit und Rechtsextremismus Jugendlicher in Cliquen, Szenen und Gruppen bezogen. Zum parteipolitisch organisierten Rechtsextremismus in der Bundesrepublik vgl. Mecklenburg (Hg.) 1999, Jaschke 1999

in den alten und vor allem neuen Bundesländern;
- die Alltagsgewalt in Schulen, auf Straßen und öffentlichen Plätzen, in S- und Straßenbahnen;
- die mit Sport- und Großveranstaltungen zusammenhängende Begleitgewalt (gewalttätige Fußballfans, Hooligans und „Hooligan-Kriege");
- die Art und das Ausmaß der ethnisch-kulturellen Konflikte
- und schließlich die Klein- sowie Gewalt-Kriminalität, die von Jugendlichen und delinquenten Kids ausgehen.[2]

Wahrnehmungen und Einschätzungen der beobachteten Entwicklungen, Erkenntnisse zum möglichen Ausmaß gewaltaffiner und befürwortender Einstellungen, zu gewaltbereiten Szenen und deren Verhalten sowie die öffentliche Meinungsbildung pendeln spannungsreich - nachdem Probleme und Phänomene nicht mehr geleugnet werden (können) - zwischen „Panik und Beschwichtigung", zwischen pauschalierender Verallgemeinerung und global gebrauchten Redeweisen über die Gefahren und „Gefährlichkeit der Jugend" sowie einer Vielzahl von differenzierten Studien mit nachweisbaren empirischen Befunden. Aggressivität, Gewalt und Kriminalität werden zu Metaphern für den angeblichen Wertezerfall, für Bedrohungen und den Ruf nach Ruhe, Sicherheit und Ordnung. In der Diskussion um Gewalt und Kriminalität wird 'Sicherheit' zu einem zentralen Begriff „einer grassierenden Kriminalitäts- und Unsicherheitsdebatte" (Lindner 1999, S. 153). Allen statistischen Auflistungen, journalistischen Bemühungen und Jugendstudien zum Trotz, kann gleichzeitig bilanziert werden, dass es über das Ausmaß von und die Wirklichkeiten der 'rechten', 'gewaltbereiten Jugendszenen' sowie über gewaltaffine 'Lebensstile' allenthalben empirische Unkenntnis, Unsicherheit in Diagnosen wie auch diffuse Befürchtungen (Prognosen) über deren möglicherweise prägenden sozialisierenden Wirkungen gibt (Wagner 1998, Hafeneger 1999a). Allen vermeintlichen Eindeutigkeiten zum Trotz gelten die Unsicherheiten auch für Strategien, wie denn bei wiederholt postulierten Paniken „angemessen" auf Gewalt und jugendlichen Rechtsextremismus zu reagieren bzw. dem vorzubeugen wäre (vgl. Scherr 1998a).

Problemaufriß

Die hier vorgelegte bilanzierende Skizze für die neunziger Jahre zielt nicht auf eine kritische Auseinandersetzung mit den zahlreichen, wissenschaftlich

---

2 Rechtsextreme Straftaten werden differenziert nach rechtsextremistisch motivierten Delikten, fremdenfeindlichen Straftaten, antisemitische Straftaten. Rund zwei Drittel der mutmaßlichen rechtsextremistischen Gewalttäter sind Jugendliche und Heranwachsende; vgl. zu den Gewalttaten mit erwiesenen oder zu vermutendem rechtsextremistischen Hintergrund u.a. 'Verfassungsschutzbericht 1998'

ambitionierten Erklärungsangeboten und aufschlußreichen Deutungen (bzw. „rätselhaften Botschaften"), den zahlreichen empirischen Befunden (Jugendstudien), auch nicht auf die vielschichtig geführten Ursachen- und Motivdebatten oder das absichtsvolle interessengeleitete „politische Kalkül" bzw. „instrumentelle Vehikel", das hinter metaphernreichen Debatten steckt (vgl. Ohder 1992, Hafeneger 1994, Simon 1996, Pfahl-Traughber 1998, Scherr 1998, König (Hrsg.) 1998, Aus Politik und Zeitgeschichte 1998, Dollase, R. u.a. 1999). Lediglich auf fünf - m.E. bedeutungsvolle - Angebote soll kurz hingewiesen werden; sie versuchen die Gewaltphänomene in gesellschaftsreflektierende Zeitdiagnosen und in das Nachdenken über Adoleszenzverläufe wie auch die Risiken für die moralische und politische Sozialisation einzubinden.

Danach sind die Tendenzen **erstens** vor dem Hintergrund der komplexen Wandlungsprozesse (Verwerfungen) und kulturellen Rahmenbedingungen der deutschen Einigung zu sehen; die heterogenen Gewalt- und Delinquenzphänomene hängen mit den tiefgreifenden gesellschaftlichen Entwicklungen und Strukturveränderungen (Modernisierungsfolgen), mit den tiefen Rissen, die durch das soziale und kulturelle Gewebe der Gesellschaft gehen, zusammen.

Zweitens haben sich mit den kulturellen Veränderungen der „zweiten Moderne" verschiedene Jugendkulturen herausgebildet, die neue Anforderungen an seelische Integration, innere Einheit und Identitätsbildung stellen. Lebensplanungen sind individuell, nicht mehr (traditionell) eindeutig und kohärent; Geschlechterrollen, Sexualität, Familienkonzeption, biographische Etappen individualisieren sich. Identität und Integration sind mit einer um Kohärenz und Kontinuität bemühten Sicht (Organisation) ihres Selbst nicht statisch und mit dem Ende der Adoleszenz (der adoleszenten Neuordnung des Individuums) abgeschlossen, sondern - fließend und flexibel - zu einem lebenslangen Projekt geworden. Identität wird dabei als ein Anerkennungsverhältnis verstanden, das sich intersubjektiv begründet und als spiegelnder Dialog bzw. dialogischer Vergleichsprozeß verinnerlicht wird; vor allem die Adoleszenz ist mit dem abstrakten Denken und den entwickelten kognitiven Kapazitäten mit einem enormen Zuwachs an Selbstreflexivität verbunden. Identitätsthemen und problematische Formen der Identitätsbildung (die als Gefährdungen in Sackgassen münden) sind als Antworten von Jugendlichen auf gesellschaftliche Zu- und Umstände zu verstehen. Es ist das Schicksal des Adoleszenten, dass er handeln, sich erfahren und anerkannt werden muss. „Um seine Innenwelt neu zu ordnen, benötigt der Adoleszente dringend neue Objekte der Außenwelt, die er vielfach unbewußt mit externalisierten Selbst- und Objektrepräsentanten besetzt und durch Handeln prüft und verändert" (Bohleber 1999, S. 523). Gelingt dies nicht, werden eigene Zweifel, Unsicherheit und Ohnmacht als Anzeichen von Schwäche erlebt und auf andere (gesellschaftliche Minderheiten, angebliche

Feinde) projiziert und dort bekämpft, mit Haß verfolgt. Sie werden nicht als Selbstanteile angenommen, sondern sind mit einem Gefühl der inneren Leere verbunden, das mit ideologischen (nationalistischen, rassistischen) Versatzstücken und Klischees ausgefüllt wird. Nach Erdheim (1996) lassen Omnipotenzphantasien, die in der Adoleszenz kulturell nicht umsetzbar erscheinen, das Subjekt regredieren. Zum Zusammenhang zwischen Aggression und Allmachtsphantasien folgert er: *„Nicht realisierbare archaisch gebliebene Omnipotenzphantasien rufen im Individuum ein beträchtliches Aggressionspotential hervor. Dies ist insbesondere deshalb problematisch, weil archaische Allmachtsphantasien politisch gut verwertbar sind. Im Kern von Nationalismus und Rassismus sind sie auch heute leicht zu erkennen"* (S. 96). Dann wird das 'eigene Land' und die 'eigene Rasse' als überlegen aufgewertet; sie gehören für Erdheim zur 'Ordnung der Familie', *„denn das Volk und die Rasse sind auf die Gesellschaft projizierte Surrogate der Familie"* (S. 97). Wenn der Formwandel sozialer Beziehungen nicht bewältigt wird, wenn gewohnte Routinen versagen und wenn das Bedürfnis nach Komplexitätsreduktion in Form von Konventionen, Standardisierungen und eindeutigen - politisch und kulturell vorfindbaren und gelieferten - „Ankern" (als „Zwang zur Kohärenz") sucht, dann wird die Entwicklung der „reflexiven Moderne" nicht mit ihren Chancen für die Entfaltung von Potentialen für Neuorientierung genutzt und angenommen. Eine widerspruchsfreie und geschlossene Sicht auf die Welt und als Identitätskonzept braucht Feindbilder und ist von Selektionsmustern bestimmt.

Es sind **drittens** die vielschichtigen Verunsicherungen und Desintegrationsprozesse sowie gewandelten Lebensumstände (realen Probleme der Gegenwart) von Jugendlichen, die jugendliche Mentalitäten und Verhaltensweisen in einen größeren Horizont von Interaktionszusammenhängen zwischen „Gesellschaft, sozialen Lagen, Alltag und Erfahrungen" stellen. Um ihr tägliches Überleben zu sichern, machen alle Menschen aus dem was sie sehen, hören, erfahren und tun, und auch aus dem, was ihnen angetan wird, einen subjektiven, milieuvermittelten Sinn und gemeinsam geteilte Deutungsmuster. Sie müssen ihrem Leben - wie begrenzt auch immer - eine Struktur, eine Ordnung und Perspektive sowie Erfahrungen der Selbstwirksamkeit (u.a. durch Überlegenheit und Ausgrenzung) geben. In dieser Deutungs- und Konstruktionsaufforderung und auch zunehmend fiktiven und symbolisch überformenden Aneignungsweise haben Sprache, Zeichen und Symbole, Milieus und interaktive Strukturen in der Ausprägung von Selbstbildern und der Bindung von Affekten einen besonderen orientierenden Stellenwert. Da Gewalt immer rechtsfertigungsbedürftig ist, muss sich der Blick auf die Techniken der Legitimation richten und gefragt werden, warum junge Männer, die trotz der prinzipiellen Anerkennung der „konformen" Werte und Normen, zu Gewalt neigen. Die Kriminologie unterscheidet zwischen fünf Neutralisationstechniken bzw. subjektiven Legitimationsmustern, die Hemmungen nehmen und einem für seine Taten mehr oder weniger unschuldig bleiben lassen: Ablehnung der Verantwortung, Verneinung des Unrechtes, Ablehnung des Opfers, Verdammung der Verdammenden und die Berufung auf höhere Instanzen.

Viertens sind auch männliche jugendliche Gewalt und jugendlicher Rechtsextremismus in den Prozessen der Subjektkonstitution und des Erwachsenwerdens, mit seinen krisenhaften Adoleszenzverläufen und deren Bewältigung, der Sinn- und Bedeutungsfindung (Symbolmilieus), in den vielschichtigen Wandlungsprozessen von säkularisierten Gesellschaften als schwere Identitätskrise (Orientierungsprobleme, Anerkennungs-, Wertschätzungs- und Selbstachtungsformen, Anomieerfahrungen) und Formen „schädlicher Regression" zu analysieren. Gewalt und Rechtsextremismus haben ihre psychosozialen Ursachen - mit ihren provokatorischen Wirkungen - in der mit alterspezifischen Themen- und Entwicklungsbewältigung, mit Übergängen, Trennungen und Grenzerfahrungen verbundenen Lebensphase Jugend. Die hier thematisierten Ausformungen finden ihre Ursachen in krisenhaften Adoleszenzverläufen, in spezifischen Sozialisationsbedingungen und Erziehungskontexten (u.a. aufwachsen unter gewaltsamen Beziehungsverhältnissen). Sie sind u.a. Folgen von moralisch defizitärer Sozialisation (als Entwicklungspathologie des moralischen Selbst), die zu einer endlosen Spirale von Wiederholungen und zu problematischen peer-group-Vergemeinschaftungen bzw. hoher Cliquenorientierung führen kann. Dabei ist das Subjekt im Sinne einer Wechselwirkung „*als Akteur und verantwortliche (Mit-)Gestalter der eigenen Umwelt und individuellen Biographie*" ebenso zu verstehen, wie es in seiner Gebundenheit „*an den Kontext seines Alltagshandelns*" zu sehen ist (Leu 1999, S. 78).

Fünftens ist vor einem „neuen Realismus" zu warnen, der mit den Begriffen wie „Kriminellen", „Tätern" und „Schlägern" ein Deutungsmodell anbietet, das nicht zu kritisch-analytischer Distanz fähig ist. Die Suche nach aufklärenden Ursachen und Gründen, die als Folgen und Ausdruck von Lebensbedingungen/-lagen und biographischen Verläufen zu verstehen sind, wird abgelöst von Fragen, die nach Schuld und Verantwortung der moralisch verwerflichen Taten und der zur Rechenschaft zu ziehenden Tätern suchen. Rekonstruktionsmethodologien bestehen demgegenüber darauf, offensichtliche und verborgene Struktur- und Wirkungszusammenhänge aufzudecken und aufklärend in den gesellschaftlichen Diskurs einzubringen.

Instrumente der Jugendhilfe

Die hier angebotene Bilanzierung der jugendzentrierten Debatte über 'Gewalt und Rechtsextremismus' gilt der Jugendarbeit, die ein wesentlicher

Bestandteil der gesellschaftlichen und pädagogischen Interventions- und Präventionsstrategie für „Jugend als Problem" bzw. „Probleme von Jugendlichen" war und ist (vgl. Hornstein 1999). Dieser pädagogisierende Umgang mit Jugend ist wiederholt beschrieben worden und schon Siegfried Bernfeld hat im Jahre 1915 bei seinem Versuch, 'Jugend' begrifflich zu fassen, auf den Umgang mit 'Jugend' hingewiesen. Es heißt bei ihm: *„Überall dort, wo Jugend als Objekt irgendwelcher Maßnahmen geworden ist, finden wir den Versuch der mehr oder minder strengen Definierung des Begriffs 'Jugend'"* (S. 47).

Die hier herangezogenen Materialien, Berichte und vorliegenden Publikationen der neunziger Jahre werden unter jugendpolitischen und jugendpädagogischen Gesichtspunkten ausgewertet. Das disparate Material läßt eine vergleichend-systematische Auswertung zwar nur begrenzt zu, aber es kann ein vielschichtiges 'Landschaftsbild' des jugendpolitischen und -pädagogischen Umgangs gezeichnet werden. Zunächst ist jedoch historisch und systematisch ein wiederkehrender Mechanismus bzw. sind relativ gleichbleibende Merkmale zu vergegenwärtigen: Einmal gerät Jugendarbeit „in den Sog der Sicherheits- bzw. Präventionsdebatte" (Lindner 1999, S. 157) und eine nebulöse Präventionsrhetorik, mit der sie eine vermeintlich neue Legitimation erhält und mit vielfältigen Paradoxien verbunden ist..[3] Zweitens ist anzumerken: Immer wenn Jugendliche bzw. ihre Probleme, die sie machen - hier Gewaltphänomene und Rechtsextremismus - die Gesellschaft aufregen, beunruhigen und beschäftigen, wenn über 'gefährliche' und gefährdete' Jugendliche debattiert wird, dann richtet sich politisch der Ruf nach „Abhilfe" weniger an die „Schaffung von besseren Lebenschancen" für die Jugendlichen, bzw. als kulturellen Selbstauftrag an Staat, Politik und Gesellschaft, der jungen Generation Zukunftsperspektiven zu eröffnen, sondern an die beiden 'Adressaten', die für Jugend allgemein und deren „Auffälligkeiten" im besonderen zuständig sind. Dies sind einmal die Erziehung, Bildung und Pädagogik in und außerhalb der Familie, in Schule und Jugendhilfe/-politik und dann das Jugendstrafrecht (Strafmündigkeitsalter) mit seinem Interventionsverständnis der Kontrolle, Repression, dem „Ein-/Wegsperren". An die Familie wird vor allem moralisch appelliert, wieder mehr zu erziehen, Autorität und Vorbild zu sein sowie Grenzen aufzuzeigen. Für die Schule und Jugendhilfe/-arbeit gab bzw. gibt es - auf dem Hintergrund von zahlreichen Studien zur Jugendgewalt - durchaus kontroverse Debatten über die (zugewiesenen) Aufgaben und Logiken, Chancen und Grenzen von pädagogischen Strategien, von Prävention und „Interventionen", wie auch über die notwendige Ausstattung, wenn sie auf eine Gestaltung von Lebensbedingungen zielen.

Die auftretende Gewaltkriminalität gegen Fremde, die öffentlichen De-

---

3 Vgl. zu den Paradoxien, Selektivitäten und Unverträglichkeiten des Präventionsgedankens in der Jugendarbeit die Überlegungen von Lindner (1999).

batten, die Gewaltphänomene und die angebotenen Befunde und Einschätzungen hatten - wegen ihrer neuen Qualität in der Geschichte der Bundesrepublik - zur Folge, dass seit Anfang der neunziger Jahre eine ganze Reihe von pädagogisch-praktischen Projekten und Programmen (Maßnahmen) in der Schule und Jugendhilfe aufgelegt und realisiert wurden. Vor allem in den Praxisfeldern der Jugendarbeit sind in zahlreichen Gemeinden und Städten von öffentlichen und freien Trägern eine durchaus große Anzahl von Angeboten, „Instrumenten" und „Hilfesystemen" geschaffen worden, mit denen auf die „Auffälligkeiten" reagiert wurde und die gleichzeitig präventiv wirken sollten. Dazu zählt auch das in diesem Band dokumentierte „Hessische Jugendaktionsprogramm", das Anlaß ist, die „Landschaft" der Projekte und Programme auszuwerten und die Erfahrungen in eine überregionale Bilanz einzubeziehen (vgl. Klose/Rademacher 1997).[4]

Zuständigkeit von Jugendarbeit

Vergegenwärtigt man den Zeitraum der neunziger Jahre, dann lassen sich in der prozeßhaft entwickelten Zuständigkeit, in der Auseinandersetzung mit „Gewalt und Rechtsextremismus" für die Jugendarbeit einige **Phasen** und **Mechanismen** verdeutlichen. Diese sind eingebunden in die öffentlichen Problemwahrnehmungen(-definitionen) und stehen im Zusammenhang mit den Interpretations- und Regulierungsbemühungen der Phänomene, um die es hier geht - nämlich der verhandelten „Jugend-Gewalt" und den „jugendlichen Rechtsextremismus". Wir haben es mit einem Zeitraum zu tun, in dem eingrenzbare Tätergruppen und deren Aktivitäten identifiziert, die Zunahme von Alltagsgewalt, rechtsextrem motivierter Gewalt und rechtsextremen Orientierungen belegt werden können, in dem aber auch Jugendliche generalisierend in der Tradition von Generationsgestalten/-merkmalen (undifferenziert und willkürlich) mit Gewalt(attributen) assoziiert werden. Auch wenn wissenschaftlich wiederholt konstatiert worden ist, dass Gewalthandlungen (in Schulen, als delinquentes Verhalten zwischen jugendkulturellen, ethnischen Gruppen) nicht in dem „brutalisierten" Ausmaß und generalisierend vorkommen bzw. zugenommen haben, wie es die vielfach dramatisierten Darstellungen in der Öffentlichkeit nahelegen, so bestimmen dennoch tendenziell ein negatives Jugendbild und unseriöse Dramatisierungen - der Gefahr und Gefährdung jugendlicher Entwicklung sowie der öffentlichen Ordnung - die öffentliche, vielfach von Medien stimulierte und skandalisierte Jugenddebatte. Davon abzugrenzen ist das anhaltend hohe - von den Behörden wiederholt ermittelte - Niveau von „rechtsextrem motivierter Gewalt" in den neunziger Jahren, das als ein

---

4   Neben den hier abgedruckten Berichten wurden prozeßbegleitend drei Projektzeitungen und mehrere Projektdokumentationen (Zwischenberichte) vorgelegt.

wesentlicher Beleg für eine „neue Qualität" von Radikalisierung in (organisierten und informellen) Jugendszenen, „episodalen Schicksalsgemeinschaften" und „rechten politischen (temporären) Sozialisationsverläufen" vor allem in den neuen Bundesländern angesehen werden muss (vgl. Bundesministerium des Innern 1998, 1999). So heißt es im Verfassungsschutzbericht für das Jahr 1998 u.a.: „*1998 wurden 11.049 (1997: 11.719) Straftaten mit erwiesenen oder zu vermutendem rechtsextremistischen Hintergrund erfaßt. Rund 46% aller Gewalttaten ... wurden in den ostdeutschen Ländern begangen. Die weitaus größte Gruppe innerhalb der gewaltbereiten Rechtsextremisten bilden die rechtsextremistischen Skinheads*" (Bonn 1999).

In die Thematisierungen, Wahrnehmungen, Erklärungsangebote und vor allem die Suche nach Aufgabendefinitionen und 'Umgangsformen' mit 'Gewalt und Rechtsextremismus' ist auch die Jugendarbeit (wie auch andere Bereiche der Jugendhilfe) „von Anfang an" - als Teil des politischen Krisenmanagements, der gesellschaftlichen Konstellationen mit ihren (re)sozialisierenden Institutionen - einbezogen. **Vier identifizierbare Phasen** zeigen die Prozesse der Problemwahrnehmung, -zuweisung, der -übernahme und -bearbeitung.

1.
Zunächst gibt es **in** der Jugendarbeit eine Phase der Problemwahrnehmung und Thematisierung, der eigenen Qualifizierung, der Positionsbestimmung **und** der „von außen" (jugendpolitisch) zugewiesenen sowie selbst auferlegten (plausibilisierten) Zuständigkeiten mit spezifischen Aufgabenstellungen. Die **jugendpolitische Figur** folgt überwiegend dem Argumentationsmuster: Wir sind für die strukturellen Entstehungsbedingungen von Jugendgewalt und jugendlichen Rechtsextremismus nicht ursächlich verantwortlich, aber aufgrund institutioneller, professioneller und rechtlicher Zuständigkeiten mit unseren Instrumenten auch für die 'Vergesellschaftung der Jugendphase' und die Auseinandersetzung mit den aktuellen Entwicklungen herausgefordert.[5] Als dominierende **jugendpädagogische Figur**, die anfangs hohe Erwartungen postulierte und weckte, wurde die „akzeptierende Jugendarbeit" (vgl. Krafeld 1992, 1996) angeboten. Mit dieser Figur ist die Vorstellung verknüpft, dass „Pädagogik und Jugendarbeit" im Feld konkurrierender Problemdefinitionen eine eigene kritische Definition, Sichtweise und Handlungsstrategie vertreten und durchsetzen können. Als durchaus differenziert vorgetragene Figur in der Tradition der cliquenorientierten Jugendarbeit impliziert sie im Kern, die Jugendlichen - mit ihren Problemen, die sie haben und nicht die, die sie machen - in subjekt-zentrierter Perspektive in den Mittelpunkt pädagogischer Bemühungen zu stellen und im Kontext von

---

5 Zu Mustern und Formen gesellschaftlicher Lösungen in bezug auf „Jugend als Problem" vgl. Hornstein 1999

Gewalt und Rechtsextremismus erreichen und beeinflussen zu können.[6] Daneben gab es grundsätzliche und prinzipienorientierte Debatten über den Beitrag von Jugendarbeit im Spannungsfeld von „politischer Bildung und Jugendsozialarbeit", und es positionierten sich unterschiedliche pädagogische Ansätze, wie etwa die Körper-/Bewegungs-, Abenteuer- und Erlebnispädagogik oder die Jungenarbeit. Sie alle präsentierten ihre Diagnoseangebote und entwickelten Begründungslinien für ihre spezifischen Kompetenzen und Arbeitsformen, für ihre sozialisierenden (Teil-) Zuständigkeiten.[7] Gleichzeitig gibt es Grenzmarkierungen für Pädagogik und Jugendarbeit mit Rückverweisen auf die notwendigen politischen und gesellschaftlichen Lösungen von fundamentalen Problemen, wie sie moderne Gesellschaften ausbilden bzw. hervorbringen. Jugendarbeit wird in dieser ersten Phase - mit ihren präventiven, sozialpolitischen, (re)sozialisierenden Aufgaben - appellativ und programmatisch in die Pflicht genommen bzw. nimmt sich selbst in die Pflicht und markiert gleichzeitig ihre Grenzen. Dieser nicht nur Rechtfertigungsverpflichtungen unterliegende Mechanismus begründet sich einerseits im Spannungsfeld von Rückverweis in Politik und Gesellschaft mit den pädagogisierenden Umdeutungen von sozialen Problemen, andererseits historisch, strukturell und rechtlich aus den ambivalenten repressiven, kontrollierenden **und** gleichzeitig auch erzieherischen, integrationsorientierten wie auch emanzipatorischen Traditionen der Jugendarbeit. Die erzieherischen und bildenden Aufgaben der Jugendarbeit haben eine ihrer Legitimationen in der Verknüpfung von biographischen Chancen und gesellschaftlicher Zukunft sowie der sozialintegrativen Funktion und Loyalitätssicherung der nachwachsenden Generationen. Mit diesem eigenständigen 'erzieherischen, helfenden und bildenden' Zuständigkeitsbereich, eigenem Referenzrahmen und disziplinären Wissen setzt sich die moderne Sozialpädagogik und Jugendhilfe historisch-konstitutiv sowie disziplinär und praktisch in diesem Jahrhundert durch. In der erzieherisch-(re)integrativen Auseinandersetzung mit abweichenden, delinquenten Verhaltensweisen - und Gewalt, Gewaltbereitschaft, rechtsextreme Mentalitäten sind eine mögliche Äußerungsform, sind Anzeichen moralisch und ethisch defizitärer Krisenbewältigung in der Adoleszenz - ist **eine** der Zuständigkeiten von Jugendarbeit in der Sozialisation, im Prozeß des Erwachsenwerdens von jungen Menschen begründet.[8] Die Legitimations-

---

6 Die Figur knüpft an die reformpädagogisch-subjektzentrierten Überlegungen von H. Nohl an, der bereits in den 20er Jahren diese Formulierung angeboten hat. Er schreibt 1927: „Die alte Erziehung ging aus von der Schwierigkeit, die das Kind macht, die neue von denen, die das Kind hat".

7 So wird u.a. auf das adoleszente Phänomen des Probehandelns und der (kulturellen) Suchbewegung nach Action, Spannung, Grenzerfahrung, Ausleben von Körperlichkeit in der Motivklärung fremdenfeindlicher Gewalt hingewiesen. Ein weiterer Ansatz focussiert im Begriff der 'konfrontativen Jugendarbeit'.

8 Weitere Ziele und Aufgaben liegen in der Vermeidung von Problemen und Risiken

grundlagen moderner Jugendhilfe und sozialer Arbeit (von der Jugendarbeit ein Teil ist) beruhen „auf einer historischen Arbeitsteilung und einem Funktionsgleichgewicht zwischen Sozialer Politik und Sozialer Pädagogik" (Münchmeier 1998, S. 13). Die Geschichte zeigt, dass beide immer wieder mit neuen zeitbezogenen Herausforderungen konfrontiert werden, und als die ersten Projekte - insbesondere das „Aktionsprogramm gegen Gewalt und Aggression" (AgAG) der Bundesregierung - zu Beginn der neunziger Jahre geplant wurden, galt zunächst für die Jugendhilfe und Jugendarbeit, dass „es weder eine plausible Theorie noch eine bewährte Praxis für den Umgang mit gewaltbereiten Jugendlichen" gab (Koch/Bohn 1997, S. 10).

2.
Der ersten Phase mit ihren Mechanismen folgen - in der Logik sozialer Politik - der förderungspolitische und jugendpädagogische 'Zuschnitt' und die Umsetzung des Themas, d.h. die Konturierung von Aufgaben und Zielsetzungen, von jugendlichen Zielgruppen und deren gewaltförmigen Verhaltensweisen, von rechtsextrem motivierten Aktivitäten und von Delinquenz. Anträge, Konzepte und Projektentwürfe, die sich im Spektrum von konzeptionell-formelhaften Auflistungen bis hin zu neuen, phantasievollen sowie kreativ-kritischen Ideen (z.B. in der Kultur-, Abenteuer-, Bewegungs-, Erlebnispädagogik) lokalisieren lassen, werden von Trägern geschrieben und zur Förderung eingereicht bzw. eingefordert; d.h. für den förderungspolitischen und pädagogisch-praktischen Institutionalisierungsprozeß werden in der Jugendarbeit die fachlich notwendigen, konzeptionellen Grundlagen und Begründungen geschaffen. Modellprojekte und ihre wissenschaftliche Begleitung haben dabei den spezifischen Auftrag, möglichst **neue** Erfahrungen und Erkenntnisse zu gewinnen, die sowohl für die Förderungspolitik als auch die Fortentwicklung von Konzeptionen und Methoden in Handlungsfeldern der Jugendarbeit(-hilfe) interessant sind und benötigt werden. Dabei wird davon ausgegangen, dass Modellprojekte - im Gegensatz zu den vielfach routinisierten Angeboten der Regelinstitutionen - weniger 'verregelt' und formalisiert sind und damit ein angemesseneres (situatives, flexibles, innovatives) Eingehen auf Äußerungsformen, Ausgangslagen und Lebensumstände auf seiten der Jugendlichen erlauben.[9] Die damals zuständige Bundesministerin Angela Merkel formulierte u.a. als Aufgabenstellung des AgAG, das die Bundesregierung für die neuen Bundesländer im Jahre 1993 aufgelegt hat: dass es mit dem Programm um die Möglichkeiten der Jugendarbeit geht, *„gewaltorientierten Jugendlichen an*

(Prävention) oder in politisch-emanzipatorischen Traditionen und Ansätzen, in der Aufklärung und Subjektbildung, in autonomieorientierter Identitätsbildung, Gemeinschafts- und Solidaritätserfahrung.

9 Aufgabe von wissenschaftlicher Begleitung ist es, die Verläufe der Modellversuche zu dokumentieren und nachzuzeichnen, Erfahrungen zu sichern und in den Kontext von Politik, Trägern und Professionalität einzugeben.

die Regeln eines gewaltfreien Zusammenlebens zu gewöhnen und in unsere Gesellschaft zurückzuführen und darin zu integrieren" (in: Informationsdienst AgAG, 2/1993). Sie akzentuierte weiter die präventive Bedeutung des Programms und schließlich als Ziele, *„die Lebensbedingungen und die Lebensperspektiven von jungen Menschen zu verbessern und ihre Suche nach Halt und Orientierung zu unterstützen"* (ebda.). Im Rahmen der Fachtagung 'Gewalt: Chancen und Grenzen der Jugendarbeit' sagte Angela Merkel:

„Wer nicht daran glaubt, dass 15-, 16-, 17jährige, auch wenn sie bestimmte Parolen rufen, wieder integriert werden können in die Gesellschaft, für den ist diese Art von Jugendpolitik, diese Art von Programmgestaltung in der Tat kaum brauchbar. Ich glaube an die Integration sehr vieler, nicht aller. Ich glaube, dass es harte Kerne gibt, wo es sehr, sehr schwer ist und wo pädagogische Ansätze nur sehr schwer wirken können. Aber bei der Mehrheit glaube ich daran, dass eine Integration in die Gesellschaft möglich ist. ... Deshalb müssen wir Mechanismen finden, nach denen wir junge Menschen fördern können, die Initiative zeigen, die Projekte anbieten, die offen sind für alle Jugendlichen und die nicht nur ein elitäres Spektrum erreichen" (Informationsdienst AgAG 3/93, S.17).

Ähnliche Zielsetzungen für die Jugendarbeit finden sich auch in anderen Programmen; so heißt es im Ausschreibungstext zum „Hessischen Jugendaktionsprogramm" u.a.:

„Das Hessische Jugendaktionsprogramm soll Anstöße für die hessische Jugendarbeit geben und neue Wege praktisch ausprobieren, um Jugendliche zu erreichen. Das Ziel dabei ist, Jugendliche zu befähigen, auf Gewalt als Mittel zur Lösung von Konflikten zu verzichten und die Dialogfähigkeit zwischen Jugendlichen aus unterschiedlichen Gruppen oder verschiedenen Nationalitäten einzuüben und zu unterstützen." In der dritten Projektzeitung heißt es dann mit dem Ende der Projektlaufzeit zu den abgedruckten fünf Abschlußberichten: „Unterschiedliche Zielvorgaben waren zu erfüllen: Unter Jugendlichen sollte aktiv ein Klima von Toleranz und Verständnis gefördert werden. Die Befähigung war zu erlangen, auf Gewalt als Mittel zur Lösung von Konflikten zu verzichten. Dialogfähigkeit, Respekt und Anderssein zwischen Jugendlichen, auch aus unterschiedlichen Nationalitäten, waren zu initiieren, zu fördern und zu unterstützen. Darüber hinaus war sozialpädagogisches Fachpersonal weiter zu qualifizieren, um auf diese spezifischen Phänomene vorbereitet zu sein."

Die 'hehren' Zielsetzungen, Projektentwürfe und Konzeptualisierungen sind in der zweiten Phase die eine Seite der Medaille, die andere Seite ist, dass eine wirkungsvolle Austattung jugend- und förderungspolitisch nur schwer durchsetzbar ist bzw. bereitgestellt wird. Auf dem Hintergrund der Finanzsituation in Bund, Ländern und Kommunen folgten in der ersten Hälfte der neunziger Jahre den „großen Worten", wohl formulierten Zielen und Anforderungen an die Jugendarbeit vielfach eher „bescheidene Taten". Mit dem allgemein postulierten Auftrag an Jugendarbeit und Jugendhilfe, sich um „diese" Probleme und „diese" Jugendlichen zu kümmern, wurden in allen Bundesländern eine Reihe von zeitlich befristeten Programmen initiiert, die - in dieser Form der Förderung und auch wissenschaftlichen Begleitung - in der zweiten Hälfte der neunziger Jahre ausgelaufen sind und zu denen

Dokumentationen, Berichte und Publikationen vorgelegt worden sind. Zu nennen sind hier, als Ergänzung der traditionellen Jugendarbeit und teilweise parallel oder auch ergänzend zum AgAG des Bundes, folgende Programme, Projekte und Maßnahmen in den Bundesländern: Baden-Württemberg - Lehrerfortbildungsprogramm „Pädagogik gegen Gewalt"; Bayern - „Aktionsprogramm Präventive Jugendarbeit"; Berlin - „Jugend mit Zukunft" - Sonderprogramm gegen Gewalt; Brandenburg - Landesprogramm „Sozialarbeit in besonderen Problemregionen"; Hessen - „Das Hessische Jugendaktionsprogramm gegen Gewalt, Rechtsextremismus und Fremdenfeindlichkeit"; Mecklenburg-Vorpommern - „Programm der Begleitung Jugendlicher mit besonderen Problemen"; Niedersachsen - „GEWALTIG gegen Gewalt"; Nordrhein-Westfalen - Förderung von Fußballfanprojekten entsprechend den Empfehlungen der Innenministerkonferenz im Rahmen des „Nationalen Konzepts Sport und Sicherheit"; Saarland - „Arbeitsstelle Migration und Fremdenfeindlichkeit"; Sachsen - „Anti-Gewalt-Programm" der Staatsregierung, Sachsen-Anhalt - Landesprogramm „Jugend und Gewalt"; Schleswig-Holstein - „Sport gegen Gewalt, Intoleranz und Fremdenfeindlichkeit; Thüringen -Thüringer Landesprogramm „Gegen Gewalt unter Jugendlichen" (vgl. ausführlich 'Informationsdienst AgAG', 2/96).[10]

Die Heterogenität der Programm-/Projektentwicklung und deren Umfang zeigen einige ausgewählte Beispiele und Zahlen:

- Das AgAG der Bundesregierung war ab 1992 mit zunächst rund 140, dann ab 1996 mit 123 sozialpädagogischen Projekten in 30 ausgewählten Projektregionen (vor allem im städtischen Umfeld) der neuen Bundesländer mit „gewaltbereiten Jugendlichen" befaßt (vgl. Böhnisch 1996, Koch/Behn 1997, Fuchs/Kreft/Löhr (Hrsg.) 1997). Das AgAG wurde 1992 zunächst auf drei Jahre befristet aus Bundesmitteln gefördert, dann um zwei Jahre (mit 50% der Finanzierung durch den Bund, komplementär 50% durch das jeweilige Land und die Kommunen) bis 1996 verlängert; 1996 existierten noch 123 Projekte, die ab 1997 teilweise - jetzt aus kommunalen Haushalten und Landesmitteln - weiter gefördert werden.[11]

---

10 Die Programme und Maßnahmen der Bundesländer zur Gewaltprävention und -bekämpfung gehen auf eine Sonderkonferenz der Jugendministerinnen und -minister, Jugendsenatorinnen und -senatoren am 9. Dezember 1993 zurück; alle Länder unternahmen entsprechende Aktivitäten.

11 Die Erfahrungen und Ergebnisse von über 120 gewaltpräventiven Projekten in der Zeit des Aktionsprogramms (1992 - 1996) sind in der von Jürgen Fuchs, Dieter Kreft und Rolf-Peter Löhr herausgegebenen Buchreihe ausführlich dokumentiert. Die Bände sind: Bd. 1: Irina Bohn, Richard Münchmeier: Dokumentation des Modellprojektes, Münster 1997, Bd. 2: Lothar Böhnisch, Karsten Fritz, Thomas Seifert (Hrsg.): Die wissenschaftliche Begleitung. Ergebnisse und Perspektiven, Münster 1997, Bd. 3: Irina Bohn, Jürgen Fuchs, Dieter Kreft (Hrsg.): Materialsammlung aus der öffentlichen Diskussion, Münster 1997,

- Für das Jugendaktions-Programm des Landes Hessen (Laufzeit 1994 bis Ende des Jahres 1996) wurden 57 Anträge eingereicht und die fünf hier dokumentierten Projekte dann 2½ Jahre gefördert; für 15 weitere Projekte gab es einmalige Zuschüsse in Höhe von 8.000,- DM.
- Im Rahmen eines anwendungsorientierten Forschungsprojektes „Jugendarbeit - zwischen Gewalt und Rechtsextremismus" an der Fachhochschule Hildesheim wurde vom Dezember 1992 bis April 1993 eine erste bundesweite Umfrage (ohne AgAG-Projekte) durchgeführt; von 515 bekanntgewordenen Projektberichten konnten dann 298 systematisch ausgewertet werden (vgl. Vahsen u.a. 1994).
- Zu gewaltpräventiven Praxisprojekten aus Bereichen der 'Gemeinwesenarbeit, Aufklärung/Verhaltenstraining, Bildungsveranstaltungen/Seminare, Aktionen/Aktionswochen, internationalen Begegnungen, Kulturarbeit, Jungenarbeit, Gruppenarbeit und aufsuchenden Arbeit' haben Lukus u.a. (1994) eine erste übersichtliche und gut strukturierte Gesamtschau gegeben.

In der Jugendarbeit gab es - wie die Beispiele zeigen - durchaus eine erkleckliche Anzahl von meist zeitlich befristeten Projekten und Ansätzen, die sich mit dem Thema und entsprechend etikettierten jugendlichen Zielgruppen auseinanderzusetzen hatten. Dabei zeigen die Untersuchungen zu den recherchierten Projekten in den alten Bundesländern und die Auswertung der 57 Anträge für das Bundesland Hessen (vgl. Hafeneger 1995) sowie die Berichte aus dem AgAG, dass die Zielgruppen der Arbeit neben „gewaltbereiten Jugendlichen" überwiegend und allgemein in sogenannten **benachteiligten männlichen Jugendlichen** ("Jugendgewalt ist Jungengewalt") gesehen werden.[12] So standen im Zentrum der pädagogischen 'Maßnahmen' bzw. den Angeboten in den Modellprojekten denn auch allgemein die Absicht, der „Gewalt der Jugend" zu begegnen. Im Hessischen Jugendaktionsprogramm ist z.B. die Gewaltprävention von Bedeutung, hier wurde lediglich in zwei Projekten mit bereits einschlägig aufgefallenen bzw. vorbestraften Jungen (die sich selbst als „rechts" bezeichneten, und mit solchen, die wegen kleinerer Delikte bereits strafrechtlich verfolgt worden waren) gearbeitet. Folgerichtig waren die Zielgruppen, die von der

---

Bd. 4: Irina Bohn, Dieter Kreft (Hrsg.): Dokumentation der Fachtagung „Jugend und Gewalt", Münster 1997, Bd. 5: Irina Bohn, Dieter Kreft, Gerhard Segel (Hrsg.): Kommunale Gewaltpräventation. Eine Handreichung für die Praxis, Münster 1997. Geringfügig abweichende Zahlen nennt Bohn (1998).

12 Böhnisch (1997) spricht für die neuen Bundesländer von der Tendenz, daß durch die zunehmende soziale Segregation in den städtischen Massenwohngebieten sozial benachteiligte Jugendliche in den (AgAG-Folge-) Projekten der Jugendarbeit stärker repräsentiert sind - gegenüber einer zunächst gemischten und jugendkulturell weniger differenzierten Jugendpopulation. Zur Diskussion über 'Mädchen, Frauen und Gewalt, Fremdenfeindlichkeit, Rechtsextremismus' vgl. u.a. Siller 1997 und Bitzan (Hrsg.) 1998.

Projektarbeit hauptsächlich erreicht wurden, gewaltbereite bzw. potentiell gewaltbereite oder sogenannte „schwierige" männliche Jugendliche, die als sozial benachteiligt bezeichnet werden. Diese eher „unspezifische" Zielgruppe wird im Rahmen der Projekte - neben ausgewiesenen Ziel- und Problemgruppen wie 'rechte Cliquen', Hooligans, straffällig gewordene Jugendliche - mit der eher „unspezifischen" Problematik von Aggressivität und Gewalt in Verbindung gebracht.

Viele vorgelegte Anträge und ausgewiesenen Begründungszusammenhänge verweisen gleichzeitig auf ein generelles „Versorgungs- und Zugangsdefizit" in der Jugendarbeit und Jugendhilfe. Es scheint, dass die hier definierten Gruppen und Szenen von Jugendlichen eher mit neuen, gewaltpräventiven Programmen - und nicht der „Regel-Jugendarbeit" - erreicht werden können. Damit ist auch ein alter (unproduktiver) Streit in der Jugendarbeit und Jugendhilfe erneut deutlich geworden (nämlich Regelarbeit vs. Sonderprogramme, Strukturförderung vs. Projektförderung), der auf Aspekte von (symbolischer) Legitimationspolitik und defizitärer Ausstattung der Regelarbeit bzw. die Grenzen von klassischen, traditionellen Zugängen zu Jugendlichen verweist. Hier geht es um Abwägungen von Vor- und Nachteilen durch Strukturförderung und Projektförderung. Berkemeier kommt hier zu der plausiblen Einschätzung:

„Projektförderung beinhaltet allerdings Chancen, Selbstveränderung von Jugendarbeit zu motivieren. Sie muss sich damit neuen Themen, Zielgruppen und Arbeitsweisen stellen und erstarrte Traditionen durch flexible neue Arbeitsweisen ersetzen. Jugendarbeit muss und kann experimentieren und Neues wagen. Auch die professionelle Reflexivität und Planung wird gesteigert, wenn präzise Begründungen, erreichbare Ziele und angemessene Methoden in Anträgen formuliert werden müssen. Auch Evaluation wird eher bei umgrenzten Projekten möglich als in einer Großstruktur.
Andererseits birgt Projektförderung auch Risiken. Es entsteht neuer Verwaltungsaufwand (statt mit Kindern und Jugendlichen etwas zu machen, verbringen die Fachkräfte dann viel Zeit mit Anträgen); es entstehen (negative) Konkurrenzen um Ressourcen und unter Umständen einseitige Vorteile (wer gut schreibt, der bleibt); es ergeben sich Entscheidungsprobleme (welcher Antrag ist qualifizierter?) und Unsicherheiten. Mit geringen Förderanteilen ist Projektförderung ein Reformanreiz; würde sie jedoch ausgeweitet, ginge Planungssicherheit verloren und Jugendarbeit müsste sich nur noch wie das Fähnchen im Winde nach politisch vorgegebenen Projektrichtungen drehen" (1999, S. 304).

In dem förderungspolitischen Streit geraten neue Instrumente und Projekte in die 'Konkurrenz' von Trägern und einer knapper werdenden Förderung der Regelarbeit in historisch wiederkehrende Dilemmata und eine Situation von überzogener Dauerbeobachtung. Sie sind ein „sensibles Feld" und unterliegen - und das haben die vielfältige Kritik und Auseinandersetzungen um die Förderung der Projekte gezeigt - einem enormen Legitimationsdruck, einer hohen politischen und öffentlichen Erwartungshaltung; sie sind dem konkurrenten Blick nicht berücksichtigter (etablierter) Träger ausgesetzt.

Damit kann eine problematische Überforderung der Jugendarbeit und Jugendhilfe - und hier vor allem von kleineren, gerade auch experimentellen - Trägern verbunden sein. Sie werden für die Jugendlichen und deren Probleme zuständig erklärt und dienen Trägern und Politik oftmals auch für selbstentlastende Kommentierungen.

3.
Jugendpädagogisch geht es in der dritten Phase um die Umsetzung der eingereichten und geförderten Konzepte (Ideen) in die Praxis, in praktikable Maßnahmen und Schritte; sie sind auf ihre Tauglichkeit und Wirksamkeit hin zu erproben, zu dokumentieren und auszuwerten. Viele interessante und gelungene Einzelaktivitäten und Arbeitsphasen wurden dokumentiert und ausgewertet, z.B. das AgAG vom Institut für Sozialarbeit und Sozialpädagogik (ISS) in Frankfurt/Main und der Universität Dresden oder das hier vorgestellte „Hessische Jugendaktionsprogramm" seitens der wissenschaftlichen Begleitung (fif und BASA). Aus den Publikationen und vorliegenden Abschlußberichten lassen sich für die dritte Phase einige Ergebnisse darstellen und Erkenntnisse gewinnen. So ist sich die Jugendarbeit ihrer Ziele, ihren Konzepten und Reichweiten nicht mehr so sicher. Sie wird im pädagogischen Alltag in ihren Zielen bescheidener und mit ihren Aktivitäten begrenzter: z.B. wenn es um den Aufbau eines Jugendclubs, die Durchführung von Aktivitäten, die Reichweite in der Praxis von Lernangeboten, das Erreichen von Zielgruppen und das kurzfristige Problemmanagement geht. Koch/Behn weisen im Kontext der AgAG-Erfahrungen u.a. darauf hin, dass die *„Rücknahme der eigenen Person gerade für den Normalisierungsprozeß nach der Aufbauphase von Bedeutung ist"* (1997, S. 193), damit nach euphorischem Beginn und engen Beziehungen zwischen MitarbeiterInnen und Jugendlichen das Projekt im Übergang in den Alltag nicht „in ein Loch fällt". Die Verstetigung von Kommunikation, die Vereinbarung von Regeln und „reizvollen" Aktivitäten, z.B. im Rahmen von Erlebnis-/ Abenteuerpädagogik, Sport, Reisen, Kultur (Musik, Theater), sind Stichworte zur Herstellung von tragfähigen Arbeitsbeziehungen und neuen Erfahrungswelten. Man kann dies als Normalisierungsprozeß bezeichnen, in dem sich zeigen muss, wie realitätstüchtig, praxisnah und lernoffen die Projektarbeit einerseits ist und wie konzeptionell wohl begründet und auch theoretisch geleitet sich andererseits Projektideen und -phasen durchhalten lassen.[13] In den Projektprozessen und -phasen mit ihren Ungewißheiten im Handeln, Entscheiden und Begründen, ihren kontextuell und situativ begründeten, notwendigen Änderungen und Umwegen, ihren neuen Versuchen, ihrem „Verlust" der Zielgruppen, den offenen Experimenten, politischen

---

13 Vgl. zur Diskussion über 'Konzepte' in der Jugendarbeit: U. Deinet/B. Sturzenhecker (Hrsg.): Konzepte entwickeln, Weinheim und München 1996; B. Hafeneger: In: Sozialmagazin, Heft 5/1999

Auseinandersetzungen u.v.a. zeigt sich zweierlei: Ob und wie tragfähig und vor allem wie lernfähig die pädagogische Praxis ist, Chancen zur situativen und flexiblen Nutzung von Ressourcen und Handlungsmöglichkeiten zu nutzen; wie lernfähig, flexibel und kommunikativ die institutionellen Strukturen und Förderungspolitik (Verwaltung) sind. Viele Projekte haben in den konkreten Praxisprozessen mit ihren (idealtypischen) Anfangs- und Planungsintentionen kaum noch etwas gemein, weil u.a. Angebote oder Vereinbarungen so wie zunächst geplant nicht tragen, die Zielgruppe nicht mehr da ist, MitarbeiterInnen geplante Intentionen aufgrund widriger Bedingungen oder dem Eigensinn der Jugendlichen nicht realisieren können. Der Umgang mit der Differenz von Theorien und Konzepten/Planungen einerseits und der pädagogischen Wirklichkeit (die immer komplexer, 'anders' ist, sich nicht mit kategorialen, politischen und pädagogischen Formulierungen fassen läßt) mit ihrer Handlungs- und Aneignungslogiken andererseits ist die „Nagelprobe" für ein politisches und inhaltliches Verständnis von Jugendarbeit und Jugendhilfe, das wohl begründet zuläßt, den Blick auf situative Herausforderungen, komplizierte Prozesse, den notwendigen „langen Atem" und damit auf die Reflexion der Eigenlogik von Praxisverhältnissen zu richten.[14]

Neben den vielfältigen Ansätzen und Angeboten in der Jugendarbeit sind gleichzeitig im Lernfeld der politischen (Jugend-)Bildung deren Chancen abgesteckt, Modell- und Fortbildungsseminare entwickelt und durchgeführt sowie Praxis-/Arbeitshilfen vorgelegt worden (u.a. Bundeszentrale für politische Bildung 1993, Scherr 1995, Hafeneger 1995, Ahlheim/Heger 1998, Glaß 1998, Prasuhn/Preuschoft 1998). In Abgrenzung zur Jugend(sozial)arbeit wurden in der Disziplin und den Handlungsfeldern der politischen (Jugend-)Bildung mit den traditionsreichen Kategorien „Aufklärung über Ursachen", „Vernunft, Reflexion, Kritik" deren spezifischen Zuständigkeiten in der Auseinandersetzung mit „Fremdenfeindlichkeit und Gewalt" begründet wie auch erweiterte, kreative Settings in der Bildungspraxis (über seminarpädagogische Angebote hinaus) angeboten. Im Rahmen vielfältiger präventiver Überlegungen und Ansätze werden u.a. kurzzeitpädagogische Lehrgänge, internationale Bildungsarbeit und die Gedenkstättenpädagogik vorgestellt (vgl. z.B. Prasuhn/Preuschoft 1998). Leitmotivisch und beispielhaft heißt es in den Arbeitshilfen der Bundeszentrale für politische Bildung: *„Politische Bildung ist gewissermaßen ein ständiger Versuch wider besseres Wissen... Solange Politische Bildung an dem Ziel eines autonomen Subjektes festhält, kann sie auf rationale Aufklärung nicht verzichten"* (1993, S. 7). In den „Handreichungen für die politische Bildung" bieten Ahlheim/Heger (1998) zu fünf Lerneinheiten

---

14 Mit Blick auf die Rationalität und Logik von Lern- und Bildungsprozessen geht es um das Spannungsverhältnis von Theorie und Praxis, von Erfahrung und Begriff (als wissenschaftliche Erkenntnis).

informative und plausibel strukturierte Materialien an: „*Die Natur des Vorurteils, Ein Vorurteil kommt selten (von) allein, Vorurteile und (Medien-)Öffentlichkeit, Vorurteile und Fremdenfeindlichkeit in der Mitte der Gesellschaft, Fremdenfeindlichkeit und Antisemitismus, ganz rechtsaußen*". In den didaktisch-methodischen Hinweisen heißt es: „*Die von uns konzipierten Lerneinheiten sind um methodische Vielfalt bemüht und geben der frontalen Einbahnstraßenpädagogik herkömmlicher 'Beschulung' den Abschied, ohne auf Wissen und Wissensvermittlung zu verzichten*" (S. 11). Praktische Projekte und Ansätze der politischen Bildung mit gewaltbereiten, rechtsorientierten Jugendlichen sind aber über erste Versuche nicht hinausgekommen; sie spielen in der Auseinandersetzung mit 'diesen Zielgruppen' kaum eine Rolle.

Entwicklungen von Themen- und Förderungskonjunkturen in der Bildungs- und Sozialpolitik der 90er Jahre zeigen, dass politische Lern- und Bildungsangebote tendenziell hinter Aktivitäten der Jugendsozialarbeit zurückgetreten sind; gleichzeitig ist dies strukturellen Gründen und den Grenzen des Lernfeldes geschuldet. Ausstattung, Angebote und Settings der politischen Bildung erreichen in der Regel solche Jugendlichen als Teilnehmer nicht, die in 'rechten' Milieus und Kulturen organisiert sind bzw. diesen zuzurechnen sind. Die Grenzen der politischen Bildung sind bei einigen erprobten Ansätzen (z.B. Konfrontation mit der NS-Zeit, Gedenkstättenbesuche) deutlich geworden, die versucht haben, 'rechte Jugendliche' und deren sozialen, familialen und cliquenbezogenen Hintergrund in reflexive Lernangebote einzubeziehen. Koch und Behn (1997) ist zuzustimmen, wenn sie aus ihren Erfahrungen mit dem AgAG-Programm für die Praxis resümieren: „*Sozialpädagogische Angebote in diesem Feld setzen auf Körperlichkeit und Affektivität, bieten Aktion, Spannung und ein unmittelbares Erleben oder orientieren sich an den jugendkulturellen Aktivitäten der jeweiligen Szene. Bildungsarbeit hat hier - auf den ersten Blick - keinen Platz*" (S. 67). Politische Bildung begründet sich mit Blick in gesellschaftliche Entwicklungen, die komplexen Ursachen von Rechtsextremismus und Gewalt, die Auseinandersetzung mit gängigen (verkürzten) Deutungen und Lösungsangeboten des Problems mit den Zielen und Aufgaben: Aufklärung, Demokratieentwicklung und kreative Praxis. Sie hat ihre Adressaten vor allem bei interessierten Jugendlichen im Bereich der Multiplikatoren in der Jugendarbeit, in der Schule (LehrerInnen) und bei den Sicherheitsbehörden. Sie hat eine eigenständige, spezifische Begründung in der demokratischen Kultur, der (Selbst-) Bildungsgeschichte der jungen Generation und muss nach Butterwegge (1988) vor allem die modernisierten ideologischen Kerne „Ethno- und Standortnationalismus" in den Mittelpunkt ihrer aufklärenden Bemühungen rücken.

4.
In der vierten Phase werden Jugendliche, MitarbeiterInnen und Träger der

Jugendarbeit mit den Fragen konfrontiert, ob und wie die Arbeit mit dem Auslaufen der befristeten Projektförderung weitergeht. Jeweils konkret „vor Ort" ist auszuhandeln, ob Institutionalisierungsprozesse - als „Regelarbeit" im selben Umfang oder auch reduziert - und damit Kontinuitäten in den Beziehungen, Angeboten und als infrastrukturelle Gewißheiten gelingen können, oder ob die Arbeit ausläuft bzw. abrupt abgebrochen werden muss. In diesen Klärungs- bzw. Entscheidungssituationen werden von den politischen Akteuren unterschiedliche Argumente angeboten, zu denen insbesondere gehören: die vorgegebene, lediglich befristete Projektförderung des Bundes und der Länder war Arbeitsgrundlage; die „Übergabe" der finanziellen Verantwortung an den zuständigen öffentlichen Jugendhilfeträger wird erwartet bzw. ist erwünscht. Die Finanzsituation der Kommunen und freien Träger mit ihren Möglichkeiten und Grenzen dominiert die Diskussion und die Projekte geraten nun in konkurrente Einschätzungen mit anderen (neuen) „Jugendproblemen". In einer konkurrenten 'Landschaft' von Problemsichten und Trägern werden in der Jugendhilfepolitik oftmals andere Prioritäten gesetzt und Sparzwänge setzen sich durch. Für die „Gewaltprojekte" liegen keine systematischen Auswertungen der Kommunikation von Praxis und Politik, von Projekt- und Regelträgern, der „Übergangssituation" vom Projektende in die „Folgen" (Weiterförderung) vor; ebenso fehlen Untersuchungen über die Rezeption und Aneignung (bzw. Nichtaneignung) von Projekterfahrungen und Empfehlungen durch Verwaltung, Politik und Träger.[15] Zu beobachten sind kommunal, länder- und trägerspezifisch unterschiedliche Entwicklungen; so werden aus dem AgAG-Programm viele Projekte ab 1997 vom zuständigen öffentlichen Träger weiter gefördert, und für das Programm in Hessen heißt es mit Projektende: *„Positiv ist, dass relativ viel durch die Modellprojekte begonnene Arbeit zumindest im Jahr 1997 weitergeführt werden kann, und das ist angesichts der vielen Kürzungen nicht selbstverständlich"*(dritte Projektzeitung, 1997).

Es läßt sich resümieren, dass Jugendarbeit (und Jugendhilfe) sich im Umgang mit Gewalt und Rechtsextremismus unter Jugendlichen selbst als zuständig erklärt hat bzw. hat erklären lassen, weil dies - als politische und gesellschaftliche Reaktion auf die Probleme von Jugendlichen - konstitutiv ihre 'Disziplin' und ihren Zuständigkeitsbereich begründet. Nach einer ersten Phase von jugendhilfepolitischen und jugendpädagogischen hehren Postulaten und Positionierungen mit gut begründeten, teilweise auch diffusen - überzogenen - Reichweiten und Möglichkeiten hält dann eher Bescheidenheit, Normalität (und auch Resignation) Einkehr in die Anstrengungen der jugendpädagogischen Praxis. Dieser normalisierende und auch desillusionierende Mechanismus ist in der Jugendarbeit und Jugendhilfe als 'strukturelle Eigendynamik' bekannt; dass nämlich nach Anfangseuphorien

---

15 Zu Rezeption von Erkenntnissen und Ergebnissen der Jugendforschung in der staatlichen Jugendpolitik bzw. Gründen für Resistenz vgl. Hornstein 1999.

der mühsame und widrige Alltag vielfach in traditionelle Routine einmündet, zu bewältigen und zu gestalten ist. Dies scheint als 'Verschleiß von Zielen'(strukturell und motivational) nicht zu verhindern zu sein, sollte aber zukünftig - für die Projektarbeit insgesamt - möglichst mit pragmatischer Intelligenz frühzeitig reflektiert werden, um folgenreiche Resignation oder gar Fatalismus zu vermeiden. Dabei wäre es eine spannende Frage, zu klären, woher „immer wieder" die vermeintlichen wirkungs- und professionslogischen Überschätzungen - als Erbschaft der Pädagogik und deren Profession - von Jugendarbeit und Jugendhilfe kommen. Diese Frage drängt sich auf, weil „jeder weiß" bzw. „wissen müßte", dass Pädagogik und Jugendarbeit, Entwicklungen wie Gewalt, Fremdenfeindlichkeit und Rechtsextremismus (d.h. deren strukturellen Ursachen) weder verursacht haben noch zudecken oder gar beseitigen können; dass Jugendarbeit (und Jugendhilfe) mit ihren vielfältigen Dilemmata und Paradoxien letztlich ein bescheidenes (immer wieder als „Feuerwehr" apostrophiertes) „Instrument" im Umgang mit und der Einwirkung auf Jugendliche(n) ist. Schließlich ist die entwickelte, mehrjährige Praxis - d.h. sind die Jugendlichen, Träger und MitarbeiterInnen - mit den Fragen konfrontiert, ob und wie die Arbeit weitergeht, ob die Einrichtungen und Aktivitäten bestehen bleiben, Beziehungen zwischen MitarbeiterInnen und Jugendlichen sowie deren Milieuentwicklungen schließlich Kontinuität erfahren oder von Auflösung bedroht sind. Dies bleibt nach der Modellphase den jeweiligen Trägern, der kommunalen Förderung und ggf. weiteren Landeszuschüssen überlassen.

Bilanzierung: Jugendpolitik und -pädagogik

Eine bilanzierende Auswertung einer Vielzahl von Praxisprojekten kann sowohl jugendpädagogisch (im fachlichen Diskurs des Feldes und der Profession) als auch jugendpolitisch (in der Kommunikation zwischen Vernetzung von Praxis, Verwaltung, Politik und Öffentlichkeit) vorgenommen werden.

Jugendpolitik

Ein stimulierender und kommunikativer Beitrag der Projekte liegt einerseits in den vielen, neu gegründeten - vielfach nach einiger Zeit wieder aufgelösten - Foren, Ausschüssen, Tagungen und Kongressen, Kommissionen auf kommunaler und Landesebene, in den Präventionsräten und runden Tischen, die zu dem Thema diskutieren und die Kategorie der Vernetzung aufgegriffen haben; andererseits stehen solche Aktivitäten in der Gefahr, lediglich vorübergehende symbolische Politik im schlechten - d.h. folgenlosen - Sinne zu bleiben.[16] Das Lernverhältnis zwischen Projekterfahrungen, Politik und Institutionen ist ambivalent; es gibt neben Beispielen von gelungener Kooperation, lokalen Netzwerken und dem Ausbau örtlicher Jugendhilfestrukturen, der Einbindung in die Jugendhilfeplanung (die vielfach Ergebnis sozialpädagogischer Kompetenz und Expertenleistung ist) ebenso Erfahrungen, die - u.a. Desinteresse, den förderungspolitischen Krisenbedingungen und dem 'Kampf um Marktanteile' geschuldet - von reibungsvoller Konkurrenz, von Mißtrauen und Abschottung geprägt sind.

Die Programme - und hier vor allem das AgAG in den neuen Bundesländern - dienten auch dazu, neue Strukturen in der Jugendhilfe und Jugendarbeit aufzubauen. Dabei wird vor allem auf die Beratungs-, Fortbildungs-/Weiterbildungs- und Netzwerkstruktur zwischen den AgAG-Projekten hingewiesen (vgl. Materialien und Schriftenreihe von IFFJ und ISS); aber auch die regionalen Arbeitsbündnisse und Vernetzungsstrukturen, die über die Jugendarbeit hinausreichen („Runde Tische") sowie Kooperationsformen mit diversen Partnern (Jugendamt, Jugendhilfeausschüsse, Arbeits-, Sozial-, Wohnungsamt, Vereine, Schule, Polizei, Justiz) werden gewürdigt.[17] Im Endbericht der wissenschaftlichen Begleitung (1996) wird auf die „infrastrukturellen Wirkungen" und die „jugendpolitische Dimension" des AgAG-Programms hingewiesen; sie werden als kommunikative und netzwerkorientierte kommunale Jugendhilfepolitik charakterisiert, die zur Belebung der öffentlichen Jugendhilfe beigetragen haben, *„weil auf der Ebene der kommunalen Jugendhilfepolitik das AgAG-Programm die jugendpolitischen Magnetfelder beeinflußt hat"* (S. 198). Die Modellprojekte haben sich - so wurde von der wissenschaftlichen Begleitung für das Hessische Jugendaktionsprogramm formuliert - hierbei auf eine schwierige Gratwanderung eingelassen: einerseits die komplexen sozio-kulturellen Bedingungen wie Armut, Arbeitslosigkeit, Ausgrenzungs- und Desintegrationsprozesse sowie strukturelle Gewalterfahrungen, gegen die Jugendliche zu Recht aufbegehren, im Blick zu haben und gleichzeitig mit und für diese Jugendlichen individuell lebbare Perspektiven zu entwickeln, damit die Angebote nicht mangels Akzeptanz ins Leere gehen. Zur gelingenden Realisierung des Programms wird sowohl auf die kommunikative Bedeutung der kontinuierlichen Beratung und Begleitung der fünf Praxisprojekte, die Durchführung von Fortbildungsseminaren für die MitarbeiterInnen, die fortlaufende Dokumentation in den Zwischenberichten und Projektezeitungen wie auch auf die lokale bzw. regionale Vernetzung (mit anderen Jugendhilfeeinrichtungen, Schulen, Sportvereinen) verwiesen. Über die konkreten Formen der Zusammenarbeit hinaus hat sich gezeigt, dass zur ju-

---

16 Ende der 90er Jahre gibt es u.a. an Schulen 'Kriseninterventionsteams', Aktionsprogramme wie „Aktion Courage e.V.", „Schule ohne Rassismus", „Tolerantes Brandenburg" und „Für ein demokratisches und weltoffenes Sachsen-Anhalt"
17 Zu den Transformationsprozessen im Bereich der Jugendhilfe vgl. Böhnisch 1997

gendpädagogischen Realisierung von Vorhaben immer auch eine unterstützende und mutmachende Haltung der Öffentlichkeit (der Umwelt) gehört. Obwohl das Feld der Jugendarbeit (und Jugendhilfe) sowohl „Wissen über Jugend" produziert als auch seinen „Platz" und seine „Funktion" in der Auseinandersetzung mit spezifisch jugendlichen Problemlagen wiederholt ausgewiesen hat, bleiben die jugendpolitischen Wirkungen und Folgen dieser Expertenschaft begrenzt. Die Diskussion in der Jugendarbeit (und Jugendhilfe) über „Jugend, Gewalt und Rechtsextremismus" ist - auch wenn dies kurzfristig ein aufgeregtes Thema war und positive jugendhilfepolitische Effekte hatte - von einer politischen und gesellschaftlichen Situation umgeben, die an Jugend, Jugendarbeit und Jugendhilfe weitgehend uninteressiert ist; beides ist kein Thema, hat kaum eine Lobby und ist eher - bei allen Modernisierungsanstrengungen - von „Bedeutungsrückgang" gekennzeichnet. Diese Entwicklung ist eingebettet in die grobe Gegenüberstellung der zwei Jugendpolitiken, wie sie Hornstein unterscheidet: *„auf der einen Seite eine Politik für die Jugend, die sich als Teil einer umfassenden, auf Integration und Beteiligung aller gerichteten, von einem umfassenden Wohlfahrtsprogramm geleiteten Konzeption versteht; auf der anderen Seite eine die Gegenwart bestimmende, durch Rücknahme sozialstaatlicher Programme gekennzeichnete, auf Problemgruppen gerichtete Jugendpolitik, die sich im wesentlichen als Unterstützung der präventiven Praxis in bezug auf Jugend versteht"* (1999, S.19). Man muss nach Heitmeyer (1998) von verlorenen „Ressourcen" ausgehen, die u.a. den gesellschaftlichen (auch demographischen) Rahmenbedingungen, die sich drastisch verändert haben, wie auch einem „verbrauchten Jugendmythos" geschuldet sind. „Jugend" ist in den neunziger Jahren allenfalls noch als „Problem" (Problemgruppen) oder Marketingeffekt (marktvermittelter Kult) interessant. Von daher kann hier bei allen jugendpolitischen Anstrengungen und Wirkungen bilanziert werden, dass Öffentlichkeit und Politik in einer kurzfristigen „Themenkonjunktur" vor allem von Befriedungs- und Kontrollinteressen - wobei die pädagogische Praxis davon nicht unmittelbar beeinflußt wird - geleitet waren. Wenn diese mit Jugendarbeit und Jugendhilfe (und auch Justiz und Polizei) durchsetz- und regulierbar sind bzw. erscheinen und die 'problematischen Phänomene' „rückläufig" sind, dann schwindet das politische (und das heißt dann förderungspolitische) Interesse. Die „leeren Kassen" und Sparzwänge überlagern die inhaltlichen Debatten; sie dominieren Entscheidungen in der Sozial-, Bildungs- und Jugendpolitik und viele befristeten Projekte laufen jugend- und förderungspolitisch folgenlos aus. Hier stoßen die Projekte mit ihren vielfältigen Erfahrungen und anregenden Erkenntnissen (z.B. für präventive Strategien, die Ressourcenverwendung), ihrer öffentlichkeitswirksamen Lobby- und Infrastrukturarbeit wie auch die Jugendarbeit mit ihren Trägern insgesamt an ihre strukturellen Thematisierungs-, Beeinflussungs- und Durchsetzungsgrenzen; d.h. auf die fehlenden

Chancen und vermittelnden Mechanismen, die Agenda der Politik und deren Rezeption zu beeinflussen.[18]

Jugendpädagogik

Die Durchsicht der Berichte und die Bilanzierung der Erfahrungen aus der alltäglichen Arbeit mit aggressiven, gewaltbereiten und gewalttätig agierenden männlichen Jugendlichen läßt den Schluß zu, dass vor allem eine als „geduldig" und auch „aufopferungsvoll" zu typisierende Jugendpädagogik zu identifizieren ist. Sie ist vor allem von der Offenheit ihres Situationsbezuges bestimmt, die didaktische und methodische Vorgaben (Detailperfektionierung) verbietet. Hörster und Müller (1996) sprechen für eine solcherart herausgeforderte pädagogische Praxis vom „mimetischen Vermögen", das „vorpädagogisch" mit Intuition und Kreativität erst Chancen der Zusammenarbeit, von Anfängen bzw. Neuanfängen der Zusammenarbeit eröffnet. Die darauf aufbauende pädagogische Handlungskompetenz braucht dann allerdings mehr als „liebevolle Zuwendung" oder das Insistieren auf „gewaltfreier und vernünftiger Verständigung". Für das schwierige Handlungsfeld heißt das: *„Ohne ausgebuffte Strategien der Selbstinszenierung, ohne genügend Angstfreiheit, um vor theatralischen Gewaltritualen nicht zurückzuzucken, ohne Kenntnis der subtilen Differenzen zwischen adoleszenten Gewaltphantasien und gewalttätiger Praxis, ohne sicheres Augenmaß für die Unterscheidung erträglicher und unerträglicher Risiken, wird bei diesem anspruchsvollen Publikum wenig zu holen sein"* (Hörster/Müller 1996, S. 637). Ein solcher Blick ins jugendpädagogische Feld hat Konsequenzen für das professionelle Verständnis der Arbeit und für Kompetenzen, die vor allem als „Selbstprofessionalisierung", „Professionalisierung im Feld", „Einbringen der eigenen Persönlichkeit" (ehrlicher Umgang, Echtheit, verläßliches Verhältnis, Benennung der eigenen Position, Aufzeigen von eigenen Möglichkeiten und Grenzen) zu charakterisieren wie auch als Beitrag zur empirischen Fundierung einer Professionalisierungstheorie (wissenschaftliches Wissen, hermeneutische Kompetenz, beruflicher Habitus mit strukturiertem Handlungspotential) verstanden werden kann.[19] Hier spielen als empirische Resultate vor allem Dimensionen eine Rolle, die bestimmt sind - und dies unterscheidet sie durchaus von „konventionellen" Ansätzen und Mechanismen bzw. Formen

---

18 Hier wären Rezeptionswiderstände genauer zu untersuchen und darüber nachzudenken, wie kommunikative Transferkonzepte zwischen 'gleichberechtigten Partnern' aussehen könnten.

19 Damit ist keineswegs behauptet - darauf sei noch mal ausdrücklich hingewiesen -, daß die Probleme allein durch kompetente Jugendarbeit/-hilfe und pädagogische MitarbeiterInnen in den Griff zu bekommen seien.

des Umgangs in der Jugendarbeit und Jugendhilfe - von neuen, erweiterten (ganzheitlichen) Leitkategorien und Reflexionsebenen.[20] Dazu gehören insb.:
- Zielgruppen und Handlungsprinzipien,
- Verknüpfung von Arbeitsformen,
- Deeskalation,
- Selbstwert- und Kompetenzerfahrung,
- Verbindlichkeit, Regelmäßigkeit und Verläßlichkeit,
- Integrationshilfe,
- Biographieentwicklung und Entwicklungsbegleitung,
- Kompetenzen von MitarbeiterInnen,
- Wirkungen und Einflüsse.

Zielgruppen und Handlungsprinzipien

Die jugendlichen Zielgruppen und das Problemfeld sind „im Kern" als Arbeit mit aggressiven und gewaltbereiten Jugendlichen (Szenen, Cliquen, Milieus) ausgewiesen, für die es bisher keine Konzepte, Praxisformen und professionellen Haltungen (nämlich mit ihnen zu sprechen und zu arbeiten) gab und für die praktische Konzepte entwickelt und realisiert werden sollten. Wagner skizziert Ende der 90er Jahre für die neuen Bundesländer eine 'neue rechtsextreme Jugendkultur' und bietet eine erste 'empirische Typologie in sozialpädagogischer Hinsicht' an. Er unterscheidet u.a.: Gruppierungen dissozialer Jugendlicher; lose Gruppen; temporäre Gruppierungen; Gruppen mit rechtsextremen Orientierungen, in Freizeiteinrichtungen, an feste Räumlichkeiten gebunden; Kameradschaften; paramilitärische Gruppen; Terrorkommandos (1999, S. 251ff.).[21] Die Merkmale der Gruppen in den Projekten sind folglich sehr heterogen, sie umfassen: „harte Gruppen", Gewalttäter aus der rechtsextremen Szene der Skinheads, Hooligans und lose Cliquen; rechtsorientierte und gewaltbereite Jugendliche in und im Umfeld von Gruppen und Szenen; Jugendliche mit vielfältigen sozialen Problemlagen in Familie, Schule, Ausbildung/Arbeit, mit Lebenssituationen wie Arbeitslosigkeit, Armut, Alkohol, Drogen, Kriminalität/Delinquenz, Gewalt, Schulden, Obdachlosigkeit; mit fehlenden Freizeitangeboten und Langeweile, Beziehungslosigkeit und fehlender Wertschätzung. So dürfte die

---

20 Die Bedeutung dieser Erfahrungen für die Herausbildung von Professionalität als disziplinäre Fachlichkeit und berufliche Identität wäre noch herauszuarbeiten.
21 Nach Heitmeyer läuft „die erfolgreichste" politische Sozialisation und das effektivste Handeln von Jugendlichen derzeit in Dörfern und Kleinstädten Ostdeutschlands, insbesondere Brandenburgs ab, in denen rechtsextremistische Jugendgruppen mit dem „Konzept" der „National befreiten Zonen" operieren, vielfach auch darüber faseln" (1999, S. 192). Nach dem Verfassungsschutzbericht des Jahres 1998 gibt es insgesamt etwa 80 sog. „Kameradschaften" (Bonn 1999).

Einschätzung in dem Gutachten von Hagemann - angefertigt für die Auswertung zum 'Hessischen Jugendaktionsprogramm - weitgehend für die gesamte Projektevielfalt zutreffen: „*Nur ein Teil der hier untersuchten Projekte arbeitet mit rechtsgerichteten Gewalttätern, noch weniger Projekte arbeiten mit linksgerichteten gewaltbereiten Jugendlichen, sehr viele dagegen mit Zielgruppen, die eher anhand sozialer und politischer Dimensionen definiert werden. Soziale Probleme von Jugendlichen liegen dann in Mißerfolgserlebnissen (Schulversagen), Delinquenz und Drogenkonsum, Perspektivlosigkeit (keine Lehrstelle, schlechte Wohnsituation) oder familiären Problemen*" (1997, S. 74). Die Bedeutung der jugendpädagogischen Angebote liegt folglich in Dimensionen, die als Suche nach soziokulturellen Unterstützungssystemen, sozialemotionalen Bindungen, anerkennenden und sich neu bildenden Milieubezügen sowie den Interessen bzw. der Bedürftigkeit nach anerkennenden Bezugspersonen bezeichnet werden können. Projekte werden zu einem Bezugspunkt im Beziehungsnetz von Jugendlichen, aus dem „*sich eine klare Herausforderung an die Jugendarbeit ergibt, wenn diese von ihrer Klientel immer mehr auch als Ort angesehen wird, der Jugendlichen Halt, Bezug und Unterstützung vermitteln kann und somit auch in sozialisatorischer Hinsicht immer wichtiger zu werden scheint*" (Drößler 1998, S. 93). Koch/Behn (1997) resümieren aus den Erfahrungen bzw. erwiesener alltäglicher Praxis einige Haltungen und Handlungsprinzipien, die für den Umgang mit diesen Zielgruppen bedeutsam sind, dazu gehören: niedrigschwellige Angebote, kritische Parteilichkeit, Beziehungsarbeit, Arbeit mit Cliquen, Aneignung und Angebot von Räumen, Aneignung von Zeit, Eroberung sozialer Strukturen, Deeskalation, Grenzen setzen bzw. Vermittlung von Grenzen (S. 152 ff.). Jugendarbeit begleitet die Jugend als Lebensphase mit Grenzüberschreitungen und -erfahrungen, der Übergänge und Krisenhaftigkeit, ihrem Übergang zum Mann bzw. zur Frau. Jugendliche müssen lernen, Trennungen zu ertragen; sie brauchen für einen konstruktiven Umgang eine psychische Ausstattung, die mit 'kräftigenden' Erfahrungen verbunden sind. Hier kann Jugendarbeit eine (nachsozialisierende) Beziehungskultur bieten, die Halt und neue Chancen gibt, um Entwicklungsanforderungen zu meistern.

Verknüpfung von Arbeitsformen

Die spezifischen Erfahrungen der Projekte liegen im „work in process", in der experimentellen Mischung und Verknüpfung von durchdachten Angeboten, informellen Arbeitsstrukturen und spontanen Handlungsmustern, von innovativen mit bewährten 'traditionellen' Arbeitsformen und Angeboten, die sonst eher arbeitsteilig nebeneinander existieren, ohne aufeinander Bezug zu nehmen oder miteinander zu kooperieren. Die verknüpfenden und vernetzenden („unpädagogischen") Tätigkeiten sind immer auch eine Art des Umgangs mit den Jugendlichen und gehören neben der „Beziehungsarbeit" zur professionellen Kompetenz, um das Feld zu strukturieren, zu organisieren und zu sichern. Dazu gehören insb. die Integration bzw. Kooperation von Straßensozialarbeit mit Offenen Einrichtungen (Jugendclubs), vielfältige Aktivitäten und Angebote im Rahmen kurzfristiger Unternehmungen/Events, von Projekten und kontinuierlichen Angeboten wie: Sport, Kultur, Erlebnis, Reisen, Begegnung, psycho-soziale Hilfen, Beratung, politische Bildung, Gruppenarbeit, Einrichtung von Treffs und Jugendräumen, Jungen- und Mädchenarbeit, Mediation, Werkstätten, Wohnprojekte, Kreativität, Selbstverteidigung, Infothek, Schlichtungskonzepte, Konflikttraining, Anti-Aggressions-Training (vgl. AgAG-Zwischenbericht 1994, Endbericht 1996, Koch/Behn 1997, Weidner/Kilb/Kreft (Hrsg.) 1997, Endbericht der wissenschaftlichen Begleitung zum Hessischen Aktionsprogramm 1997).

Mit den Projekten in den neuen Bundesländern wurden keine Arbeitsansätze neu „erfunden", aber mit dem West-Ost-Transfer waren nach dem Endbericht des AgAG-Programms „infrastrukturelle Effekte" (S. 193) verbunden; von dem zuständigen Bundesministerium werden - aufgrund der Offenheit oder auch von fehlenden etablierten Strukturen in der Jugendarbeit/-hilfe - vor allem die starke Verknüpfung der verschiedenen sozialpädagogischen Handlungsansätze als neu und innovativ hervorgehoben. Aber auch für die Projekte in den alten Bundesländern ist die Verknüpfung von Arbeitsformen ein wesentlicher Indikator für ihren innovatorischen Beitrag. So heißt es zu den fünf Projekten im Jugendaktionsprogramm von Hessen: *"Jedes der Projekte hat bekannte und bewährte Methoden der Jugendarbeit genutzt und hat in einem realistischen Rahmen mit verschiedenen Ansätzen und Ideen „experimentiert" und Neues ausprobiert"* (dritte Projektzeitung, 1997). Von den Trägern wurden eine Vielzahl von Materialien, Bausteinen, Methodensammlungen, Projekten und Handlungsansätzen für eine sich präventiv verstehende Jugendarbeit und -bildung (Gewaltprävention) vorgelegt (vgl. z.B. DRK 1998). Nach Scherr (1998) fehlt es nicht an Materialien, erprobten Methoden, Programmen und Projekterfahrungen; neben einer aufklärenden Jugend- und Erwachsenenbildung, mangelt es nach ihm jedoch an einer ausreichenden Infrastruktur für entsprechende Angebote und an qualifizierenden Fachkräften.

Deeskalation

Hier geht es um die Erfahrungsdimension, dass das Zusammenleben, Aushalten von Differenzen, die Austragung von Streit und Konflikten auch ohne Gewalt(androhung) möglich sind. Diese fundamentale zivilisatorische Einsicht - die scheinbar eine dünne Decke hat - ist zunächst das Zentrum aller jugendpädagogischer Überlegungen und Anstrengungen. Sie ist Voraussetzung für die weitere Kommunikation, das Zusammensein und die Zusammenarbeit in der Jugendarbeit und für Deeskalationsprozesse "im Kopf", d.h. den Abbau von Feindbildern und Stereotypen, wie auch als ein Beitrag zur Entkriminalisierung von Jugendlichen zu verstehen. Mitarbeiter Innen bekommen die Wut und Verzweiflung, die Vorurteile und das Männlichkeitsgehabe, die Sprüche und Provokationen, die Verletzungen, Ohnmacht und unterdrückten Gefühle ab. Diese Konfrontationen in differenzierten Beziehungs- und Arbeitsangeboten anzunehmen, ist die zentrale Herausforderung an die Profession. Hier werden Grenzziehungen, Verläßlichkeit und Belastbarkeit auf eine harte Probe gestellt. Dies anzunehmen, auszuhalten und zu spiegeln, d.h. in Beziehung zu bleiben und Arbeitsbündnisse herzustellen, ist mit dem Angebot verbunden, affektive Erregungen zu verarbeiten und die Regression zu verlassen. Es bleibt - bei allen Veränderungen der langen Adoleszenzphase - unbestritten, dass beim Übergang in den Erwachsenenstatus neue und widersprüchliche Herausforderungen zu bewältigen sind; das gilt insb. für Bindungen und Beziehungen im Prozeß des Autonom-Werdens.

Dem liegt die Annahme zugrunde, dass das Selbst - als Prozeß der Bedeutungsstrukturierung der eigenen Person, anderen Menschen und der Welt - ein 'Entwicklungsplan' des gesamten Lebens ist; verbunden mit den Fähigkeiten, Lebensgeschichte durch Erfahrung, Lernen und Selbstreflexion sowie mannigfaltige Interaktionen mit der sozialen Umwelt zu beeinflussen. Wenn sich die Jugendarbeit und Pädagogen als „Vermittlungsinstanz" zwischen Individuum und Gesellschaft verstehen will, dann werden Selbst- und Weltbilder, Sinnbedarf (als Auseinandersetzung mit der äußeren und inneren Realität), Deutungen und Lernprovokationen zum „Dreh- und Angelpunkt jeder Pädagogik" und ihrer Institutionen. Deren Aufgabe ist dann vor allem, Deutungsangebote zu machen und produktive Lernkontexte zu strukturieren (Koring 1996, S. 334). Dazu bedarf es „gewaltfreier Zonen", zu denen Einrichtungen und Angebote der Jugendarbeit zunächst deklariert werden, ohne dabei Jugendliche, die auch gewalttätig sind, vorschnell auszugrenzen. Für das Zusammensein in der Jugendarbeit gilt gleichzeitig das Paradox, auch Regeln zu setzen bzw. zu vereinbaren, Grenzen zu markieren und die *„Macht der Pädagogen" zu benennen, und dass MitarbeiterInnen Verhaltensweisen verhindern müssen, „die z.B. die körperliche und seelische Integrität und Sicherheit eines Teilnehmers oder anderer Menschen verletzen oder jemanden vom demokratischen Prozeß ausschließen wollen"* (Sturzenhecker 1998, S. 212).

Im Rahmen der Projekte sind vor allem die „gewaltreduzierende Wirkung bei Konflikten rivalisierender Jugendgruppen" und die „deeskalierende Wirkung insbesondere im Zusammenhang innerhalb der Skinheadszene" betont worden (Informationsdienst AgAG, 1/96, S. 9). Als Elemente einer deeskalierenden Pädagogik bzw. pädagogischer Verhaltensweisen von MitarbeiterInnen nennt Böhnisch (der mit der wissenschaftlichen Begleitung des AgAG betraut war) im Zweiten Zwischenbericht des AgAG: „*Dass sie einfach durch ihr Dasein, durch die Art ihrer Arbeit diesen Jugendlichen Räume (und auch Zeit, d.V.) geben, dass sie Bezugspersonen sind, ein Netzwerk für die Jugendlichen aufbauen*" (1994, S. 69).[22]

Selbstwert- und Kompetenzerfahrung

Diese affektive Dimension verweist auf Verlust- und Ohnmachtserfahrungen in einer für viele Jugendliche kaum durchschaubaren und steuerbaren Gesellschaft. Die Wünsche - Böhnisch spricht von „jugendlicher Bedürftigkeit" (1998) - nach Anerkennung und sozialer Wertschätzung, nach Wert- und Selbstbewußtsein, nach Selbstwirksamkeit und eigener Zukunftsgewißheit muss von Jugendlichen im Rahmen ihres alltäglichen Lebens erfahren werden und einlösbar sein. Anerkennung und Respekt, Aufmerksamkeit und Resonanz sind 'Schlüsselbegriffe', für die es in der experimentellen Entwicklung von adoleszenten Entwürfen, sollen sie faktische Prägungen zur Folge haben, sozialer Orte (resonanzgebender Felder) und einer professionellen Kultur bedarf.[23] Dabei geht es darum, in Kontexten von pädagogischen Verhältnissen und Beziehungen gebraucht und geachtet zu werden, weil dies neugierig und 'offen' macht sowie (selbstgesteuertes) Lernen begünstigt. Sind diese nicht gegeben, und werden Erfahrungen wie Mißachtung, Abwertung, Ausgrenzung und Desinteresse gemacht, sind hier „Schleusen" und „Anknüpfungspunkte" für regressive, einfache, autoritäre (auch gewaltförmige und rechtsextreme) Orientierungen und Lösungen zu sehen. Auch rechte Jugendszenen, deren biographische Bedeutung in den letzten Jahren wiederholt dargelegt wurden, binden - vielfach eingebettet in Mehrheitsstimmungen der Erwachsenengesellschaft - auf eine spezifische Art und Weise Bedürfnisse nach sozialer Zugehörigkeit, Gemeinschaft, Selbstwirksamkeit, Macht über Sozialräume, ästhetischer Inszenierung und intensiven Erlebnissen mit kurzen Handlungsketten. Naheliegend ist die Annahme, dass damit - z.B. mit Blick in das Wahlverhalten, in Mentalitäten, die rechte jugendkulturelle Szene und in das gewaltbereite Potential - auch

---

22 Fahrlässig und falsch sind die Schlußfolgerungen, die Elsässer (1998) zieht. Er bezeichnet das AgAG als „Strukturhilfe für Neonazis" und bringt Aktivitäten der rechten Jugendszene mit Projekten (Jugendtreffs) in Verbindung. Gleichzeitig berichtet Neckel (1998) - nicht im Rahmen des AgAG - beispielhaft von einem Jugendclub im östlichen Brandenburg, der zu einem lokalen Treffpunkt der rechten Szene geworden ist; er zeigt anschaulich das spannungsreiche Verhältnis zwischen MitarbeiterInnen und jungen Rechten.

23 Vgl. zu theoretischen Überlegungen von Grundformen der Anerkennung die gesellschafts- und subjektivitätstheoretischen Überlegungen von Honneth 1998

demokratiegefährdende und dauerhafte (nicht nur temporäre und episodale) Sozialisationsverläufe mit Verfestigungen und auch lokalen milieubildenden Dimensionen virulent werden. Für Böhnisch wird der Milieubegriff zur zentralen jugendpädagogischen Kategorie.[24] Für ihn ist im Begriff des „offenen Milieus" der *„Respekt vor Integrität des Anderen innerhalb und außerhalb der Milieugrenzen als strukturierendes Charakteristikum enthalten. Regressive Milieus dagegen sind dadurch gekennzeichnet, dass in ihnen Rückhalt, Geborgenheit und Gegenseitigkeit auf Kosten anderer, ja über die Unterdrückung und Ausgrenzung anderer gesucht wird. Gewalttätigkeit zum Beispiel geschieht vor dem Hintergrund regressiver, ethnozentristischer Milieubildung. Sozial desintegrierte Jugendliche suchen Geborgenheit, Orientierung und Sicherheit auch und gerade in solchen autoritären Milieus."* (1999, S. 11f.) Jugendarbeit und Jugendhilfe können mit ihren - vor allem auch sozialen und emotionalen - Arbeits- und Lernformen (insb. im Rahmen von kulturellen, bewegungs- und erlebnispädagogischen Angeboten) einen Beitrag dazu leisten, dass Jugendliche oftmals erste bzw. neue Erfahrungen machen, gebraucht, ernst- bzw. wahrgenommen zu werden, dass Selbstwertstärkung, Kompetenz- und Körpererfahrungen ermöglicht werden, die das Ziel haben, aggressive und gewaltförmige (sowie ideologisch unterfütterte) Körperpraxen überflüssig zu machen. Nach Böhnisch gelingt eine Öffnung nach außen *„meist nur über die Netzwerkintervention: Erfahrungen vermitteln, dass man trotz seiner Lage den anderen etwas zu bieten hat und dass andere Interessen an einem haben (Selbstwertdimension), dass man mehr davon hat, wenn man sich nicht über Gewalt und Abwertung anderer oder soziale Isolation abgrenzt und abschirmt, sondern Beziehungen zu anderen - auch Fremden - für sich nutzen kann und dass sich über ein solch milieuöffnendes Beziehungsnetzwerk bisher einander als fremd und ungleich Gegenüberstehende ein neues Aktivitätsniveau öffnet. Das fängt bei der Information über andere und anderes an: Bei fremdenfeindlichen jugendlichen Gewalttätern beobachten wir immer wieder, dass sie über die, welche sie hassen und verachten, nichts wissen, dass sie magische Feindbilder aufbauen und dass es deutlich deeskalierend und sogar anregend wirkt, wenn sie diesen anderen gewollt begegnen"* (1999, S. 16f.). Mit einer solchen Anforderungsstruktur ist verbunden, bedeutungsvolle (erneute oder erstmalige) Kontrollerfahrungen für die eigene Lebenspraxis zu vermitteln bzw. für Zukunftsentwürfe tragende Anreize zu geben.

---

24 Die besondere Bedeutung des „pädagogischen Bezuges" und der sozialräumlichen Qualität von Einrichtungen und Projekten liegt für Böhnisch (1997) in der offenen und demokratischen Milieubildung und Netzwerkperspektive.

Verläßlichkeit, Verbindlichkeit und Regelmäßigkeit

Hier geht es um eine „moralische Atmosphäre" (Kohlberg) und um basale soziale Erfahrungen, die zu einem 'knappen Gut' geworden sind und scheinbar viele Jugendliche bisher nicht gemacht haben; nämlich ihnen Verläßlichkeit, Zuneigung und Aufmerksamkeit aber auch stabile Beziehungen (ohne Intimisierung) und damit einen vertrauensvollen Alltagshalt zu geben, der ihr Leben strukturieren hilft. Das Vermögen zu vertrauen ist für die Entwicklung und den Zusammenhalt von Beziehungen unverzichtbar; dies wird in kleinen, überschaubaren Handlungszusammenhängen erworben, eingeübt und kultiviert. Jugendarbeit „zwischen Offenheit und Halt" (Böhnisch) muss als Umwelt, in ihrer Zeitverwendung und ihren sozialen Beziehungen Jugendlichen ernsthaft zeigen, dass an ihnen Interesse besteht, dass sie in lokaler Solidarität und zivilen Netzwerken einen Ort haben und Zeit verwenden können, wo sie - ohne Streß, entlastet und entspannt - unter sich sein und zu sich kommen können. Gleichzeitig kann sie verläßliche Formen der Begegnung und verbindliche Strukturen sowie erwachsene Personen anbieten, die ihnen wichtige Beiträge für die Entwicklung sozialer Ressourcen, für soziale und psychische (Re-)Integration anbieten, ihnen im Dialog mit 'Achtung, Wertschätzung, Respekt, Verantwortung' begegnet und gleichzeitig mit 'mimetischem Vermögen' plausibel arrangierte Grenzen setzen. Für den pädagogischen Alltag wird im Endbericht des AgAG (1996) und in weiteren Reflexionen (Böhnisch/Rudolph/Wulf (Hrsg.)1998) auf die Tradition von Vertrauensverhältnissen und des „pädagogischen Bezuges" (Nohl), die spezifische Balance von „Nähe und Distanz" sowie des Sich-Kümmerns verwiesen. In den Projekten ist erneut deutlich geworden, dass Jugendliche die MitarbeiterInnen gleichzeitig suchen und ablehnen, dass sie neben den „funktionalen Arbeitsbezügen" auch als „Erwachsene" und Persönlichkeit gesucht werden, die sie *„in ihrer jugendkulturellen Eigenart verstehen und belassen können und ihnen trotzdem als zu respektierende Erwachsene begegnen; an denen sie sich orientieren, an denen sie vieles beobachten und für sich übersetzen können, was sie zum Erwachsensein hinzieht, auch wenn sie jugendkulturell selbständig und in Distanz (oder gar Opposition) zur Erwachsenenwelt sind"* (AgAG 1996, S. 183; vgl. auch Brenner/Hafeneger (Hrsg.) 1996, Böhnisch 1998). Die MitarbeiterInnen in der Jugendarbeit sind mit dieser professionellen Strategie immer auch mit biographisch problematischen (regressiven, symbiotischen) Beziehungs- und Bindungserfahrungen der Jugendlichen in deren Familien und peer-groups konfrontiert; hier gilt es in einem dialogischen Prozeß - so die Perspektive für die Jugendarbeit - den offenen, erfahrungs- und krisenbewältigenden Adoleszenzverlauf mit neuen, differenzierten, aber auch verläßlichen und belastbaren Erfahrungs- und Bindungsangeboten zu beeinflussen, modifizieren bzw. durch prägende Einflüsse abzuschwächen (vgl. Rieker

1998). Wer solche interpersonalen Beziehungen anbietet und ermöglicht, hat die Chance, die Jugendlichen zu verstehen, kann ihnen ihre Gefühle widerspiegeln und sie ihnen in emanzipatorischer Perspektive als ihre eigenen Gefühle zur Verfügung stellen.

Integrationshilfe

Der Aspekt 'Integrationshilfe' verweist auf materielle und psycho-soziale Hilfen und Angebote in biographischen Krisen und Prozessen sowie auf Erfahrungen, die mit gesellschaftlicher, ökonomisch-sozialer und auch psychischer Desintegration (Armut) wie auch autoritär-disharmonischen oder verwahrlosungsdominierten Er- und Beziehungserfahrungen (Moral, Sinn) zusammenhängen. Integrationshilfe meint neben der 'sinnvollen' Zeitverwendung und basalen sozialen Erfahrungen im Feld der Jugendarbeit vor allem die materiellen (Re-)Integrationsperspektiven von Jugendlichen in Bildung, Ausbildung, Arbeit, Einkommen und Wohnen. Zu diesen Aspekten sind wiederholt in der Jugendarbeit kontroverse Debatten und „Grenzendiskurse" geführt worden; hier bleiben „offensive Jugendhilfe" und „Strategien der Einmischung" strukturell in dem Dilemma befangen: Eine lange Tradition und vielfältige Angebote entwickelt zu haben und gleichzeitig immer wieder mit ihren Grenzen (Zuständigkeiten, Ressourcen) konfrontiert zu sein. Dazu gehört auch die Diskussion, ob spezifische Angebote, wie „Aktionsprogramme gegen Gewalt und Rechtsextremismus" sinn- und wirkungsvoll sind, oder ob nicht vor allem beruflich-qualifizierende Integrationsprogramme und eine sie begleitende soziale Unterstützung (durch Jugendarbeit/-hilfe und politische Bildung) problemangemessen sind.

Biographienentwicklung und Entwicklungsbegleitung

Damit ist die veränderte, lange und hochgradig ambivalente Jugendphase und deren 'Bewältigung' (die gelingen und mißlingen kann) sowie die Biographisierung der Lebensverhältnisse/-verläufe thematisiert. Für Jugendarbeit gilt die Herausforderung, dass sie - an das Gesellschaftliche und Soziale gebunden, weil hier die vermittelten Ursachen individueller Problemlagen liegen - 'normale' und benachteiligte, von Ausgrenzung bedrohte Jugendliche mit den Zielen 'Aneignung von Geschlechtsidentität' und 'Zukunftsentwurf des Erwachsenseins' institutionell und professionell, fördernd und vermittelnd durch die Jugendphase begleitet. Jugendarbeit ist als biographische Arbeit und 'Art der Beziehung' ein Ort der aktuellen Sozialisationsthematik mit der Chance für Jugendliche, entwicklungsfördernde, fremde, unvertraute Erfahrungsfelder und Angebote kennenzulernen, in denen ihnen andere Jugendliche und Erwachsene mit Sympathie begegnen und mit Kompetenz zur Seite und als 'Modelle' zur Verfügung stehen (Winnicott), sich mit Respekt und Anerkennung 'verwenden' und 'brauchen' (vgl. Schröder 1999). Der Blick in die Vergangenheit, die subjektive Lebensgeschichte(n) und eine (methodische) Rekonstruktion der Lebensgeschichte und Anerkennungserfahrungen (äußere Realität) sowie deren Verarbeitungen (innere Realität) der Jugendlichen sind notwendig, weil diese erklären helfen, warum Jugendliche so geworden sind, wie sie sind und woher deren Einschätzungen, (Vor)urteile und Abneigungen kommen. Gerade für Jugendliche und Gruppen mit ihren Kollektivwerten und ihrem Gemeinschaftsverhältnis im Kontext von Aggressivität, Gewaltbereitschaft und manifester, rechtsextrem motivierter Gewalt können die MitarbeiterInnen in der Jugendarbeit (und Jugendhilfe) die einzigen „Container" (Bion) sein, um schlechte Gefühle loszuwerden. Sie können die einzigen (noch) an ihnen interessierten „Brücken-" und Vertrauenspersonen sein, die mentale Radikalisierung, Gewöhnungs- und Verfestigungsprozesse in „harte Szenen" und endgültige Brüche mit dem bürgerlichen Leben verhindern helfen. Damit könnte ein Beitrag geleistet werden, dass 'Gewalt' und 'Rechtsextremismus' ein mehr episodenhaftes Phänomen in der Adoleszenzphase und einer vorübergehenden rechten Jugendkultur bleiben. Dies ist von der pädagogischen Erkenntnis geleitet, dass mit dem Verweigern von Resonanz durch erwachsen gewordenen Erwachsene Jugendliche ohne psychosozialen Rückhalt bleiben, den sie aber brauchen, um kritischen Lagen gewachsen zu sein. Sowohl andere wichtige Menschen als auch Beziehungsmuster werden während des gesamten Lebenslaufs internalisiert, sie können in allen Phasen fundamentale Veränderungen herbeiführen.

Kompetenzen von MitarbeiterInnen

In der pädagogischen Arbeit mit 'rechten Jugendlichen' ist die professionelle (Selbst-)Reflexion eine besondere Herausforderung, das gilt für die Qualifikationen, die spezifischen Kompetenzen und das Engagement (die „persönliche Note") von MitarbeiterInnen. Sieht man von überzogenen Ansprüchen an die Profession und den Problemen einmal ab, mit „dieser Kultur von Jugendlichen" zu arbeiten, dann haben gerade die Erfahrungen aus der Projektepraxis eine banale Erkenntnis verdeutlicht: dass 'Professionalität **und** Persönlichkeit' gefragt sind, dass neben den funktionalen Arbeitsbezügen vor allem die Zugänge zu Jugendlichen von Bedeutung sind, und dass die Aktivitäten und Reichweiten von Lernprozessen vor allem auch vom Belastungsbudget, der Motivation, den Kompetenzen und Interessen sowie der infrastrukturellen Einbindung (Kommunikation, Fortbildung, Supervision) der MitarbeiterInnen abhängig sind. Nach Giesecke (1996) sind professionelle Pädagogen 'Lernhelfer' mit kulturellen und kommunikativen

Kompetenzen, „von und mit denen man etwas lernen kann" (S. 395). Weiter wird auf deren Fähigkeit hingewiesen, in alltäglichen Interaktionen offen und greifbar zu sein, belastbare Beziehungen zu den von ihnen betreuten Jugendlichen aufzubauen, und sie in die Verantwortung für die Projekte mit einzubeziehen. In konflikthaften Adoleszenzverläufen, Beziehungsstrukturen und Arbeitsfeldern bieten die MitarbeiterInnen auch *„neue Identifizierungsmöglichkeiten aber auch Projektionsflächen aggressiver und libidinöser Übertragungen"* (Bosse/King 1998, S. 223). Für das pädagogische Verhältnis gilt, was Ziehe (1996) aus Sicht der Schüler zum Lehrer-Schüler-Verhältnis als eine „versachlichte" und eine „subjektivierte" Personenwahrnehmung formuliert hat: der Lehrer muss „funktionsgerecht" und durch Sympathie, Annahme und Plausibilisierung motivierend wirken. Damit ist er im pädagogischen Beziehungs- und Kulturfeld „Produzent" und „Repräsentant" zugleich. Aus den Projekterfahrungen in Berlin heißt es beispielhaft zur kompromißorientierten Beziehungsstruktur: *„Akzeptanz und Differenz sowie Vertrauen und die Fähigkeit zur Auseinandersetzung - auch mit den für die Projekte des Programmes geltenden Regeln - sind Elemente einer Beziehungsstruktur, die offensichtlich für gelingende Orientierungsprozesse von Jugendlichen unverzichtbar sind. Niederschwellig strukturierte Angebote auf dieser Grundlage führten zu einer lebensweltorientierten, anpassungsfähigen und bedarfsgerechten Form der Jugendarbeit"* (Informationsdienst AgAG, 1/96, S. 9).

Wirkungen und Einflüsse

Mögliche Wirkungen und Erfolgsbeurteilungen von Prozessen und Angeboten, von Programm- und Projektverläufen sind kurz- wie auch langfristig (wenn überhaupt) nur schwer meß- und beweisbar; sie sind mit einem kausalen Einflußmodell schon gar nicht darzustellen. Das gilt für das 'gesamte Feld' der pädagogischen, erzieherischen und bildenden Prozesse, führt aber immer wieder zu einem letztlich unproduktiven und interessengeleiteten Streit darüber, *„was die Aktivitäten, das investierte Geld, die aufgewendete Zeit denn nun gebracht hätten?"* Vahsen (1995) kommt - bei einer vielfältigen, bunten Projektepraxis und den unterschiedlichsten methodischen Ansätzen - zu dem Ergebnis: *„Trotz der Vielfalt ist unklar, welchen faktischen Nutzen die Projekte haben"* (S. 25). Auch wenn in Reflexion der pädagogischen Praxis die Antworten über deren qualitativ-entwicklungsbegleitenden, präventiven und „korrigierenden" Beitrag bzw. Einfluß auf Jugendliche eher zurückhaltend formuliert werden müssen und bescheiden ausfallen mögen, so können mit den skizzierten pädagogischen Leitkategorien doch einige wichtige Hinweise benannt werden.[25] Vor allem das AgAG

---

25 Vielleicht bietet hier das Modell des 'Wirksamkeitsdialoges' neue, multiperspektivische

weist auch statistische Hinweise aus: Es wird geschätzt, dass die Projekte und Angebote etwa 6.500 bis 8.000 Jugendliche unter 16 Jahren erreicht haben; mit etwa 70 % waren es mehrheitlich Jungen und junge Männer (Schüler und Auszubildende). Neben dem professionellen Zugang (als vorsichtigen Herantasten) zu einem diffusen, bisher unbekannten Feld und einem „Typus", den es als „den" gewalttätigen Jugendlichen (zwischen skin-heads und „harmlosen Jugendlichen") nicht gibt, sind die vielfältigen Ansätze und Arbeitsformen hervorzuheben. Aufgelistet werden in den Materialien und Berichten u.a.: Verhaltenstraining (Anti-Aggressions-Training), Gruppenarbeit, Jungenarbeit, Offene Jugendarbeit, Straßensozialarbeit, Bildungsarbeit, Kulturarbeit, Bewegungs- und Erlebnispädagogik, gemeinwesenorientierte und aufsuchende Projekte. Ihre offensive Präsentation und vor allem die aktive, 'geformte' Verfügbarmachung und Aneignung der Ressourcen (Gelegenheiten) durch die Jugendlichen können als moralische „Wirkungen und Erfolge" der Jugendarbeit auf Jugendliche und Gruppen, wie auch als Weitergabe von Erfahrungswissen charakterisiert werden. Für das AgAG wird darauf hingewiesen, dass im Laufe der Projektarbeit ein deutlicher Rückgang der Gewaltbereitschaft zu verzeichnen ist. Dies scheint ebenso bedeutsam zu sein, wie der Blick, auf welche Lebensverhältnisse und Sozialisationsbedingungen von Jugendlichen die 'Wirkungen und Erfolge' wiederum verweisen.[26] Dabei ist pädagogisches Handeln nach Ziehe (1991) kontrafaktisch, weil es sich gerade auf das bezieht, *„was man in und an der Wirklichkeit nicht 'von allein' lernt, was nicht auf der Hand liegt, was des Anstoßes, des Umweges, der reflexiven Brechung bedarf"* (S. 68). Wirkungen pädagogischer Prozesse aus alltagsweltlichen Beobachtungen zeigen, dass die Projektarbeit mit ihren Angeboten und informellen Kommunikationsstrukturen, ihren unbewußten Mechanismen und Ressourcen durchaus zu „Normalisierungen" im Sinne des Rückgangs von offenen gewaltförmigen Auseinandersetzungen (vielleicht auch zu neuem Selbst- und Wertbewußtsein, reflexivem Umgang mit Konflikten) beigetragen haben. Exakte Hinweise, Zurechnungen und nachweisbare Auswirkungen (oder gar Erfolge) verbieten sich, dies ist dem komplexen Feld (Wirkfaktoren) und auch fehlender - soweit überhaupt machbar - wissenschaftlicher Evaluation geschuldet. Sozialisatorische und biographische Wirkungen sind *„immer das Produkt des Zusammenwirkens beider Seiten, der Pädagoginnen und Pädagogen wie der Jugendlichen. Und dies läßt sich nicht eindeutig der*

Kriterien und die Basis einer qualitativ orientierten Denkweise (Schumann, 1998).
26 Gleichzeitig bilanziert DIE ZEIT (am 08. April 1999) mit Blick in fehlendes republikanisches Bürgerbewußtsein und demokratische Öffentlichkeit für die 90er Jahre ernüchternd: „Ausländerfeindlichkeit ist normal in Ostdeutschland. Rechtsradikale Jugendliche zeigen ihre Gesinnung auf der Straße. Sie tragen Springerstiefel, Bomberjacken und andere Symbole. Kaum jemand protestiert dagegen. Rechtsextremisten prägen den öffentlichen Raum. In weiten Teilen des Landes haben sie die Meinungsführerschaft, die kulturelle Hegemonie".

Pädagogik zuordnen" (Schumann 1998, S. 329).[27] Schon die biographische Nutzung, die Attraktivität der genannten Angebote und das „Wiederkommen" der Jugendlichen ist - so ein fachlicher Standard im Kontext von Selbstevaluation - mit Wirkungen verknüpft. Hier finden sie erwachsene Ansprechpartner, interessante und erfahrungserweiternde Angebote, Prozesse der Beratung, des Aushandelns, der Kommunikation, Auseinandersetzung und Grenzsetzungen, andere milieuentwickelnde Jugendliche und Cliquen. Jugendarbeit (und Jugendhilfe) haben aber nur dann eine 'wirkungsvolle' pädagogische Chance und Perspektive, wenn sie *„nicht im Wechselspiel zwischen der herstellenden Reproduktion gesellschaftlicher Normalität und jugendlicher Devianz zerrieben werden"* (Hörster/Müller 1996, S. 638). Die MitarbeiterInnen haben - und das ist nur **ein** weiterer Aspekt - dabei die fachliche Funktion von 'Vermittlern', sie bieten sich im Prozeß der Nutzung von Ressourcen als 'Austauschmechanismen' an. Die voraussetzungsvolle Reflexion von 'Passungsverhältnissen', von Erfolg und Wirkung richtet sich dabei auf die Aneignungen (mit ihren Eigenlogiken und auch Widerständen, Blockierungen) der Angebote **durch** die Jugendlichen und deren Bedeutung (Nützlichkeit, Brauchbarkeit) **für** die Jugendlichen; dies kann nur aus wechselseitiger, dialogischer Perspektive von den Beteiligten (Jugendliche und MitarbeiterInnen) im Einzelfall selbstevaluiert und beurteilt werden.

Spannungsfeld: Jugendarbeit und Politik

Die Diskussion um Konsequenzen aus den skizzierten Erfahrungen liegen im Spannungsfeld von „primärer Prävention" (d. h. Verhinderung) als Aufgabe der Gesellschaft und „sekundärer Prävention" (d. h. der Beeinflussung unerwünschten Verhaltens) als Umgang, wenn „das Kind bereits in den Brunnen gefallen ist". Damit sind zunächst allgemeine Grundfragen und Dilemmata der Jugendpolitik und Jugendarbeit (und Jugendhilfe) angesprochen, die in Frageform so formuliert werden können: Mit welchen Mitteln, mit welchen Methoden, mit welchen Angebotsformen, in welchen Settings, in welchem Zeitrahmen können bzw. sollen Kinder und Jugendliche zur politischen und kulturellen Partizipation befähigt werden? Darüber hinaus stellen sich basale Fragen nach den Chancen und Perspektiven von ökonomischsozialer Integration in Ausbildung, Arbeit und materieller Verselbständigung.

---

27 Das inhaltlich qualitative und prozeßbezogene pädagogische Denken über 'Wirksamkeit' darf nicht mit der technischen, politisch-legitimatorischen Debatte über Neue Steuerung, Controlling und Leistungsvereinbarungen, den Planungs- und Steuerungsinteressen von Politik, Trägern und Verwaltung verwechselt werden. Schumann (1998) spricht hier - nach den ersten Anfängen einer outputorientierten Steuerung und der Phase von Produktbeschreibungen mit beginnenden Qualitätsdebatten - von einem zweiten oder gar dritten Stadium der Modernisierung der Jugendhilfe und Jugendarbeit.

In der Jugendarbeit (und Jugendhilfe) gibt es zum ersten Fragenbereich einen reichen Reflexions- und Erfahrungsschatz; aber er wird politisch und gesellschaftlich kaum „gefragt und genutzt", weil drei „Defizite" zu identifizieren sind.

1. Die dialogisch-streitbare Kommunikation zwischen Jugendarbeit, Jugendhilfe und Verwaltung, Politik (und deren Ermutigung, solche Prozesse zu fördern) ist unzureichend. Dies bezieht sich insb. auf den Beitrag von „primärer Prävention"; d.h. die Chancen und Gelegenheiten von möglichst vielen Kindern und Jugendlichen zu unterstützen und zu fördern, an möglichst unterschiedlichen Formen von partizipatorischer und demokratischer Jugendarbeit teilzunehmen. Es geht dabei um eine anlaß- und themenunabhängige (hier: Gewalt, rechtsextreme Orientierungen) Infrastruktur von Jugendarbeit und Jugendhilfe, in der möglichst viele Kinder und Jugendliche - vielleicht bedeutsame und prägende - autonomiefördernde und prosoziale Erfahrungen machen können. Jugendarbeit und Jugendhilfe sind dabei als eine Ressource zu verstehen, die „Vergemeinschaftungs-, Orientierungs- und Sinnangebote" in einer Zeit machen, in der traditionelle gesellschaftliche Bestände sich erschöpfen und erodieren. Dazu bedarf es einer hinreichenden materiellen, personellen und rechtlichen Absicherung; derzeit erleben wir allerdings eher verschärfte Auseinandersetzungen um den Erhalt des Status-quo, eine Atmosphäre von Konkurrenz und Mißtrauen, eine Zeit von folgenreichen Abbauprozessen (die oftmals mit dem buntschillernden Vokabel des Umbaus, der Privatisierung und marktwirtschaftlichen Dienstleistungsdenken kaschiert werden). Die jugendpolitischen Programme wurden - nach dem vermeintlichen 'Höhepunkt' fremdenfeindlicher Gewalttaten - vielfach eingestellt bzw. sind ausgelaufen, eine öffentliche Auseinandersetzung findet kaum mehr statt; ein Gewöhnungsprozeß hat stattgefunden, und die Politik hat sich von dem Thema weitgehend „verabschiedet".

2. Es fehlen Wege, tragfähige und wirkungsvolle Mechanismen von Rezeption sowie „Instrumente" der Tradierung und des Transfers von Erfahrungen, d.h. der Sicherung von (Experten-)Wissen und know-how (über Jugendliche, von Problemlösung) und deren Weitergabe (Implementierung) in die plurale „Trägerlandschaft" und Regelarbeit von Jugendarbeit und Sozialisation (auch Schule); dies gilt auch für den Gebrauch von Erkenntnissen durch die Jugendpolitik. Viele „gelungenen" Erfahrungen und wissenschaftliches Wissen bleiben in der Jugendpolitik und der Jugendarbeit unbekannt, ergebnis- und folgenlos. Dies ist dem vielfach fehlenden, inneren Kommunikationsprozeß der Jugendarbeit und Jugendhilfe (Stichwort: Vernetzung), wie auch den vielfach fehlenden Aufnahme- (und Zuhör-) bereitschaften (unterschiedlichen Erwartungen, Desinteresse und Inkompetenz) auf Seiten von Verwaltung und Politik

geschuldet, damit wird eine reformorientierte Jugendpolitik blockiert. Zu entwickeln wären Formen und „Instrumente" einer Wissensverwendung und „Tradierungskultur", mit der die Diskussion und Weitergabe von Wissen, von (neuen, unkonventionellen) Ergebnissen und Erfahrungen ermöglicht, durchgesetzt und kontrolliert werden können. Diese Überlegungen gelten auch für die inneren Verhältnisse in den Projekten bzw. die Jugendarbeit mit ihrer Dynamik selbst; auch hier „wachsen" Jugendliche als 'Projektgenerationen' aus der Arbeit heraus und für die 'neuen' Kids und Jugendlichen (als neue 'Generation') müssen die MitarbeiterInnen immer wieder neue Vorstellungen und Angebote entwickeln, die sich notgedrungen von den 'alten' unterscheiden.

3. Jugendarbeit, Jugendhilfe und Politik müssen sich folgenden Fragen immer wieder neu stellen: Ob und wie sie Kinder und Jugendliche „beeinflussen" wollen? Welche Erfahrungen diese machen sollen und welche normativen Interessen - im Sinne wünschenswerter und notwendiger Orientierungen und Verhaltensweisen für eine demokratische und tolerante politische Kultur - bestehen? Damit geht es um die Perspektive, dass die nachwachsende Generation zum Träger einer demokratischen und humanen Gestaltung der Gesellschaft - mit der Chance des Neuen - werden soll. Politik hätte eine Jugendarbeit und Jugendhilfe (Institutionen, Träger, alltagskulturelle Umgangsformen und Praktiken) sowie Sozialisationsprozesse zu ermutigen, die Gemeinsinnpotentiale und Solidaritätsbereitschaften fördern, stärken und einfordern. Jugendarbeit und Jugendhilfe wären als exklusive Orte der „selbstverständlichen Einübung" von solidarischen und toleranten Verhalten zu verstehen; dazu gehört - als eigentlicher sozialer Kitt von Demokratie - insb. auch der Umgang mit Konflikten, hier konkret der gelernte Umgang mit Fremden in einer Lernkultur, die mit der Leitvorstellung „wohldosierter Fremdheitserfahrungen" charakterisiert werden kann. Sozialisations- und Bildungsintentionen, die der „Moral des Marktes" mit ihrem Schlüssel für Erfolg, mit ihrer Konkurrenz und Härte, der Durchsetzung von Eigeninteressen entgegenstehen, verweisen darauf, dass Gewalt als Form der Auseinandersetzung und Interessendurchsetzung erfahren und gelernt wird. Jugendarbeit und Jugendhilfe (Schule und Pädagogik) haben es schwer, solchen Prozessen gegenzusteuern. Damit ist ein grundlegendes strukturelles Dilemma - aus dem sie nicht herauskommen - berührt; in diese triviale Erkenntnis gilt es zu erinnern, wenn problematische Überforderungen wie auch Instrumentalisierungen verhindert werden sollen.

Jugendarbeit und Jugendhilfe sind - als Teil einer demokratischen und leistungsfähigen kommunalen Infrastruktur - angesichts der Spezifika und Heterogenität in den Ländern und Kommunen, sehr unterschiedlich und ungleich ausgestattet. Wie diese auch immer aussehen mögen, sie kommen mit ihren strukturellen Bedingungen, den begrenzten personellen und finanziellen Ressourcen aus vielen Spannungsfeldern, Paradoxien (z.B. „Feuerwehrprinzip") und Unzulänglichkeiten (die Lebensbedingungen von Jugendlichen wirklich und wirksam zu verbessern) nicht heraus. Dazu gehört insb. die Problematik einer Jugendpolitik als Querschnittspolitik, die sich Aufgaben gegenübersieht, die „quer zu herkömmlichen Zuschnitten von Ressorts liegen" (Hornstein 1999, S. 19). Die besondere Chance von Jugendarbeit ist aber, wenn Über- und Unterforderungen vermieden werden wollen, die Bedingungen des Aufwachsens **und** die eigenen Arbeitsbedingungen - gegen Verharmlosung und Alarmismus - öffentlich zu machen und ihre Handlungsgrenzen zu erweitern, die Spielräume pädagogisch und jugendpolitisch zu verbessern, sich zu öffnen und ein förderndes, stärkendes Umfeld zu schaffen.

Fazit

Eine abschließende, bilanzierende Einschätzung von Jugendarbeit und Jugendhilfe ist nicht einfach, sie korrespondiert mit der Komplexität der Gesellschaft, den Lebenslagen und den Bedingungen des Erwachsenwerdens von Jugendlichen sowie der Komplexität des Themas und der Phänomene. Für die Erfahrungen mit „Jugend, Gewalt und Rechtsextremismus" läßt sich dennoch exemplarisch folgendes zugespitztes Fazit formulieren: Eine schlecht ausgebaute und ausgestattete Jugendarbeit und Jugendhilfe (Rahmenbedingungen), die mit knappen Ressourcen, konzeptionellen Verengungen und zeitlichen Befristungen versehen ist, die Kontinuität und experimentelle Entwicklungen sowie pädagogische und jugendhilfepolitische Profilierung nicht ermöglichen, die oftmals mit politischen und öffentlichen Mißtrauenskulturen verbunden sind, läßt kaum eine pädagogische Praxis zu, die bei allen Anstrengungen wirklich in der Lage ist, gewaltpräventiv zu wirken und für Jugendliche bedeutsam zu werden. Damit wird ein sozialisatorischer Beitrag verhindert, der als 'Suche nach Anerkennung', 'Ausbildung von Empathie', 'Erwerb von Regelwissen' und 'Ausbildung von Regelkompetenz' charakterisiert werden kann und der gegenüber aggressiven und vorurteilsbeladenen, gewaltförmigen Denk- und Verhaltensweisen immunisieren hilft. Das Kernproblem ist, dass Jugendarbeit und Jugendhilfe *„an sozialen Orten ansetzen muss, an denen die Erwartungen und Befürchtungen, die mit jenem 'doppelten Vermittlungsproblem' verknüpft sind, das Feld immer schon so besetzt haben, dass weder nützliches und technisch verfügbares know how der Ressourcenerschließung und -beratung, noch Fähigkeiten zur kommunikativen Verarbeitung von Sinnproblemen, noch gar Sanktionsmittel mehr greifen; es sei denn, es gelinge, jenen mimetisch vermittelten ungewissen Sprung in eine andere, pädagogisch-*

koprodukive Handlungslogik immer neu zu vollziehen" (Hörster/Müller 1996, S. 642).

Mit Blick in die Geschichte dieses Jahrhunderts kann weiter formuliert und spekulativ (prophetisch) prognostiziert werden: Die nächste Jugenddebatte - auch mit ihren öffentlichen, medial vermittelten Aufgeregtheiten - kommt bestimmt, und die Jugendarbeit und Jugendhilfe werden mit ähnlichen Debatten, Mechanismen und Paradoxien konfrontiert sein. Wenn man dies aus der Geschichte der Jugenddebatten und Jugendarbeit aufnimmt und reflektiert, dann müßte Politik zumindest versuchen, vorzubeugen. Dem liegt als Denkangebot zugrunde, dass eine „gute", engagierte Jugendpolitik und eine „gut ausgestattete", sinnvolle und den Jugendlichen gerecht werdende Jugendarbeit und Jugendhilfe (die viele Jugendliche erreicht) die beste Prävention (das beste Präventionskonzept) ist. Es gibt kaum eine einzige Lösung (Königsweg) für ein Problem und die Wahrheit ist kompliziert; aber es können - hier für Jugendpolitik, Jugendarbeit und Jugendhilfe - günstige Bedingungen und Voraussetzungen geschaffen werden, um die Chancen für mögliche Lösungen zu verbessern und struktureller Erfolglosigkeit gegenzuwirken. Die weiteren Reichweiten von „wirklichen" Lösungen liegen in gesellschaftlichen Reformperspektiven: *„Soll die erzieherische Reaktion auf soziale Probleme nicht zynisch sein, so braucht die sich sozialpädagogisch verstehende Jugendhilfe notwendigerweise den gesellschaftspolitischen Kontext von sozialer Reform"* (Münchmeier 1998, S. 13). Dies wären Aufgaben des 'sozialen und humanen Gesichtes' von Staat und Gesellschaft, die die sozialstrukturellen und sozialmoralischen Herausforderungen ihrer Zeit politisch - und auch jugendpädagogisch - annehmen und mit der Wertschätzung der nachfolgenden Generation durch die vorangegangene verbunden ist. Der Beitrag der Jugendarbeit wäre, sich nicht einem sicherheitspolitisch problematischen Präventionsparadigma und fragwürdiger, kurzfristig wirksamer Risikobekämpfung zu unterwerfen sowie auf etikettierte Problemgruppen verweisen (verpflichten) zu lassen, sondern liberale, emanzipatorische und demokratische Inhalte und Ziele des Arbeitsfeldes zu pointieren und zu reklamieren. Die konstruktive und kämpferische Aufgabe von Jugendarbeit wäre dann, sich erstens als 'Diskursfeld' zu verstehen, in der sich die Beteiligten streiten, auseinandersetzen und ihr Zusammenleben aushandeln und zweitens Jugendliche zu unterstützen, ihren Platz in einer im Umbruch und strukturellen Wandel befindlichen Gesellschaft zu finden.

Literatur

Aus Politik und Zeitgeschichte. Beilage zur Wochenzeitung Das Parlament, B. 31/98, v. 24. Juli 1988 (mit Beiträgen von Münchmeier, Kleinert, Krüger, Willems, Schubarth und Bohn).

Ahlheim, K./Heger, B.: Vorurteile und Fremdenfeindlichkeit. Handreichungen für die politische Bildung. Schwalbach/Ts. 1998

Berkemeier, M.: Zur Kritik der Jugendplanreform in Nordrhein-Westfalen. In: deutsche jugend, Heft 7-8/1999, S. 302-306

Bernfeld, S.: Über den Begriff der Jugend (1915). In: ders., Sämtliche Werke, Band 1 (hrsg. von U. Herrmann). Weinheim und Basel 1991, S. 43-137

Bierhoff, H.W./Wagner, U. (Hrsg.): Aggression und Gewalt. Stuttgart 1998

Bitzan, R. (Hrsg.): Rechte Frauen. Berlin 1998

Böhnisch, L.: Ostdeutsche Transformationspraxis und ihre Impulse für eine Pädagogik der Jugendhilfe. In: Zeitschrift für Pädagogik (37. Beiheft 'Kindheit, Jugend und Bildungsarbeit im Wandel'). Weinheim und Basel 1997, S. 71 - 88

Böhnisch, L./Rudolph, M./Wolf, B. (Hrsg.): Jugendarbeit als Lebensort. Weinheim und München 1988

Böhnisch, L.: Grundbegriffe einer Jugendarbeit als „Lebensort". In: ders. u.a.: Jugendarbeit als Lebensort. a.a.O., S. 155-168

Böhnisch, L.: Milieubildung und Netzwerkorientierung. In: Peters, F. u.a. (Hrsg.): Integrierte Erziehungshilfen, Frankfurt/M. 1999, S. 11-23

Bohleber, W.: Psychoanalyse, Adoleszenz und das Problem der Identität. In: Psyche, Heft 6/1999, S. 507-528

Bohn, I.: Das Aktionsprogramm gegen Aggression und Gewalt (AgAG). In: ausserschulische bildung, Heft 3-4/98, S. 263-267

Bosse, H./King, V.: Die Angst vor dem Fremden und die Sehnsucht nach dem Fremden in der Adoleszenz. In: König, H.-D. (Hrsg.): a.a.O., S. 216 - 256

Brenner, G./Hafeneger, B. (Hrsg.): Pädagogik mit Jugendlichen. Weinheim und München 1996

Bundesministerium des Innern, Verfassungsschutzbericht 1997. Bonn 1998

Bundesministerium des Innern, Verfassungsschutzbericht 1998. Bonn 1999

Bundeszentrale für politische Bildung/HLZ: Argumente gegen den Haß (2 Bde.). Bonn/Wiesbaden 1993

Butterwegge, Chr.: Standortnationalismus - eine Herausforderung für die politische Jugendbildung. In: deutsche jugend, Heft 11/1998, S. 469 - 477

Deinet, U./Sturzenhecker, B. (Hrsg.): Konzepte entwickeln. Weinheim und München 1996

DIE ZEIT, Nr. 15, 8. April 1999, S. 9

Dollase, R. u.a. (Hrsg.): Politische Psychologie der Fremdenfeindlichkeit. Weinheim 1999

DRK, Baden-Württemberg (Hrsg.): Antigewaltbaukasten. Stuttgart 1998

Drößler: Zwischen Offenheit und Halt. In: Böhnisch, L. u.a.. a.a.O., S. 75-94

Elsässer, J.: „Braunbuch DVU. Eine deutsche Arbeiterpartei und ihre Freunde". Hamburg 1998

Endbericht der wissenschaftlichen Begleitung des AgAG-Programms (Programmleitung: L. Böhnisch). TU Dresden, Mai 1996

Erdheim, M.: Psychoanalyse, Adoleszenz und Nachträglichkeit. In: Bohleber, W. (Hrsg.), Adoleszenz und Identität, Stuttgart 1996, S. 83-102
Gessenharter, W./Fröchling, H. (Hrsg.): Rechtsextremismus und Neue Rechte in Deutschland. Opladen 1998
Giesecke, H.: Das „Ende der Erziehung". In: Combe, A./Helsper, W. (Hrsg.): Pädagogische Professionalität. Frankfurt/M. 1996, S. 391 - 403
Glaß, Chr.: Politische Bildungsarbeit vs. Gewaltbereitschaft und Rechtsextremismus Jugendlicher. In: Sozialwissenschaftliche Literatur-Rundschau, Heft 2/1998, S. 69 - 84
Hafeneger, B.: Jugend-Gewalt. Opladen 1994
Ders.: Jugendarbeit im Dilemma zwischen Politik und Pädagogik. In: neue praxis, Heft 5/1995, S. 495-506
Ders.: Gewalt und Rechtsextremismus. Herausforderung für die politische Jugend- und Erwachsenenbildung. In: Hufer, K.P. (Hrsg.): Politische Bildungs in Bewegung. Schwalbach/Ts. 1995, S. 15-40
Ders.: Konzepte in der Jugendarbeit. In: Sozialmagazin, Heft 5/1999, S. 49-53
Ders.: „Rechter Jugendalltag" in Hessen. In: Mecklenburg, J. (Hrsg.): Was tun gegen rechts. Berlin 1999 a
Hagemann, O.: Programme der Jugendarbeit gegen Gewalt und Rechtsextremismus in verschiedenen Bundesländern (Gutachten im Rahmen der wissenschaftlichen Begleitung des 'Hessischen Jugendaktionsprogramms'). Norderstedt, April 1997
Heitmeyer, W.: Wenn junge Deutsche Ehre und Tradition mit Gewalt zurückholen. In: Frankfurter Rundschau (Dokumentation) vom 18. 12. 1998
Ders.: Ist der rückständige Rechtsextremismus zukunftsträchtig? In: Dollase, R. u.a. (Hrsg.) a.a.0., S. 187-197
Hörster, R./Müller, B.: Zur Struktur sozialpädagogischer Kompetenz. In: Combe, A./Helsper, W. (Hrsg.): Pädagogische Professionalität, Frankfurt/Main 1996, S. 614 - 648
Honneth, A.: Kampf um Anerkennung, Frankfurt/Main 1998
Hornstein, W.: Jugendforschung und Jugendpolitik. Weinheim und München 1999
IFFJ: Schriftenreihe im Rahmen des AgAG (10 Schriften). Berlin
Informationsdienst AgAG (Hrsg. von IFFJ und ISS): Ausgaben von 1992-1996, Berlin.
Jaschke, H.G.: Rechtsextremismus. Opladen 1994
Jaschke, H.-G.: Die rechtsextremen Parteien nach der Bundestagswahl 1988: Stehen sie sich selbst im Wege? In: Niedermeyer, O. (Hrsg.), Die Parteien nach der Bundestagswahl 1988. Opladen 1999, S. 141-157
Klose, Chr./Rademacher, H.: Hessisches Jugendaktionsprogramm gegen Gewalt, Fremdenfeindlichkeit und Rechtsextremismus, Endbericht der wissenschaftlichen Begleitung, 1997. Hrsg. vom Frankfurter Institut für Frauenforschung (fif) und BASA-Stiftung zur Förderung von Jugendarbeit und Jugendforschung
Koch, R./Behn, S.: Gewaltbereite Jugendkulturen. Theorie und Praxis sozialpädagogischer Gewaltarbeit. Weinheim 1997
König, H.-D. (Hrsg.): Sozialpsychologie des Rechtsextremismus. Frankfurt/M. 1998
Koring, B.: Zur Professionalisierung der pädagogischen Tätigkeit. In: Combe, A./Helsper, W. (Hrsg.): Pädagogische Professionalität. Frankfurt/M. 1996, S. 303-339

Krafeld, F.J. (Hrsg.): Akzeptierende Jugendarbeit mit rechten Jugendcliquen. Bremen 1992
Ders.: Die Praxis Akzeptierender Jugendarbeit. Opladen 1996
Leu, H./Krappmann, L. (Hrsg.): Zwischen Autonomie und Verbundenheit. Frankfurt/M. 1999
Lindner, W.: 'Zero Tolerance' und Präventionsinflation - Jugendliche und Jugendarbeit im Kontext der gegenwärtigen Sicherheitsdebatte. In: deutsche jugend, Heft 4/1999, S. 153-162
Lukas, H. u.a.: Jugendarbeit - Gewaltig gegen Gewalt. Berlin 1994
Mecklenburg, J. (Hrsg.): Braune Gefahr. DVU, NPD, REP. Geschichte und Zukunft. Berlin 1999
Minkenberg, M.: Die neue radikale Rechte im Vergleich. Opladen/Wiesbaden 1998
Münchmeier, R.: Was soll Jugendhilfe noch alles tun? In: sozial extra, Heft 5/1998, S. 13-15
Neckel, S.: Die rechte Ecke. Ein Jugendclub im östlichen Brandenburg. In: Kursbuch „Auftritt von rechts", Heft 134, Berlin 1998, S. 21 - 28
Ohder, C.: Gewalt durch Gruppen Jugendlicher. Berlin 1992
Otto, H.-U./Merten, R. (Hrsg.): Rechtsradikale Gewalt im vereinigten Deutschland. Opladen 1993
Pfahl-Traughber, A.: Warum kommt es zum Rechtsextremismus? - Versuch einer Forschungsbilanz zu den Ursachen des Rechtsextremismus. In: Verfassungsschutz: Bestandsaufnahme und Perspektiven. Halle 1998, S. 56 - 100
Prasuhn, K./Preuschoft, A.-K.: Jugendgewalt und Präventionsarbeit im Rahmen der politischen Bildung. In: ausserschulische bildung, Heft 3-4/98, S. 272-278
Rieker, P.: Ethnozentrismus bei jungen Männern. Weinheim und München 1998
Scherr, A.: Jugendbildungsarbeit gegen Fremdenfeindlichkeit und Gewalt. In: Schacht, K. u.a. (Hrsg.): Hilflos gegen Rechtsextremismus? Köln 1995, S. 230-256
Ders.: Nötig bleibt eine aufklärende Jugend- und Erwachsenenbildung. In: Frankfurter Rundschau (Gastbeitrag), 20. 08. 1998
Scherr, A.: Gefährliche Schläger. In: Sozialwissenschaftliche Literatur-Rundschau, Heft 2/1998, S. 63 - 68
Ders.: Jugendkriminalität, Sicherheitspaniken und präventive Soziale Arbeit. In: neue praxis, Heft 6/1998, S. 577-591
Schröder, A.: „Beziehungsarbeit" mit Jugendlichen. In: deutsche jugend, Heft 7-8/1999, S. 340-348
Schumann, M.: Wirksamkeitsdialog und Qualitätsentwicklung in der offenen Kinder- und Jugendarbeit (WANJA). In: deutsche jugend, Heft 7-8/1998, S. 328-343
Siller, G.: Rechtsextremismus bei Frauen. Opladen 1997
Simon, T.: Raufhändel und Randale. Weinheim und München 1996
Stöss, R.: Forschungs- und Erklärungsansätze - ein Überblick. In: Kowalsky, W./Schroeder, W. (Hrsg.): Rechtsextremismus. Opladen 1994
Sturzenhecker, B.: Qualitätsfragen an Jugendpartizipation. In: deutsche jugend, Heft 5/1998, S. 210-218
Vahsen, F., u.a.: Jugendarbeit zwischen Gewalt und Rechtsextremismus (Hildesheimer Schriftenreihe zur Sozialpädagogik und Sozialarbeit (Band 4). Hildesheim 1994

Wagner, B.: Rechtsextreme Milieus im Osten. In: Mecklenburg, J. (Hrsg.): a.a.O., S. 238-267
Weidner, J./Kilb, R./Kreft, D. (Hrsg.): Gewalt im Griff. Neue Formen des Anti-Aggressions-Trainings. Weinheim 1997
Ziehe, T.: Zeitvergleiche. Weinheim und München 1991
Ziehe, T.: Vom Preis des selbstbezüglichen Wissens. In: Combe, A./Helsper, W. (Hrsg.), a.a.O., S. 924-942
Zwei Jahre AgAG. Erfahrungen aus der praktischen Arbeit mit gewaltbereiten Jugendlichen (zweiter Zwischenbericht). Frankfurt 1994

IV. Die Geschlechterfrage in der Gewaltdebatte
Überlegungen einer Beirätin
(Mechtild M. Jansen)

Als 1994 vom Hessischen Jugendministerium die Jugendverbände, kommunale Jugendpflegen und Initiativen aufgefordert wurden, sich um eine Förderung durch das Jugendaktionsprogramm zu bewerben, wurde eine Jury, die die Projekte auswählen sollte, berufen. Mitglieder waren zwei Frauen und drei Männer, wovon drei später im Beirat mitarbeiteten - darunter die beiden Frauen. Ich war eine dieser Frauen und will einige Überlegungen zum „geschlechtsspezifischen Blick" auf die Debatte um Jugend und Gewalt und die hier vorgestellten Projekte anbieten.

Mädchen besonders „erwünscht"?

Das Hessische Jugendministerium hatte von Anfang an - was hervorhebenswert ist - im Blick, dass Mädchen in diesem Programm nicht nur berücksichtigt werden, sondern Frauen den geschlechtsneutralen Blick auf Pädagogik und Gewalt in Frage stellen.

In der Ausschreibung hieß es: *"...wünschenswert sind Projektvorschläge, die auch der Frage nachgehen, welche Bedeutung Mädchen im Zusammenhang mit der Gewaltproblematik zukommt"* und weiter heißt es: *"gesucht werden kreative Projekte, die Gewalt als Konfliktlösung zu vermeiden suchen und sich an gewalttätige und gewaltbereite Jugendliche richten"*. So erfreulich es ist, dass Mädchen besonders berücksichtigt werden sollten, weist diese Tatsache jedoch auf ein Dilemma hin: Immer noch gilt die Jugendarbeit als Ort geschlechtsneutraler Pädagogik. Sucht man aber gezielt nach Mädchen, so liegt die Vermutung nahe, dass die Beteiligten wissen, dass die (offene) Jugendarbeit sich vorwiegend - trotz Geschlechtsneutralität - an Jungen richtet und von ihnen auch frequentiert wird. Diese Schieflage wird bereits seit Mitte der 70er Jahre offensiv von Pädagoginnen thematisiert. Sie haben sich nicht nur für eigenständige Mädchentreffs eingesetzt, sondern genauso für die Verankerung von Mädchenarbeit in koedukativen Einrichtungen gefochten. In Frankfurt/M. ist es Mitte der 90er Jahre (!) gelungen - nach hartnäckigen und zähen Verhandlungen -, mit den Mädchenleitlinien die Mädchenarbeit als Regelarbeit institutionell zu verankern. Es ist kein Geheimnis, dass Jungen sich öfter zu Cliquen zusammenschließen und in der offenen Jugendarbeit zu finden sind; ebenso bekannt ist: Gewaltanwendung und rechtsextremistische Taten sind in der Regel ein "Männerphänomen". Dies wird leider vielfach ignoriert.

Diese Tatsache ist verständlicherweise gerade für Pädagogen, Polizisten,

Juristen, Politiker, Väter und Wissenschaftler nicht schmeichelhaft. Sie fühlen sich offensichtlich davon tangiert, auch wenn sie weder Gewalt anwenden noch gewaltbereit sind. Es kann sehr schnell statt zur Auseinandersetzung mit diesem Faktum zu einer Verschiebung kommen, die lautet: Und was ist mit den Mädchen, wie gewalttätig und rassistisch sind sie? Wie äußert sich deren Gewaltbereitschaft und fremdenfeindliche Einstellung? Interessant ist zu beobachten, dass gerade bei der Frage "Ist der Rechtsextremismus eine 'Männerkrankheit'?" sehr schnell die sonst immer hochgehaltene (Geschlechts)Neutralität der Wissenschaft aufgegeben wird und voller Befriedigung darauf hingewiesen wird: Siehe, es gibt auch rechtsextreme, schlagende Mädchen.

Wir können daraus ableiten, der geschlechtsspezifisch differenzierende Blick wird von den männlichen Wissenschaftlern, Politikern etc. aufgeworfen, wenn evident ist: Die Gewalttätigen und Rechtsextremen sind zu fast 100% Männer, Frauen sind kaum Täterinnen. Anscheinend fällt es den Männern schwer zu ertragen, dass Jungen und sie selbst so sind; das konfrontiert sie möglicherweise mit eigenen unbewußten/verdrängten Phantasien. Es erscheint einfacher, nach den Frauen und Mädchen zu schauen, weil es entlastend wirkt und vor allem, weil sie nicht Forschungsobjekt sein wollen. Die subjektive Berührung wird auf die Mädchen als Objekt verlagert. So ist der Wissenschaftler wieder aus der passiven in die aktive Situation gelangt.

Ebenso bemerkenswert ist der Umgang, den Wissenschaftlerinnen und Pädagoginnen mit dem Thema „rechtsextreme, gewaltbereite Mädchen" pflegen. Statt nüchtern hinzusehen und zu analysieren, warum Mädchen kaum offene Gewalt praktizieren, suchen auch sie nach den rechtsextremen, gewalttätigen Mädchen. Es entsteht so der Eindruck, als ob die wahre Emanzipation der Frauen erst erreicht sei, wenn es genauso viel prügelnde und rechtsradikale Handlungen von Mädchen wie von Jungen gibt bzw. solche begangen werden. Mädchen sollen daher die gleichen Defizite wie ein Teil der Jungen aufweisen, einen völlig unkontrollierten Umgang mit Aggressionen zeigen. Diese Art der political correctness weist darauf hin, dass die offensichtlichen Stärken der Mädchen, nicht so gewalttätig zu sein, einen anderen Zu- und Umgang mit Aggression und Gewalt zu haben, nicht gesehen, geschweige denn Überlegungen und Konsequenzen für die Jungenarbeit daraus abgeleitet werden. Hinter der Frage in dem Ausschreibungstext, welche Bedeutung Mädchen im Zusammenhang mit Gewalt zukommt, steht implizit die Vermutung, dass Mädchen zumindest als Claqueusen oder Anheizerinnen der Jungengewalt eine Rolle spielen: Die Jungen ein Opfer der Mädchen, die schlagen lassen?!

Neben der Assoziation des Delegierens weiblicher Gewaltphantasien an die Jungen verweist die Frage zu Recht auf die historische Bedeutung der Frauen im Nationalsozialismus. Hier waren Frauen weniger aktiv gewalttätig, aber sie haben als Unterstützerinnen, Antreiberinnen (der männlichen Gewalt) und vor allem Nutznießerinnen (Besitznahme jüdischen Eigentums) ihren Beitrag geleistet und somit Anteil an den Verbrechen gehabt.

Das Jugendaktionsprogramm birgt - wie bereits Benno Hafeneger in diesem Buch erwähnt hat - neben dem positiven Aspekt, nach Problemlösungen zu suchen und zu handeln statt zu lamentieren, jugendpädagogisch und -politisch den Pferdefuß, dass Politik meist erst dann reagiert, wenn „das Kind in den Brunnen gefallen ist": wenn es zu gewalttätigen, fremdenfeindlichen Ausschreitungen und Anschlägen, oder nichtübersehbarer Gewalt in der Schule gekommen ist. "Feuerwehrprojekte" sind dann angesagt, um Schadensbegrenzung zu betreiben. Zu wenig wird im Vorfeld berücksichtigt, welche pädagogischen und politischen Bedingungen (auch Geld) notwendig sind, um eine bedarfsgerechte, alle gesellschaftlichen Schichten, Deutsche und Migranten erreichende, sinnvolle Jugendarbeit zu garantieren. Statt dessen werden bei knappen Kassen Jugendtreffs geschlossen und auf ehrenamtliches Engagement gehofft. Diese sicherlich sinnvollen "Sonderprojekte" bergen die Gefahr in sich, dass der Diktion nach der Eindruck entsteht: Geld fließt, wenn Jugendliche gewalttätig und rechtsextrem sind oder so in den Antrag geschrieben wird. Dies wäre ein fatales Signal!

Der andere Blick der Frauen auf Gewalt

Benno Hafeneger hat in diesem Buch darauf hingewiesen, dass jede Dekade/Epoche ihr jugendpolitisches Thema hat. Für die 90er Jahre ist es Jugendgewalt und Rechtsextremismus.

Für mich, die ich aus der Frauenbewegung komme und immer beruflich mit Frauenbildung und Politik konfrontiert war und bin, erstaunt diese Gewaltdebatte der 90er Jahre ein wenig. So dankenswert es ist, dass diese Debatte geführt wird, so bedauerlich finde ich, dass die Debatte, die von Frauen seit den 70er Jahren über Gewalt im häuslichen Bereich von Männern gegenüber Frauen und Kindern sowie die Gewalt durch repressive, autoritäre Erziehung von Wissenschaftlern, Politikern u.a. kaum zur Kenntnis genommen wurde. Es scheint, dass Frauen mit ihren Diskussionen an eine gläserne Decke stießen, wo diese Phänomene zwar sichtbar, aber nicht zur Kenntnis genommen wurden. Eines der zentralen Themen der Frauenbewegung war die Auseinandersetzung mit Gewalt; und zwar mit struktureller (patriarchaler), männlicher und später auch weiblicher Gewalt. Mit dem Slogan "Das Private ist politisch" machten die Frauen deutlich darauf aufmerksam: Gewalt in der Familie und in Beziehungen ist nicht allein Angelegenheit der Betroffenen. Die Diskussion über männliche Gewalt und später auch über weibliche Mittäterschaft thematisierte Gewalt in der (Ehe)Beziehung, Prügel und Vergewaltigung sowie Kindesmißhandlung als auch den besonders heiklen und hoch tabuisierten sexuellen Mißbrauch von Kindern. Den Frauen ist zu verdanken, dass bereits in den 70er Jahren eine von diesen Erfahrungen geprägte Gewaltdebatte auf die Agenda gehoben wurde. So wurde erreicht, dass sexuelle Gewalt als Gewalt anerkannt und nicht weiter als Kavaliersdelikt verharmlost wurde. Vergewaltigung in der Ehe ist seit 1997 ein Straftatbestand.

Das erste Haus für geschlagene Frauen wurde bereits 1977 in Berlin gegründet, es folgten weitere in der ganzen Republik. Notrufe wurden eingerichtet, Projekte gegen sexuellen Mißbrauch wie „Wildwasser" u.a. und Mädchenhäuser als Zufluchtsstätten gegründet, z.T. mit öffentlichen Finanzen unterstützt. Durch diese Projekte wurde deutlich, dass Gewalt ein zentrales Thema unserer Gesellschaft ist und dass die Gewalt gegen Frauen und Kinder fast ausschließlich von Männern ausgeübt wird. Die Hoffnung, dass eine breitere, ernsthafte öffentliche und politische Diskussion über Gewalt im privaten Bereich auch von Männern geführt würde, erfüllte sich nicht. Dass auch Männer aktiv Modelle zur Prävention und Einschränkung mitentwickelten, geschah eher vereinzelt und zögerlich. Oft wurden die Akteure sogar von anderen Männern dafür belächelt. (Eher wurde die Abhängigkeit der Gewalttäter von ihren Frauen und Müttern diskutiert).

Eine breite Auseinandersetzung und wissenschaftliche Betrachtung aber erfuhr die „Gewalt" erst, als sie den privaten Raum der Intimsphäre, die Wohnung, verließ und im öffentlichen Raum sichtbar wurde durch Schlägereien, Parolen und Hetzjagden gegen Ausländer sowie rassistisch motivierte Brandanschläge mit Todesfolgen. Wahlerfolge von rechtsextremen Parteien (die übrigens überproportional häufig von jungen Männern gewählt werden) sowie die gestiegene Gewaltkriminalität von (männlichen) Jugendlichen trugen dazu bei, sich verstärkt mit der Gewalt auseinander zu setzen.

Von der zunehmend differenziert geführten Gewaltdebatte der Frauen kann nur gelernt werden. Wurden zunächst nur Frauen als Opfer gesehen, geriet doch auch zunehmend die Verwicklung der Frauen in den Blick, und die Mittäterschaft wurde offensiv diskutiert. So wurde gesehen, dass der andere Zu-/Umgang mit Gewalt von Frauen und Mädchen auch andere Formen der Aggressionsausübung produziert. Eine Erkenntnis war: Mädchen lassen schlagen, Mädchen suchen 'starke Kerle', sind biestig und starten eher verbal verachtende Attacken, als handgreiflich zu werden.

Dies hat mit der weiblichen Sozialisation als auch mit den Körperbildern, dem Umgang mit Körperlichkeit und nicht zuletzt mit einer realistischen Einschätzung der eigenen Kräfte zu tun.

Eine Verknüpfung der Diskussionen über öffentliche als auch häusliche Gewalt (in der auch Jungen Opfer sind) ist aus zwei Aspekten sinnvoll:

1) Innerhäusliche Gewaltanwendung hat auch etwas mit äußeren gesellschaftlichen Bedingungen/Verhältnissen zu tun. Eine Gesellschaft, die die häusliche Gewalt nicht als solche einordnet, ist auf einem Auge blind und

setzt dadurch gravierend falsche Signale: Drinnen geht uns nichts an, draußen wird sanktioniert. Frauen und Kinder sind Eigentum der Gewalttätigen, und der Privatbereich ist vor äußeren Eingriffen zu schützen!
2) Die Erfahrungen der Frauen, Pädagoginnen, Wissenschaftlerinnen über Gewaltentstehung und Gewaltverstrickung werden so nicht wahrgenommen und versinken ins Unsichtbare. Die Auswertung der meist häuslichen Gewalt und Analysen sexueller Übergriffe, die ebenso als Gewalt gewertet werden müssen, böte hinreichend Material, das, genau analysiert, viel Aufschluß über Familienstrukturen, Eltern-Kind-Beziehungen, Paarbeziehungen, Geschwisterkonstellationen und -konflikte sowie das gesellschaftliche Umfeld gäbe. Erfahrungen mit Macht und Ohnmacht, Ausgrenzung, Unterdrückung, Hilflosigkeit und Einsamkeit bieten den Schlüssel zum Verständnis auch für das Entstehen und den Umgang mit Jugendgewalt und Fremdenfeindlichkeit. Hinweisen möchte ich an dieser Stelle darauf, dass ein Züchtigungsverbot innerhalb der Familie noch aussteht. Mehrere Untersuchungen über Gewaltbereitschaft und Rechtsradikalismus weisen auch auf einen Zusammenhang von autoritärer Erziehung und prügelnden Eltern hin.

Im Hessischen Jugendaktionsprogramm wurde, wie bereits erwähnt, besonders auch nach Mädchen gesucht (die Gründe hierfür können durchaus irritierend wirken). Hervorhebenswert ist, dass bei der wissenschaftlichen Begleitung ausdrücklich eine Wissenschaftlerin und ein Wissenschaftler eingestellt wurden. Hierdurch sollte der geschlechtsspezifische Blick gewährleistet werden. Durch den weiblichen und männlichen Blick auf die Projekte sollten blinde Flecken sichtbar gemacht werden und unterschiedliche Zugänge zu Gewaltphänomenen aufgezeigt und diskutiert werden.

Sag mir, wo die Mädchen sind...?

Betrachten wir zunächst, in welchem Ausmaß Mädchen vom Jugendaktionsprogramm überhaupt erreicht werden. Es fällt auf, dass, wenn man das Projekt der Mädchen- und Frauenetage außer acht läßt, nur beim bsj (Marburg) Mädchen in nennenswerter Zahl vorhanden sind. Die Beteiligung der Mädchen ist demnach Fehlanzeige. Als Gründe hierfür können genannt werden: Mädchen suchen andere Gesellungsformen, Mädchen haben ein anderes Verhältnis zum „öffentlichen Raum", Mädchen werden eher durch spezifische Angebote (siehe Mädchen- und Frauenetage) angesprochen. In allen anderen Projekten waren Mädchen quantitativ nur gering vertreten: in Hofgeismar in erster Linie als schmückendes Beiwerk, als Bräute. Auszeit erreichte in nennenswertem Ausmaß sehr junge Mädchen, die älteren kamen nicht. Im bsj Marburg wurde mit Schulklassen gearbeitet. Hier wurde besonders augenfällig, dass die koedukative Pädagogik Angebote bereithält, die auf Kosten der Mädchen gehen. Es steckt die Angst dahinter, die Jungen könnten aussteigen, wenn sie nicht speziell berücksichtigt werden. Die Jungen sind auch in den Schulklassen die schwierigeren, die mehr Aufmerksamkeit benötigen. Bedenkenswert ist, dass die LehrerInnen geschlechtsdifferenzierende Angebote kaum unterstützten. Die Koedukation gilt als Errungenschaft und Ausdruck für Fortschrittlichkeit, die nicht in Frage gestellt werden darf. Schüler sind Schüler und nicht Jungen und Mädchen. Nicht vergessen werden darf, dass LehrerInnen ein großes Interesse an gemischten Klassen haben. Jungen gelten oft als "schwerer erziehbar", und Mädchen verbessern (humanisieren) das Klima in der Klasse. Sie üben somit Lehrerhilfsfunktionen aus; dies wird aber meist nicht reflektiert.

Mädchen und Jungen haben in der Adoleszenz (und nicht nur hier) andere Verarbeitungsstrategien für Ängste, Unsicherheit, Aggression und Einsamkeit. Mädchen neigen eher zu introvertiertem Verhalten, sie sind mehr mit ihrem Körper beschäftigt. Jungen eignen sich mehr den öffentlichen Raum durch besitzergreifendes, auffallendes Verhalten an. Ihre Körperlichkeit ist mehr nach außen gerichtet - "platzergreifend". Schwierig ist diese Phase für beide. So zeigte die Arbeit des bsj die unterschiedlichen Bedürfnisse im Hinblick auf Körperlichkeit, Erfahrungen des eigenen und anderen Körpers (Camp am Edersee). Mädchen waren Körperpflege, Ernährung, (Magersucht, Bulemie), Massage und Entspannungsübungen wichtig, während Jungen hier Abwehr zeigten und eher raumgreifende und kräftemessende Betätigungen bevorzugten.

Das Mädchen- und Frauenprojekt im koedukativen Jugendaktionsprogramm

Die Mädchen- und Frauenetage hatte im Jugendaktionsprogramm eine Sonderstellung. Sie richtete sich explizit an Mädchen, die nicht unbedingt gewaltbereit sind, sondern die vielfältigen alltäglichen Gewalterfahrungen ausgesetzt waren. Alltägliche Situationen standen für die Pädagoginnen im Mittelpunkt: Wo erleben Mädchen Gewalt? Welche fremdenfeindliche Einstellung produzieren die Mädchen? In diesem Projekt wurden auch viele Migrantinnen angesprochen, so dass „hautnah" die Möglichkeit bestand, sich mit dem Eigenen und Fremden zu beschäftigen und die jeweiligen Projektionen und Vorurteile zu erkennen und zu bearbeiten. Mit Methoden wie Körper- und Zirkusarbeit sowie Selbstverteidigung sollte den Mädchen Mut gemacht werden, ihre Körper und ihre Kräfte auszuprobieren und mit der Zirkusarbeit sich im öffentlichen Raum spielerisch zu präsentieren. Die Eroberung des öffentlichen Raumes war hier genauso wichtig wie geschützte Räume für Experimente und Rückzug.

Die sexistische Anmache durch Männer und auch durch männliche Migranten wurde explizit thematisiert. Durch solche Vorfälle fühlen sich Mädchen genötigt und bedroht, sie reagieren darauf mit offenen rassistischen Äußerungen. Sie spüren durchaus, dass diese Migranten-Jungen ihre eigenen Landsmädchen schützen, sie aber benutzen. Die deutschen Jungen erleben sie eher als verunsichert und ängstlich, jedenfalls nicht ganz so bedrohlich (?).

Dieses Dilemma - wie sich gegen Anmache wehren, ohne gleich als Rassistin dazustehen - muss bewältigt und offen thematisiert werden. Das alte patriarchale Muster - die Frauen der eigenen Gruppe werden geschützt (wie beispielsweise früher im Bürgertum: die Dienstmädchen mußten aber verfügbar sein) - ist zu erklären und nicht als Ausländerproblem einzuordnen.

Die Mädchen sollten sich auch in diesem Zusammenhang mit den kulturellen Mißverständnissen auseinandersetzen können, ebenso wie mit den eigenen ambivalenten Gefühlen in diesen Situationen. Gleichzeitig müssen Strategien, sich zu wehren, entwickelt werden. Wie man sich in der Fremde fühlt, konnten die Mädchen auf einer Reise nach Amsterdam erleben, als sie sich in einem Surinamesischen Viertel aufhielten und die einzigen Weißen waren. Dieser Perspektivenwechsel hat sie sensibler für die anderen werden lassen, indem sie die Unsicherheit der Minderheit am eigenen Leib spürten. Gleichzeitig erlebten die deutschen Mädchen dort in einem Gespräch mit einer Widerstandskämpferin, wie sie, die sonst immer das Wort führten, verstummten, während die Migranten-Mädchen unbefangen fragten. Es mag sein, dass die Migrantinnen spürten, dass sie und diese Frau ähnliche Erfahrungen und Gefühle der Bedrohung erlebt haben.

Die Mädchen- und Frauenetage verstand sich explizit als Projekt, das präventiv arbeitet, also tauchten auch hier keine gewaltbereiten, rechtsextremen Mädchen auf. Hier ging es um die Auseinandersetzung und Bearbeitung subtiler und sexistischer Gewalt und um die Konfrontation mit eigenen fremdenfeindlichen Einstellungen und Vorurteilen.

Im Interesse der Mädchen – zum Nutzen der Jungen: Erweiterung der Jugendgewaltdebatte um die Geschlechterfrage

Es muss also die Frage erlaubt sein: Woran liegt es, dass gewaltbereite Mädchen im Jugendaktionsprogramm zwar gesucht, aber nicht gefunden wurden? Wie können solche Mädchen aufgespürt und erreicht werden? Müßte man, um solche Mädchen zu erreichen, erst rechte und gewaltbereite Einstellungen abfragen, um dann sich gezielt diesen Mädchen zu widmen? Es geht hier nicht darum, ob Jungen oder Mädchen mehr oder weniger gewaltbereit und rechts sind, sondern es geht um den anderen Umgang, die andere Bearbeitungs- und Darstellungsform von Jungen und Mädchen im Hinblick auf Gewalt. Mädchen fallen nicht so offensichtlich aus der Rolle und werden auffällig. Sie richten Aggressionen subtiler gegen andere, und sie richten sie auch gegen sich selbst (z.B. Magersucht, Selbstmordversuche).

Nach Abschluß der Projekte ist die Fragestellung im Hinblick auf Umgang mit Gewalt und Fremdenfeindlichkeit deutlicher geworden. Sie heißt: Was läuft bei Mädchen anders, und was kann daraus für die Jungen gelernt werden? Ist doch der Umgang - nicht das Vorhandensein aggressiver Phantasien und Impulse - von entscheidender Bedeutung; er kann über Leben und Tod entscheiden, und das ist ein Unterschied ums Ganze.

Aggressives und gewaltbereites Verhalten hat viel mit Ohnmachtserfahrung und Unsicherheit, aber auch Omnipotenzphantasien zu tun. Jungen in der Adoleszenz sind noch auf der Suche nach ihrem Weg. Ihr Verhalten ist noch beeinflußbar, daher sind hier besonders Methoden wichtig, die auch Hilfen bieten, Einstellung und Verhalten zu ändern, die innere Bühne zum Zuge kommen zu lassen. Eine differenzierte Umgangsweise mit dem Gewaltphänomenen, die vor allem auch die psychischen inneren Konflikte und Ängste zum Gegenstand macht, könnte für die Jugendgewaltdebatte befruchtend und weiterbringend sein. Psychologische und psychoanalytische Ansätze werden noch zu wenig betrachtet.

Nachdenkenswert erscheint mir, ob die Doppelorientierung der Mädchen auf Kinder, Haushalt und Beruf nicht auch bessere psychische Verarbeitungsmöglichkeiten birgt. Mädchen wollen beides erreichen und können die Positionen wechseln, während die Jungen, als kleine/große Helden oft in Not, weniger Möglichkeiten sehen - sie aber haben. Wir können davon ausgehen, dass Mädchen heute in einem enormen Maße sowohl im schulischen, beruflichen Bereich aufgeholt, und zudem auch ihr Selbstbewußtsein gestärkt haben. Mädchen fallen in der Schule weniger auf, bringen dafür aber die besseren Noten heim. Hier drängt sich die Frage auf: Fühlen die Jungen sich dadurch verunsichert und reagieren eher aggressiv und hilflos? Der geschlechtsspezifische Blick auf die Jungen könnte zu Hilfe und anderer Konfliktbearbeitung führen.

Es sei noch einmal betont: Nicht die Mädchen sind Schuld an der Gewaltbereitschaft der Jungen, die öffentlich angebotenen oder zumindest tolerierten Lösungsangebote sind oft nicht adäquat.

Tarzan hat heute ausgedient, auch wenn Jane sich manchmal nach einem starken Kerl sehnt. Ihr Leben können die Mädchen auch in unsicheren Zeiten heute alleine meistern.

Ein Paradigmenwechsel in der Jugendarbeit ist angesagt. Werte und Ziele müssen diskutiert und neu besetzt werden. Ellenbogen kontra Empathie kann es nicht sein. Wenn es nicht gelingt, den Jungen beizubringen, mit den Mädchen zu kooperieren, werden langfristig die Männer als die Verlierer dastehen - verwiesen sei an dieser Stelle darauf, dass 2/3 aller Scheidungen von Frauen eingereicht werden; dass die Schläger in Zukunft (hoffentlich) aus der Wohnung ausgewiesen werden anstelle einer Flucht der Frauen und

Kinder ins Frauenhaus; dass die Kinder sich den Vätern entziehen und dass für einige Männer Einsamkeit und Isolation die Folgen sind.

Einen weiteren, über die Geschlechtsspezifik hinausgehenden Punkt möchte ich zum Schluß noch kurz anmerken. In den Projekten tauchten die rechten Jugendlichen kaum auf, außer in Hofgeismar glatte Fehlanzeige. Dies mag zum einen daran liegen, dass die Projekte stark präventiv arbeiteten, zum anderen daran, wie weit Jugendliche, die sich als gewalttätig und rechtsextrem geoutet haben, überhaupt durch Pädagogik erreicht werden können. Am ehesten noch in Projekten, die mit den akzeptierenden Ansätzen arbeiten, wobei klar sein muss, dass hier die Grenzen der Pädagogik leicht erreicht sein können. Jugendarbeit im Jugendaktionsprogramm siedelte im Zwischenbereich an. Erreicht wurden Jugendliche, die gefährdet, aber noch nicht auffällig geworden sind: Hier besteht die Möglichkeit für die Jugendlichen, sich auszuprobieren und die Erfahrung mit Grenzen, den eigenen und denen der anderen, zu machen. Der Weg, in einem Programm die unterschiedlichen Ansätze „gegen Gewalt" in der Jungen-/Jugendarbeit und der Mädchenarbeit zunächst einmal zu sehen und auszuprobieren, war ein erster Schritt. Ich wünsche mir für die Zukunft, dass Jugendarbeit sich den Debatten der Frauenbewegung zum Thema Gewalt weiter öffnet – im Interesse der Mädchen, aber auch zum Nutzen der Jungen.

Autorinnen und Autoren

Christiana Klose

Erziehungswissenschaftlerin, Schwerpunkt 'Mädchen- und Frauenforschung'

Helmolt Rademacher

Diplom-Pädagoge und Lehrer, Schwerpunkt 'konstruktive Konfliktbearbeitung' und 'interkulturelles Lernen'

Wissenschaftliche Begleitung zum Hessischen Jugendaktionsprogramm

Dr. Benno Hafeneger

Professor am Institut für Erziehungswissenschaft der Philipps-Universität Marburg

Mechthild M. Jansen

Referatsleiterin bei der Hessischen Landeszentrale für Politische Bildung

Mitglieder der Jury und des Beirates zum Hessischen Jugendaktionsprogramm

MIX
Papier aus verantwortungsvollen Quellen
Paper from responsible sources
FSC® C105338

If you have any concerns about our products,
you can contact us on
ProductSafety@springernature.com

In case Publisher is established outside the EU,
the EU authorized representative is:
**Springer Nature Customer Service Center GmbH
Europaplatz 3, 69115 Heidelberg, Germany**

Printed by Libri Plureos GmbH
in Hamburg, Germany